인류세의
철학

지구인문학총서
02

인류세의
철학

Philosophy in the Anthropocene

사변적 실재론 이후의
'인간의 조건'

시노하라 마사타케 지음
조성환, 이우진, 야규 마코토, 허남진 옮김
원광대학교 원불교사상연구원 기획

『인류세의 철학』은 원래 일본어로 쓰여 있다. 인문학 연구서를, 그것도 이론적인 사상서를 일본어로 쓸 경우에는 우선 서구에서 전개되고 있는 새로운 사상의 흐름을 선별하여 소개하면서, 자신의 독자적인 사고를 전개하는 것이 요구된다. 그래서 이 책에서도 먼저 '인류세'를 둘러싼 서구의 사상적 경향을 정리하고, 그 위에 나의 독자적인 사고를 진행하고자 하였다. 물론 서구의 사조(思潮)를 정리한다고 해도, 그것은 어디까지나 나의 독자적인 관점에 의한 것이지 모든 것을 망라한 것은 아니다. 그 관점을 간략하게 정리해 보면 다음과 같다.

인간의 활동력이 지구의 존재 방식에 영향을 끼칠 정도로 커짐에 따라, 지금까지 인간사회를 지탱하는 안정적인 배경으로 생각되어 왔던 지구환경 자체가 불안정해질 뿐만 아니라, 그 불안정한 상황은 앞으로도 계속되리라는 전망이 지질학이나 지구시스템과학에서 제시되고 있다. 이에 따라 이러한 변화를 인문과학의 기본을 뒤흔드는 것으로 받아들일 것이 요구되고 있다. 즉 인간사회가 안정적으로 존속될 수 있다는 전제의 한계 이후를 생각해야 한다는 것이다.

현재 지구상에는 온난화, 폭우, 해수면 상승, 팬데믹과 같이, '인간의 조건'을 생각하는 전제를 뒤흔드는 사태가 발생하고 있다. 그것은 '실존적 위기(existential crisis)'라고도 할 수 있다. 인간세계에 관한 전제 그 자체의 변화와 갱신이 요구되고 있기 때문이다. 지금까지는 인간세계와 자연환경의 구분이 고착화되고, 자연환경은 통제 가능한 대상으로 간주되어 왔는데, 이러한 근대적인 상정(想定)이 흔들리고 있다. 자연환경은 안정적인 배경이 아니라 인간세계의 존재방식을 뒤흔드는 것이라고 인식이 바뀌고 있다. 여기에서 던져지는 물음은 "이것에 대응할 수 있는 인문과학적 사고는 무엇인가?" 그리고 "불안정적인 상황에서 산다는 것은 어떤 것인가?" 하는 것이다. 이 책에서는, 본문에서도 자주 언급하였듯이, 티모시 모튼(Timothy Morton)과 디페시 차크라바르티(Dipesh Chakrabarty)의 저서를 정독하는 가운데 이러한 관점을 얻게 되었다.

이 책은 이와 같은 이론적 상황을 일본어 독자에게 소개할 목적으로 썼다. 그 이외에도 "서구에서 전개되고 있는 논의가 일본에서 살고 있는 사람들에게 무엇을 의미하는가?" "자신이 살고 있는 상황을 이해하는데 어느 정도 도움이 되는가?"에 대한 고민도 담고 있다. 이 문제에 답하려면 서구의 이론적 상황과 자신의 삶의 현실과의 접점을 명확히 하는 것이 요구될 것이다. 그러기 위해서 나는 먼저 자신의 경험과 생활 속에서 느끼는 것, 감각적인 것을 실마리로 삼기로 하였다.

그것은 한마디로 하면 '붕괴감각(sense of ruin)'으로, "붕괴되고 있는 가운데 어떻게 하면 새로운 인간의 조건을 발견할 수 있을까?" 하는 물음이다. 1975년에 태어난 나는 동경 옆에 있는 가나가와현(神奈川県)의 신흥주택에서 자랐다. 그곳은 봉준호 감독의 〈플란다스의 개〉(2000)에 나올 법한 단지가 즐비한 주택가로, 일본의 도시 외곽에는 어디에 가든 이런 주택지가 존재한다. 그곳은 1960년대에서 70년대에 이르는 '고도성장기'에 세워진 인공적인 환경세계로, 나에게는 이 세계가 너무도 부자연스럽게 느껴졌다. 말 그대로 '사상누각'과 같은 환경에서, 언젠가는 붕괴해서 '무'로 돌아가는 것은 아닌가 하고 생각했다. 즉 "인공적인 세계가 무너져서 언젠가는 폐허가 된다"는 감각이다. 물론 그것이 어떻게 붕괴되어 가는지에 대해서는, 어린 시절에는 상상조차 하지 못했다.

1995년에 고베시(神戶市)에서 지진이 일어났다. 그 장면을 나는 TV 영상을 통해 지켜보았다. 고베의 인공적인 도시 풍경(고층빌딩, 고속도로, 항구)이 붕괴된 모습은, 내가 어릴 때부터 느끼고 있던 '붕괴감각'의 현실화처럼 생각되었다. 그리고 2011년에는 동일본대지진이 일어났다. 그때에도 역시 인위의 산물로서의 인간세계가 자연의 맹위 앞에서 얼마나 취약한지를 절감했다.

"취약함(fragility)이 존재의 조건이다"라고 한 것은 티모시 모튼이다. 나는 이 말을 접한 순간, 나아가서 인류세에 대한 모튼의 견해 – "인간세계의 현실과 지질학적 현실이 교차한다"– 를 알게 되었을 때, 나의 감각을 표현할 사상 · 아이디어를 전개할 수 있는 단서를 얻은 느낌이었다. 이 책은 여기에서 시작되었다.

이 '붕괴감각'은 한국의 독자들에게 어떻게 받아들여질까? 1975년 이후에 살아온 일본인이 느낀 붕괴감각을– . 비슷한 책으로는 SF 작가 이토 게이카쿠(伊藤計畫, 1974~2009)가 쓴 『학살기관(虐殺器官)』을 들 수 있다. 이 책도 전후(戰後)의 고도성장기에 진행된 일본의 자폐적 포스트모던의 종착지에 나타날 수 있는 폐허적 디스토피아의 가능성을 느끼는 가운데 쓰여졌다고 생각된다. 인공화(人工化)는 자연으로부터 분리되어 가는 것인데, 지금 우리가 경험하고 있는 것은 인간세계가 자연으로부터 분리될 수 없을 뿐만 아니라 자연에 의해 압도되고 붕괴될 수 있다는 현실이다.

실제로 2011년 지진 이후에도 온난화에 따른 태풍이나 폭우, 홍수와 같이 인간의 조건을 붕괴시키는 사건이 계속되고 있다. 자연은 인간의 통제 밖에 있다고 하는 현실을 받아들인 상태에서, 인간의 존재 조건을 철학적·사상적으로 규명하는 작업은 이 책을 완성한 이후에도 여전히 씨름해야 할 과제라고 생각한다.

이 책이 한국어로 출판된다는 것은, 나로서는 조성환 선생님을 비롯한 번역자 여러분들과의 만남과 대화의 기회를 얻는 것을 의미한다. 그것은 동시에 한국의 독자 여러분과 만나는 기회가 생기는 것을 의미하기도 한다. 일본어로만 쓰고 있으면 일본어 세계 바깥에 있는 사람들과 접촉하지 않아도 된다고 느끼게 되는데, 이 책이 일본어 이외의 언어로 번역된 지금, 나의 사고는 일본어 이외의 언어세계에 살고 있는 여러분들에게 접속되고 비평받게 될 것이다. 이 책이 한국어로 번역되는 것을 계기로 한국의 여러분들과도 함께 생각할 수 있게 되었다. 그것은 일본어라는 제약이 벗겨졌음을 의미한다. 이 작업을 가능하게 해 준 조성환, 이우진, 야규 마코토, 허남진 선생님께 감사드린다.

2022년 7월 11일
시노하라 마사타케

『인류세의 철학』은 어떻게 탄생했나?[1]

동일본 대지진의 충격

이 책 『인류세의 철학』은 한나 아렌트(Hannah Arendt, 1906~1975)가 1958년에 쓴 『인간의 조건(The Human Condition)』에서 제기한 문제를 오늘날 우리가 행성적(planetary) 규모로 겪고 있는 생태위기 문제와 결부시켜 다시 생각해 보면 어떻게 될까 하는 문제의식에서 시작되었다. 이런 문제의식을 갖게 된 계기들을 간단히 소개하면 다음과 같다.

먼저 2011년 3월 11일에 일본의 동북(東北) 지방에서 일어난 '동일본 대지진'이라는 사건이다. 이때 인간의 생존 조건이 자연에 의해 어이없이 무너지는 것을 보고서 '인간의 조건' 문제를 다시 생각하게 되었다.

한나 아렌트의 『인간의 조건』 맨 앞부분을 보면, "인간은 인간이 만든 인

---

1 이 글은 2021년 10월 22일에 공주교대 글로컬인문학연구소와 원광대 원불교사상연구원의 공동주최로 열린 온라인 콜로키움 〈『인류세의 철학』 저자와의 대화 : 인류세 시대의 철학과 교육〉에서 저자가 강연한 내용을 녹취한 것이다. 이 책의 문제의식이 잘 드러나 있다고 생각되어, 저자와 상의하여 여기에 수록하기로 하였다. 당시의 강연은 원광대학교 원불교사상연구원 유튜브 채널에서 시청할 수 있다. 주소는 다음과 같다.
https://www.youtube.com/watch?v=XNXijZ6BRYc&list=PLxmAENNg6Qw2ZjPdWl6_lXMWJNJLSnSRR&index=2

공물(human artifacts)에 의해 존재하고 있다"는 말이 나온다. 그리고 이 인공물은 자연(nature)과 분리된 것으로 정의되고 있다. 그런데 동일본 대지진을 경험하면서, 인간이 만든 인공 세계가 그것과 분리되었다고 여겼던 자연에 의해 간단히 파괴될 수 있다는 사실을 깨닫게 되었다.

사실 '인간의 조건' 문제는 동일본 대지진이 일어나기 전부터 품고 있었던 문제의식 중의 하나였다. 도시에서 인공물에 둘러싸여 사는 삶은 숨 막힌다는 생각이 들었기 때문이다. 배두나가 주연으로 나오는 봉준호 감독의 영화 『플란다스의 개』에도 고층 건물에 살고 있는 도시인의 고독감이 잘 표현되어 있다. 일본에도 고층 건물에 사는 사람들이 많아서 이런 풍경은 낯설지 않다. 그래서 이 문제를 동일본 대지진 이전부터도 생각하고 있었지만, 설마 인공 세계가 자연에 의해 간단히 무너지리라고는 당시만 해도 미처 생각하지 못했다.

인공 세계의 붕괴

인간이 만든 인공 세계는, 일본의 경우에는 1960년대부터 '고도성장기'에 접어들면서 점점 확대되어 갔다. 내가 태어난 1975년은 이런 움직임이 일정 정도 궤도에 접어들면서, 인공에 의해 자연이 지워지던 시기였다. 그런 의미에서 1970년대에 태어난 사람들은 일상에서 '인공화'를 경험한 세대라고 할 수 있다.

일본에서도 포스트모더니즘 논쟁이 한때 유행하였는데, 대표적으로 거론된 인물 중의 하나가 프레드릭 제임슨(Fredric Jameson, 1934~)이다. 그는 "근대화란 자연을 제거해 나가는 과정"이라고 생각하고, 포스트모더니티는 자연이 사라진 이후에 등장한다고 보았다.[2] 나 역시 2011년 지진 이전까지는 이렇게 생각하고 있었다.

그런데 지진 이후에 이런 생각이 전부 무너졌다. 과연 지금과 같은 생태 위기 시대에 인간이 만든 인공물들이 자연과 분리된 채로 존속할 수 있을까? 하는 의문이 생겼다. 그런데 이런 생각을 줄곧 가지고 있었지만, 좀처럼 글로 쓰지는 못했다.

『자연 없는 생태학』과의 만남

그러다가 2012년 무렵에 우연히 티모시 모튼(Timothy Morton, 1968~)의 『자연 없는 생태학(Ecology Without Nature)』이라는 책을 알게 되었다.[3] 동일본 대지진이 일어난 이듬해의 일이다. 이것은 나에게는 가장 큰 사건이었다. 이 사건이 『인류세의 철학』의 탄생으로 이어졌다.

『자연 없는 생태학』에서는 자연 인식의 변화에 대해서 다음과 같이 말하고 있다.

당신이 환경을 언급하면 당신은 그것을 전경(前景)이 되게 한다. 다시 말

---

2   Postmodernism is what you have when the modernization process is complete and nature is gone for good. Fredric Jameson, *Postmodernism or, The Cultural Logic of Late Capitalism*, Durham: Duke University Press, 1991. 국내 번역서는 프레드릭 제임슨 저, 임경규 역, 『포스트모더니즘, 혹은 후기자본주의 문화 논리』, 문학과지성사, 2022.
3   저자인 시노하라 마사타케는 모튼의 『자연 없는 생태학』을 일본어로 번역하였다(『自然なきエコロジー』).

하면, 그것은 더이상 환경이기를 멈추게 된다. 우리를 둘러싸고 우리를 지탱하는 것이 아니게 된다.[4]

즉, 과거에는 자연을 멀리 떨어져 있는 것으로 생각하고 있었는데, 지금은 우리를 둘러싸고 있는 것으로서, 바로 여기에 있는 것으로서 자연을 경험하고 생각해야 한다. 하지만 여전히 멀어져 가고 있는 것 같다. 그렇다면 아주 가까운 곳에 있는 것으로서의 '자연'을 어떻게 생각해야 하는가?

이 책의 어려운 점은 역설적인 제안을 한다는 것이다. 즉 "자연 개념에 의존하지 않고(without nature) 자연을 생각하자"는 것이다. 기존과는 다른 방식으로 생각하자는 제안이다. 하지만 대지진이 일본을 덮친 직후였기 때문에 이런 제안은 나에게 생생하게 다가왔다.

인간의 조건의 취약함

『자연 없는 생태학』 다음에 접한 모튼의 책은 『거대한 사물(Hyperobjects)』이다. 이 책은 『자연 없는 생태학』을 접한 이듬해인 2013년에 알게 되었다. 여기에 "인간의 역사와 지질학적인 것의 일치"[5]라는 말이 나오는데, 과연

---

4   when you mention the environment, you bring it into the foreground. In other words, it stops being the environment. It stops being That Thing Over There that surrounds and sustains us.
    Timothy Morton, *Ecology Without Nature : Rethinking Environmental Aesthetics*, Cambridge, Mass. : Harvard University Press, 2007, p.1.
5   coincidence of human history and terrestrial geology. Timothy Morton, *Hyperobjects : Philosophy and Ecology after the End of the World*, Minneapolis : University of

그렇다는 생각이 들었다. 아마도 동일본 대지진을 체험했기 때문이 아닌가 싶다. 이 무렵부터 '인류세(anthropocene)' 문제를 생각하게 되었다.

그리고 2016년에〈베네치아 비엔날레 건축전(the Architecture section of the Venice Biennale)〉에 초대받아 건축전 기획에 참여하는 행운을 얻었다. 여기에서 소련이 붕괴된 뒤에 폐허가 된 발트해 3국 건물들의 전시를 보게 되었는데, 인간이 사용을 안 하면 건축물도 결국 무용지물이 된다는 사실을 깨달았다. 이 해 여름에는 미국에 가서 모튼을 만나기도 하였다. 모튼과 이런저런 대화를 나누면서 많은 생각을 하였고, 그 생각이 이 책으로 이어졌다.

이때부터 인간의 생활을 조건짓는 사물들이 얼마나 연약한지에 대해 생각하게 되었다. 우연의 일치인지 이 무렵에 일본에서도 태풍, 홍수, 폭우 등이 오카야마(岡山)와 히로시마(広島) 등지에 많이 발생하여, 일종의 '기후난민'이 발생하였다. 개인적으로 봉준호 감독을 좋아하는데, 그의〈기생충〉에 나오는, 폭우로 집이 잠기는 장면을 보면서 당시의 상황이 떠올랐다. 이런 일들을 겪으면서 자연의 존재 방식이 예전과 달라졌음을 알았고, 인간의 존재 방식과 자연의 존재 방식을 다시 생각하지 않으면 안 되겠다고 생각했다.

디페시 차크라바르티의 물음

그렇다면 본격적으로 이 책의 내용으로 들어가기로 하자. 자연이 더 이

Minnesota Press, 2013, p.9.

상 무시할 수 없는 존재라는 생각을 하기 시작했을 때 우연히 접하게 된 논문이 인도 출신의 역사학자 디페시 차크라바르티(Dipesh Chakrabarty, 1948~)의 예일대 강연 「인류세 시대의 인간의 조건(The Human Condition in the Anthropocene)」이다. 차크라바르티는 이 논문에서 한나 아렌트를 인용하면서 다음과 같이 말하고 있다.

> 한나 아렌트는 그녀의 『인간의 조건』의 첫머리에서 "근대의 해방과 세속화가 모든 피조물들의 어머니인 지구를 무시하는 것으로 끝나야 하는가?"라고 묻고 있다.[6]

일본과 같이 유럽이 아닌 나라에 근대화의 원리가 들어오자, 전근대(前近代)라는 부자유스런 상황에서 해방되어 자유로운 개인이 되는 것이 하나의 이념으로 지향되었다. 그런 점에서 아렌트의 논의는 매력적이었다. 일본도 형태상으로는 인공적인 세계를 만들었지만, 실질적으로는 '근대적인 공공성'이 결여되어 있는, 봉건적이라고 할까, 전근대적인 부분이 남아 있는 그런 사회이기 때문이다.

---

6 "Should the emancipation and the secularization of the modern age," asked Hannah Arendt in beginning her book *The Human Condition*, end with … [a] fateful repudiation of an Earth who was the mother of all living creatures under the sky?
Dipesh Chakrabarty, "The Human Condition in the Anthropocene," The Tanner Lectures in Human Values, Delivered at Yale University February 18-19, 2015, p.151.
한나 아렌트의 영어 원서와 한글 번역문의 출처는 다음과 같다. Hannah Arendt, *The Human Condition*, Chicago: The University of Chicago Press, 1998(1958), p.2.; 한나 아렌트 지음, 이진우 옮김, 『인간의 조건』, 한길사, 2020(제2 개정판), 78쪽.

근대의 도입이 우리가 존재하고 있는 조건으로서의 '지구'를 무시하거나 거부하게(repudiation) 되었는데, 이것이 과연 무엇을 의미하는가 하는 물음이 지금 던져지고 있다. 한나 아렌트는 근대인이 지구를 무시하는 것은 어쩔 수 없다, "운명적이다(fateful)" 라고 간주하고서 더 이상 깊게 천착하지 않았다. 하지만 차크라바르티는 이것이 무엇을 의미하는지가 지금 문제시되고 있다고 지적하였다. 이 지적이 나에게 와 닿는 부분이 있었다. 이것 또한 이 책을 쓰는 데 하나의 힌트가 되었다.

행성과의 조우

차크라바르티는 이 이외에도 인간의 거주성(human habitability) 문제도 제기하고 있다. 아렌트가 깊게 천착하지 않은 지구 소외 문제를 "인간이 지구에서 거주한다는 것은 무엇인가?" 하는 물음을 통해 사유를 진행하고 있다. '근대화(modernization)'라는 것은 한편으로는 자본주의에 의한 '지구화 (globalization)'의 진행이지만, 다른 한편으로는 그동안 무시해 왔던 '행성지구(Planet Earth)'와의 만남이기도 하다. 따라서 "이 충격을 어떻게 언어화할 것인가?" 하는 물음이 생기게 되는데, 결코 쉽지 않은 주제이다.

차크라바르티는 2019년에 쓴 논문 「행성: 새롭게 부상한 인문학 범주 (The Planet : An Emergent Humanist Category)」에서도 지진이나 쓰나미는 인간의 일상적인 상상력의 범위를 넘어서 있는 것으로, 이것과의 만남은 대단히 충격적인 일이라고 말하고 있다.

인간들은 역사 속에서 항상 행성, 즉 '깊은 지구'와 경험적으로 만나 왔다.

지진, 화산 폭발 그리고 쓰나미 등이 그것이다. 하지만 그 행성을 반드시 인문학적 사유의 범주로 만났던 것은 아니다. 가령 1755년의 리스본 지진 이후에 볼테르가 라이프니츠와 논쟁을 하고, 1934년에 비하르 지진 이후에 간디와 타고르가 토론을 한 것으로부터 알 수 있듯이, 인간들은 '행성'이라는 이름을 쓰지 않고서도 행성을 다룰 수 있었다.[7]

1755년에 발생한 포르투갈의 '리스본 지진'은 라이프니츠나 칸트 같은 철학자들에게 큰 충격을 주었다. 1934년에 인도 북부에서 일어난 대지진에 간디도 큰 충격을 받았다고 한다. 2011년의 동일본 대지진도 그것에 필적할만한 사건이다. 이것을 차크라바르티는 "행성과의 만남"이라고 보는 점이 대단히 신선하다.

참고로 차크라바르티의 '행성'에 대한 언급은 이보다 10여 년 전에 이미 나오고 있다. 그는 2009년에 쓴 저명한 논문 「역사의 기후 : 네 가지 테제」에서 다음과 같이 말하였다.

(자본주의니 사회주의니 하는 논리와는 다른 차원의) 인간의 조건들은 사실 이

---

7   Humans have empirically encountered the planet - deep earth– always in their history, as earthquakes, volcanic eruptions, and tsunamis, without necessarily encountering it as a category in humanist thought. They have - as shown by Voltaire's debate with the dead Gottfried Wilhelm Leibnitz after the 1755 earthquake in Lisbon or by Mahatma Gandhi's debate with Rabindranath Tagore after the 1934 earthquake in Bihar – dealt with the planet without having to call it by that name.
Dipesh Chakrabarty, "The Planet : An Emergent Humanist Category," *Critical Inquiry* 46, Autumn 2019, p.4.

행성에서의 생명의 역사, 상이한 생명의 형태들이 서로 연결되어 있는 방식과 연결되어 있다. 그런 생명의 역사 없이는 기후변화 위기는 아무런 인간적인 '의미'를 지니지 못한다.[8]

폐허 위에서 만난 행성

이 책에 영감을 준 또 하나의 인물은 일본의 사진작가 가와우치 린코(川内倫子, 1972~)이다. 2014년에 출간된 그녀의 사진집 『빛과 그림자(光と影)』를 만난 것은 2017년이다.[9] 『빛과 그림자』는 2011년 동일본 대지진의 폐허 직후에, 지진 현장에 직접 가서 찍은 사진집이다.

그로부터 3년 뒤인 2020년, 나는 《EUROZONE》이라는 사이트로부터 동일본 대지진 이후 일본 문화의 상황에 대해 글을 써달라는 요청을 받은 적이 있다. 그래서 쓴 영문 칼럼이 「붕괴된 세계에서 살아 있기(To be alive in a disrupted world)」이다. 이 글에서 가와우치 린코의 작품을 소개하였다.[10] 그리고 2021년 11월 14일에도 《aperture》에 "The Luminous Openness of Rinko Kawauchi's Photographs"라는 글을 실었다.[11] 이 글에서 『빛과 그림

---

8   They are connected rather to the history of life on this planet, the way different life forms connect to one another, and the way the mass extinction of one species could spell danger for another. Without such a history of life, the crisis of climate change has no human 'meaning.' Dipesh Chakrabarty, "The Climate of History : Four Thesis," *Critical Inquiry* 35, Winter 2009, p.207. 한글 번역은 김용우 옮김, 「역사의 기후 : 네 가지 테제」, 조지형 외, 『지구사의 도전』, 서해문집, 2010, 379쪽.

9   川内倫子, 『光と影(LIGHT and SHADOW)』, スーパーラボ, 2014.

10   https://www.eurozine.com/to-be-alive-in-a-disrupted-world/

11   https://aperture.org/editorial/the-luminous-openness-of-rinko-kawauchi-photographs/

자』에 실린 가와우치 린코의 인터뷰를 인용하였다.

폐허가 되어 평평해진 대지와는 달리, 하늘은 이전보다 더 넓고 크게 보였다. 거기에 잠시 동안 서 있으니 내 존재가 작다고 생각되었다. 너무 작아서 한 줌의 바람에도 날아가 버릴 것 같았다. 그 순간 나는 나의 몸이 여기에 서 있다는 현실 또한 느낄 수 있었다. 우리가 존재한다는 실감을 얻기 위해서는 침묵이 필요하다.[12]

여기에서 가와우치는 잔해 한가운데에 서서 한편으로는 자기라는 존재의 왜소함을 느끼면서, 다른 한편으로는 세상이 조용해지면서 자연의 거대함과 직접 대면하게 된다. 이때 만난 자신의 왜소함과 세계의 거대함이야말로 차크라바르티가 말하는 행성과 조우하는 감각이 아닐까? 이처럼 가와우치의 사진은 인간 세계와 그것을 넘어선 곳에 있는 자연 세계의 대비와 상호침투를 테마로 하고 있다.

타자로서의 행성

한편 최근에 차크라바르티의 최신 연구를 집대성한 책이 한 권 발간되었다. 제목이 『행성 시대의 역사의 기후(The Climate of History in a Planetary

---

12 Against this leveled ground of rubble, the sky looked broader and more expansive than ever. Standing there for a while, I considered the smallness of my existence; so small that even a gust of wind could have blown me away. In that moment, I could also feel the reality of standing right here, in this body. To grasp that we exist, silence is necessary.

Age)』이다.[13] 이 책에서 차크라바르티는 자신의 '행성' 개념이 가야트리 스피박(Gayatri Chakravorty Spivak, 1942~)의 영향을 받았다고 밝히고 있다.

> 가야트리 스피박은 얼마 전에 다음과 같이 말했다; "행성은 타자성의 종(種) 안에 있으며, 다른 시스템에 속한다. 그리고 우리는 그 안에 살고 있다."[14]

여기에서 스피박은 행성을 '타자성(alterity)'으로 이해하고 있다. 차크라바르티는 이 점에 주목하여 자신의 논의를 전개한다. 그렇다면 여기에서 '타자성'을 어떻게 이해할 것인가? 나는 그것이 "인위의 한계(limit)를 넘어선 곳에서 일어나는 것"이라고 생각한다. 다시 말하면 "근대의 한계를 넘어선 곳에서 만나는 것"이다. 이것은 과거 일본에서 논의되었던 '근대의 초극(overcoming modernity)' 개념과는 다르다. 그 이유는 근대를 부정하는 것이 아니라, 근대의 한계를 인정하면서 그다음을 생각하자는 논의이기 때문이다.

---

13 Dipesh Chakrabarty, *The Climate of History in a Planetary Age*, Chicago : University of Chicago, 2021.[이 책의 한글 번역은 디페시 차크라바르티 지음, 이신철 옮김, 『행성 시대 역사의 기후』, 에코리브르, 2023.]

14 Gayatri Chakravorty Spivak wrote a while ago (…); "The planet is in the species of alterity, belonging to another system; and yet we inhabit it." Dipesh Chakrabarty, *The Climate of History in a Planetary Age*, p.67.
스피박 문장의 영어 원서와 한글 번역본의 출처는 Gayatri Chakravorty Spivak, "Imperative to Re-imagine the Planet," in *An Aesthetic Education in the Era of Globalization*, Cambridge, MA: Harvard University Press, 2012, p.338과 가야트리 스비팍 지음, 태혜숙 옮김, 「16. 행성을 다시 상상하라는 명령」, 『지구화 시대의 미학 교육』, 북코리아, 2017, 514쪽이다.

근대와 자연

일본의 정치학자 마루야마 마사오(丸山眞男, 1914~1996)가 서구적 근대성을 믿었던 것은 일본의 전쟁에 대한 반성에서였다. 전(前) 근대적인 것에 이끌려서 전쟁을 일으켰다고 보았기 때문이다. 그래서 근대성을 구현함으로써 더 이상 위험한 것에 이끌리지 않으려고 하였다.

그런데 '근대'란 자연의 위험성을 제거해 나가는 역사이기도 하다. 근대 일본에서 이 문제를 다룬 것이 줄리아 토마스(Julia Adeney Thomas, 1958~)의 『근대성의 재구성: 일본의 정치 이데올로기에서의 자연 개념(Reconfiguring Modernity: Concepts of Nature in Japanese Political Ideology)』[15]이다. 참고로 그녀는 차크라바르티의 친구이자 최근에는 인류세에 관한 책도 썼다.[16] 『근대성의 재구성』에서 토마스는 다음과 같이 말하고 있다.

> 정치 이데올로기에서의 '자연'은 자유를 억압하고, 전통을 맹목적으로 이어가며, 때로는 '동양적인 것'을 가리켰다.[17]

---

15 Julia Adeney Thomas, *Reconfiguring Modernity : Concepts of Nature in Japanese Political Ideology*, University of California Press, 2002. 일본어 번역은 ジュリア・アデニー・トーマス 著, 杉田米行 訳, 『近代の再構築 : 日本政治イデオロギーにおける自然の概念』, 法政大学出版局, 2008.

16 Julia Adeney Thomas, *Altered Earth : Getting the Anthropocene Right*, Cambridge University Press, 2022.

17 Nature in political ideology indicated the suppression of freedom, the blind continuance of tradition, and, often, 'the Orient.' Julia Adeney Thomas, *Reconfiguring Modernity*, p.15.

일본의 근대성에도 이런 측면이 있었다고 생각한다. 즉 자연의 불안정성과 부자유스러움을 극복하려는 것이다. 하지만 이것이 지나치면 문제가 생길 수 있다. 토마스는 프랑크푸르트학파의 아도르노와 호르크하이머의 『계몽의 변증법』을 인용하면서 마루야마의 관점을 비판한다.[18] 즉, 자연은 인간에게 있어 통제의 대상이기는 하지만, 그것을 지배하려 하면 전체주의에 빠질 수 있다는 것이다. 마루야마에게 이런 관점은 없었다고 생각한다. 마루야마는 작위와 자연을 대립시켜서, 인공적인 것을 만드는 작위야말로 근대화라고 생각했다.

그런데 마루야마의 논의에 사로잡혀 있으면 지금과 같은 인류세 문제는 보이지 않게 된다. 왜냐하면 인류세란 인간의 활동이 지구상에 축적되어 자연의 존재 방식을 바꾸고, 이 바뀐 자연에 의해 인간이 영향을 받게 된 상황을 가리키기 때문이다. 여기에서 인간의 활동이란 단순히 탄소를 배출하는 것에 한정되지 않고, 댐을 건설하거나 고속도로를 만들거나 뉴타운을 건설하는 것과 같은 인공적인 건축물을 만드는 행위를 말한다. 이런 인공

---

18 Frankfurt school writers Max Horkheimer(1895-1973) and Theodor Adorno(1903-69) agree that the eradication of nature from political consciousness is the sign of modernity, but they argue that nature's utter subordination to the apparatuses of reason and state power produces nothing but oppression. Modern systems of knowledge, originating in ancient Greek ideas of reason, may have conquered "terrifying nature, which was finally wholly mastered," but this "fully enlightened earth radiates disaster triumphant," not modern liberty.
Julia Adeney Thomas, *Reconfiguring Modernity*, pp. 21-22. 『계몽의 변증법』 인용문은 Max Horkheimer and Theodor W. Adorno, *Dialectic of Enlightenment*, trans. John Cumming, New York: Continuum, 1987, p.105, p.3. 한글 번역본으로는 Th. W. 아도르노, M. 호르크하이머 공저, 김유동 옮김, 『계몽의 변증법』(문예출판사, 1995; 문학과 지성사, 2001)이 있다.

물을 만드는 행위가 지나쳐서 지금의 인류세 상황이 오게 된 것이다.

토마스는 자연에 대한 이해 방식을 안티 모던, 즉 근대와 반대되거나 억압되는 것으로 이해서는 안 된다고 말한다.

> 자연은 더 이상 반(反)근대, 과거, 억압적인 것, 동양적인 것과 동의어로 보이지 않는다. … 자연은 다른 형태로, 기존의 권력 관계들을 약화시킬 수 있는 위험한 개념이 될 수 있다.[19]

토마스에 의하면 자연은 인간공동체의 외부에 존재하면서, 그것을 전복시킬 수 있는 존재이다. 아마도 최근의 인류세 논의도 이와 같은 자연 인식을 바탕으로 하고 있지 않나 추측된다.

결론적으로 말하면, 우리는 인간과 자연, 자연과 인위의 문제를 잘 숙고해야만 인류세 문제를 풀 수 있다. 근대와 같이 인간과 자연을 이분법적으로 보아서도 안 되고, 그렇다고 해서 예전처럼 자연을 있는 그대로 인정하자는 것도 아니다. 이 책은 이와 같은 문제의식에서 출발하고 있다.

---

19 nature can no longer appear synonymous with the anti-modern, the past, the oppressive, or the Orient. (…) nature can, in alternative forms, be a dangerous idea, capable of undermining existing relations of power. Julia Adeney Thomas, *Reconfiguring Modernity*, p.25.

〈붕괴〉 이전으로 돌아갈 수 있을까?

─자연재해로 인간세계가 붕괴될 때 우리는 '행성'과 만나게 된다

이 책은 교토대학의 시노하라 마사타케(篠原雅武, 1975~) 교수가 2018년에 저술한 『人新世の哲学: 思弁的実在論以後の'人間の条件'』(東京: 人文書院, 2018.01)을 번역한 것이다. 여기에서 人新世(인신세)는 anthropocene의 일본어 번역으로, 한국에서는 '인류세'로 번역되고 있다. 思弁的実在論(사변적 실재론)은 speculative realism의 번역어로, 최신 철학의 한 흐름이다. 人間の条件(인간의 조건)은 한나 아렌트의 저서 『인간의 조건』에서 유래하는 개념이다.

'인류세'는 2000년에 네델란드의 대기화학자 파울 크뤼천 등이 사용하여 널리 알려진 개념이고, '사변적 실재론'은 프랑스의 철학자 퀑텡 메이야수가 2006년에 쓴 『유한성 이후』를 대변하는 용어이다. '인간의 조건'은 독일의 정치철학자 한나 아렌트가 1958년에 쓴 저서 제목이다. 그래서 이 책의 제목이 의미하는 바는 "인류세 시대의 인간의 조건을 사변적 실재론이라는 철학적 관점에서 다시 생각한다"가 된다. 이하에서는 이 세 가지 키워드를 중심으로 이 책의 핵심 내용을 정리해 보고자 한다.

인류세의 철학적 의미

인류세란, 차크라바르티의 표현을 빌리면, "산업혁명 이래의 인간의 활동으로 인간과 자연의 경계가 붕괴되고, 그로 인해 인간의 조건이 위협받는 시대"로 요약될 수 있다(제2장 1절 "인류세 시대의 인간의 조건"). 여기에서 '인간의 조건'은 "인간의 생활을 지탱해 주는 것들"을 의미한다. 이 조건을 '사물'로 본 점이 하나 아렌트의 특징이다(「서론」). 그 사물에는 동물, 식물, 광물, 대기, 바다와 같은 자연물뿐만 아니라 인간이 만든 인공물도 포함된다. 하지만 그중에서도 가장 거대한 것은 역시 '행성 지구'이다.

지구온난화에 따른 이상기후는 인류의 문명이 인간의 의식과는 독립적으로 존재하는 〈사물로서의 행성〉 위에 서 있음을 자각하게 하였다. 그것은 동시에 그 자체로 자기완결된 문명은 존재할 수 없다는 경고이기도 하다. 인간세계는 인간이 만든 인공세계만으로는 성립할 수 없고, 인간 이외의 세계와의 관련 속에서 공존하고 있기 때문이다(「서론」). 따라서 인간세계가 인간세계만으로 자기완결적으로 존재한다고 보았던 인류세 이전의 사상들은 효력을 잃게 되었다(제4장 1절 "데이터가 제시하는 현실의 역설"). 인간들만으로 구성된 자기 완결된 세계에 살고 있다는 신념에 의해 뒷받침된 근대적인 세계관이 무의미해진 것이다(제4장 1절 "데이터로 본 현실의 충격").

인류세가 주는 또 다른 함축은 인간의 행위가 인간에서 끝나지 않고, 인간 이외의 존재에까지 영향을 미친다는 사실이다(「서론」). 오늘날 문제시되고 있는 생물다양성의 위기는 이 점을 보여주고 있다.

인류세는 또한 인간과 자연의 위상에 대해 다시 생각할 것을 요구하고 있다. 양자는 분리된 채 무관하게 존재하거나, 어느 한쪽이 다른 한쪽을 일방적으로 지배하는 관계가 아니라, 서로 넘나들고 상호침투하고 있음을 인류세는 말해주고 있다. 그래서 종래와 같이 인간사를 인간사만으로 독립적으로 서술하지 않고, 자연사와 인간사의 결합으로 다시 볼 것이 요구되고 있다. 최근에 우리가 겪고 있는 코로나19와 기후변화가 단적인 예이다.

이러한 인식은, 존 프로테비(John Protevi)의 해석에 의하면, 일찍이 들뢰즈와 가타리에서부터 나타나고 있다. 그는 2001년에 쓴 「들뢰즈와 가타리의 지리철학들(The Geophilosophies of Deleuze and Guattari)」의 맨 마지막 부분에서 다음과 같이 말하였다; "(들뢰즈와 가타리는) 인간사를 직접적으로 자연에, 창조적인 '지구'의 일부에 삽입시킨다."(제6장 2절 "확산에서의 연관") 이후에 차크라바르티도 2009년에 쓴 「역사의 기후 : 네가지 테제」에서 인류세의 특징을 인간사와 자연사의 결합으로 보았고, 인간의 생활 영역과 행성 지구가 겹쳐지고 포개진다고 하였다(제3장 1절 "지구로부터의 인간 이탈").

아렌트의 자연 인식

인간의 조건은 1958년에 한나 아렌트가 제기한 물음이다. 아렌트는 인간세계가 사물들로 이루어진 인공세계 위에 성립한다고 보았다("인간의 삶은 (…) 인간세계와 인간이 만든 사물 세계에 뿌리를 두고 있다." 이진우 역, 『인간의 조건』, 101쪽). 나아가서 인간세계는 자연세계 위에서도 성립한다고 생각하였다(제2장 "들어가는 말"). 그래서 인간세계는 사물들 위에 성립한 얇은 피막이라고 할 수 있다("기술권이 자연세계 위에 피막처럼 달라붙어 축적되고 있다." 1장 1절 "인간의 세계 · 경계 · 자연과의 만남"). 이러한 입장에서 아렌트는 근대 이후의 문제를 인간의 조건이 자연으로부터 분리된 데에 있다고 보았다

(「서론」).

하지만 아렌트는 사물이 인간을 위한 세계가 되지 못하면, 그 사물은 세계가 아닌 것이라고도 생각했다. 즉 "인간 생활을 조건지우고 인간 존재에 영향을 미친다"는 의미에서의 현실성은 없는 것으로 치부되었다(제2장 "들어가는 말"). 그래서 자연은 인간세계를 위한 재료와 배경에 지나지 않는 것으로 여겨졌다. 즉 주체가 아닌 객체로만 이해되고 있었던 것이다. 그로 인해 인간의 조건으로서의 자연세계에 대한 고찰은 적극적으로 시도되지 않았다.

이와 같은 아렌트의 자연 인식은 근대적 세계관의 연장선 상에 있다고 볼 수 있다. 산업혁명 이후에 인간이 인공세계의 구축을 통해 자연환경을 통제할 수 있다고 생각해 왔기 때문이다(제1장 1절 "인간의 세계·경계·자연과의 만남"). 그리고 20세기 후반으로 접어들면 인간은 인간이 만든 세계가 그 자체로 자기완결적이라고 확신하게 되었다. 그와 동시에 인간이 만드는 세계가 자연적 지구에 의해 지탱되고 있다는 감각은 쇠퇴해져 갔다(제1장 "들어가는 말").

그러나 다른 관점에서 보면, 아렌트에게서는 이미 지구학적인 인식이 시작되고 있었다고 볼 수 있다. 마거릿 케노빈은 아렌트가 인간의 영역인 공적 세계에 대한 고찰을 지구라는 행성, 즉 자연과의 관계 속에서 생각하려 했다고 적극적으로 평가하였다(「서론」). 아마도 아렌트가 인류 최초의 인공위성 발사 장면을 보고서 '지구소외'가 시작되었다고 판단했기 때문일 것이다. 인간이 자신의 거주지인 지구를 떠나려 한다는 것이다. 그렇다면 아렌트는 일종의 '행성적 공공성'을 생각했다고 볼 수 있다. 공공성의 범위를 행성적 차원으로 확장하려 한 것이다. 동아시아적으로 말하면 '천지공공(天地公共)'의 차원이다.

다만 아렌트에게서는 이런 지점이 아직 뚜렷하지 않았다. 심지어 인간의 역사와 지구의 역사가 맞물려 있다는 인류세적 시각을 요구하기에는 너무 이른 시기에 나온 철학자였다.

인간과 자연의 겹침

인류세는 종래의 자연 인식을 뒤흔들고 있다. 인공은 통제 가능하지만 자연은 예측 불가능하다는 사실이 판명되었기 때문이다. 인공세계의 구축을 통해 자연세계를 통제할 수 있다는 생각은 근대인들의 착각이었다. 자연은 더이상 폭력을 당하는 객체가 아니다. 가이아 이론의 창시자 제임스 러브록이 '가이아의 복수'라고 말했듯이, "인간에게 반격을 가하는 주체"이기도 하다(「결론」).

그래서 이제는 자연도 인간의 조건의 항목에 넣지 않으면 안 된다. 그것도 인간을 둘러싸고 있는 더 광범위하고 근원적인 조건으로서 말이다. 인류세는 "인간이 통제할 수 없는 자연과 더불어 살아가는 존재"로서의 인간의 존재 방식을 다시 생각할 것을 요구하고 있다(제2장 1절 "인류세 시대의 인간의 조건").

반대로 인류세는 인간에 대한 위상도 다시 생각할 것을 요구하고 있다. 자연과 분리된 줄 알았던 인간이 점점 더 자연의 일원이 되고 있기 때문이다. 인간이 지질학적 행위자가 되었다는 사실은 종래보다 더 자연적이 되었음을 시사한다. 그리고 그 결과가 다시 인간에게 되돌아오는 것이 기후변화이다. 이처럼 인류세는 인간세계에 자연이 침입해 들어오고, 자연세계에 인간이 영향력을 행사하는 시대이다.

그래서 저자는 아렌트가 60년 전에 제기한 인간의 조건에 대한 물음을 소환하여 현대의 사물철학과 대화시키려 한다. 그 축은 두 가지이다. 하나는 역사학자 디페시 차크라바르티의 인류세 인문학이고, 다른 하나는 퀑텡 메이야수나 티모시 모튼 또는 그레이엄 하먼과 같은 사변적 실재론자와 객체지향철학자들이다. 이들은 모두 인류세 시대에 인간과 자연의 경계가 무너지고 있는 점에 주목한 사상가들이다. 나아가서 '(지구) 행성의 타자성'을 강조하고 있다. 즉 자연은 인간화되지 않고 인간의 접근을 넘어선 곳에 있으면서, 인간의 생존을 현실적으로 뒷받침해 주고 있다는 것이다(제3장 2절 "생태적 현실로"). 지진과 같은 자연재해가 우리에게 말해주는 것은, 자연에는 인간의 뜻대로 되지 않는 야만성이 있다는 사실이다. 노장적으로 말하면 "천지는 어질지 않다(天地不仁)"는 것이다. 그런데 이 야만성을 접할 때 우리는 자연과의 연관성을, 상호침투성을 의식하게 된다는 것이 저자의 생각이다. 즉 인간의 조건에 '자연'이 있음을 자각하게 된다.

바로 여기에 '자연으로부터의 해방'이라는 근대의 '자유' 개념의 한계가 드러난다. 아미타브 고시는 근대인들의 '자유' 개념에 대해서, "인간이 아닌 존재들의(nonhuman) 힘이나 시스템은 자유에 관한 문제에서 고려 대상이 되지 않았다. 자연으로부터 해방되고 독립되어 가는 것이야말로 자유 그 자체의 특징으로 간주되었다."고 지적하였다(아미타브 고시 저, 김홍옥 역, 『대혼란의 시대』, 159쪽; 이 책 제2장 1절 "인간이 아닌 것의 세계").

아렌트와 현대철학의 대화

이 책의 백미 중의 하나는 아렌트에서 차크라바르티로 이어지는 인간의 조건에 대한 성찰이다. 그 사이에 '인류세'라는 새로운 인식이 있다. 그래서 차크라바르티는 아렌트의 문제의식을 이어받아서, 그것을 '인류세'라는 시대 상황에 맞춰 전개해 나가고 있다. 이 부분이 이 책의 핵심 내용 중의 하나이다. 저자에게 이러한 분석이 가능했던 이유는 두 가지이다. 하나는 박사학위 주제가 아렌트였다는 사실이고, 다른 하나는 동일본 대지진과 후쿠시마 원전 사고라고 하는 "자연사와 인간사가 겹치는 인류세적 사건"을 간접적으로 경험했기 때문이다.

좀 더 구체적으로 저자가 아렌트와 차크라바르티를 어떻게 연결시키면서 대비시키고 있는지를 살펴보자. 아렌트는 1957년에 있었던 최초의 인공위성 발사를 보면서 인간이 지구로부터 이탈하고 있다고 보았다. 반면에 차크라바르티는 1968년에 NASA에서 찍은 '지구돋이' 사진이 "인간은 행성에 살고 있다"는 즉물적인 현실을 인식시켰다고 보았다. 즉 인간이 지구에서 이탈했다는 사실은 지구와의 유기체적 관계의 상실일 뿐만 아니라 지구를 객관적 물체로서 바라볼 수 있는 거리가 만들어졌음을 의미한다는 것이다 (제3장 1절 "지구로부터의 인간 이탈").

또한 아렌트는 인간세계와 자연세계를 구별하고, 인간의 행위가 미치는 범위는 인간세계에 한정된다고 생각하였다. 반면에 차크바라르티는 인간의 행위가 아렌트가 "세계 아닌 것"이라고 간주한 자연의 영역에까지 미치게 되었다고 보았다(제2장 2절 "인간세계를 교란시키는 자연"). 그리고 인간이 지질학적 행위자가 된 인류세를 평가하면서 인간과 지구가 서로 구별되면서도 중첩되는 관계에 있다고 분석하였다(제3장 1절 "지구로부터의 인간 이탈"). 저자는 이러한 관계를 사진에 담은 사례로 가와우치 린코를 소개한다.

한편 저자는 아렌트를 사변적 실재론(speculative realism)이나 객체지향철학(object-oriented philosophy)과 같은 현대철학의 흐름을 선취한 철학자로 자리매김하고 있다. 이 흐름의 공통적인 키워드는 '사물'이다. 그리고 이 사물이 '인간의 의식'과는 독립적으로 존재한다고 보는 점이 특징이다. 마찬가지로 아렌트도 인간의 조건을 인간의 의식과는 독립적으로 존재하는 '사물의 세계'로 보았다(「서론」).

이렇게 생각하면 아렌트가 제기한 '지구소외' 개념도 1990년 전후로 대두된 서양의 '지구인문학'적 흐름의 선구로 볼 수 있다. '세계'에서 '지구'로 인식의 지평이 확장되었기 때문이다. 그것의 결정적인 계기는 1957년의 인공위성 발사였다. 차크라바르티의 표현을 빌리면, 지구 밖으로 나감으로 인해 지구를 객관화할 수 있는 계기가 마련된 셈이다. 이처럼 아렌트는 지구인문학과 사물철학이라는 두 흐름을 예견한 철학자로 자리매김 될 수 있다('지구인문학' 개념에 대해서는 조성환·허남진, 「지구인문학적 관점에서 본 한국종교 : 홍대용의 『의산문답』과 개벽종교를 중심으로」, 『신종교연구』 43집, 2020을 참고).

자연 없는 생태학

자연재해로 인하여 인공세계라는 덮개가 제거되었을 때 사물로서의 자연세계가 드러난다. 자연이 인공의 밑바탕에서 토대가 되고 있었다는 사실이 재발견되는 것이다. 그 토대는 때로는 인공을 전복시킬 정도의 막강한 힘을 지니고 있다. 동일본 대지진은 우리에게 이러한 원초적 사실을 일깨워 주었다.

그래서 티모시 모튼은 자연은 파악하기 어렵다고 하였다; "자연은 신성한 것과 물질적인 것 사이에서 요동치고 있다."(Timothy Morton, *Ecology*

Without Nature, p.14). 이 파악하기 어려움 때문에 근대인들은 자연을 인간 이성 아래에 복속시키려 하였다. 때로는 자연을 숭고한 것, 유기체적인 것으로 실체화한다. 이러한 자연관에 대해 모튼은 비판적이다. 그가 "자연 없는 생태학"을 주창하는 이유가 여기에 있다(제1장 2절 "자연 이해의 어려움").

모튼은 인간과 분리되고 신비화된 종래의 '자연' 관념은 오히려 생태학에 방해가 된다고 비판한다. 그 대신 인간을 포함한 다양한 것들을 연관시키고 존재하게 하는, 일종의 '둘러싸는 것'으로서 자연을 새롭게 이해할 것을 제안한다(제1장 3절 "세계의 사물성"). 사실 모튼과 같은 자연 관념은 동아시아에서는 그리 낯설지 않다. 동아시아에서 천지(天地)는 인간과 만물을 둘러싸고 감싸는 존재로 인식되었기 때문이다. 다만 저자가 지적하듯이, 모튼의 자연 관념이 하면과 같은 객체지향철학, 즉 "인간과 독립된 자율적 사물세계로서의 자연"을 의미한다면, 다시 말하면 무기물의 세계로서의 자연을 가리킨다고 하면 상황이 달라진다(제1장 3절 "세계의 사물성"). 왜냐하면 동아시아 유학에서 천지는, 심즉리(心卽理)나 성즉리(性卽理)라는 명제로부터 알 수 있듯이, 인간의 마음과의 관련 속에서 주로 논의되어 왔기 때문이다. 성리학이 심학(心學)이라고 불리는 이유가 여기에 있다.

반면에 모튼은 환경을 완전히 인간화되지 않는 것, 인간에 의해 완전히 채워질 수 없는 여지가 있는 것으로 본다. 그래서 인간의 의도와는 무관한 무언가가 일어날 수 있다고 생각한다(제1장 3절 "상호연관의 펼쳐짐").

이것은 노장(老莊)의 개념으로 말하면, 천지의 무위성(無爲性)을 지적하는 것이다. 자연은 '인(仁)'이라는 인간적 가치와는 무관한 영역에서 '스스로(自) 그러하게(然)' 일어나는 사건일 뿐이다. 그런 점에서 모튼의 생태학은 동아시아철학, 그중에서도 특히 노장철학과 대화할 여지가 크다. 사실 모든 뿐만 아니라 토마스 베리나 브뤼노 라투르 등, 현대의 생태신학, 지구철학 자체가 동아시아사상과 가까워지고 있다. 다만 저자가 누차 강조하고 있듯이, 그 사이에는 '인류세'라는 간극이 자리잡고 있다. 즉 더 이상 "인간=자연"이라는 천인합일적 도식은 성립하지 않게 되었다는 것이다. 이 간극을 어떻게 담아내느냐가 현대 한국철학의 과제라고 생각한다.

지금까지 정리한 책의 내용을 바탕으로 저자의 주장을 명제화하면 다음과 같다;

1. 인간의 조건을 사물성이라는 관점에서 다시 성찰하자. - 한나 아렌트
2. 사물을 인간의 의식과 독립적으로 존재한다고 생각하자. - 퀭텡 메이야수
3. 인간과 자연을 상호침투적인 관계로 다시 정립하자. - 디페시 차크라바르티

붕괴 이후의 철학

일찍이 벤야민은 복제기술의 발달이 '아우라의 붕괴'를 가져왔다고 하였다. 저자는 동일본 대지진을 '인간 생활 영역의 붕괴'라고 표현한다. 그리고 그 체험을 인류세와 연결지어 철학화하고 있다. 그런 점에서 이 책은 인류세 철학이자 동시에 재난에 대한 철학적 성찰이라고 할 수 있다. 하지만 저자에 의하면, 붕괴되었다고 해서 절망할 필요는 없다. 붕괴의 경험들이 사물 자체와 만나는 계기를 가져다 주기 때문이다. 동시에 인간과 자연의 관계를 성찰하게도 해준다. 아우라가 붕괴되었을 때 우리는 사물 자체와 직

접적으로 대면하게 되고(제1장 1절, '아우라의 붕괴'에 있어서의 양의성(兩義性)), 인간세계가 붕괴되었을 때 인간과 단절되어 있다고 생각했던 자연세계와 새롭게 만나게 된다(제1장 1절 "인간의 세계·경계·자연과의 만남"). 이것이 '붕괴'의 양의성(兩義性)이다.

2022년에 개봉한 박찬욱 감독의 영화 〈헤어질 결심〉에서 여주인공 서래는 자신이 사랑하는 형사 해준에게 "붕괴 이전으로 돌아가라"고 말한다. 그러나 마지막 장면에서 해준이 바닷가에서 헤메는 모습은 과연 그가 붕괴 이전으로 돌아갈 수 있을까 하는 의문이 들게 한다. 무엇보다도 해준의 붕괴는 그동안 감춰져 있던 자신의 참모습을 드러내 주는 계기가 되었기 때문이다. 그런 점에서 앞으로의 해준의 삶은 붕괴 이후의 새로운 자기를 정립해 나가는 시간이 될 것이다.

일본의 사진작가 가와우치 린코는 동일본 대지진의 폐허 위에서 다음과 같이 말했다; "파멸 뒤에는 창조해 나갈 수밖에 없다고 생각하니, 이 풍경도 모든 것의 시작처럼 생각되었습니다."(제1장 2절 "인간의 세계와 그 붕괴") 마찬가지로 시노하라 교수도 '붕괴 이후'를 사유할 것을 제안한다. 자연재해로 인간세계가 붕괴되었을 때 우리는 행성으로서의 지구와 마주하게 된다. 그 행성이 우리에게 무엇을 의미하는지를 다시 생각하자는 것이다.

지구의 온도는 이미 1도를 넘어서 1.5도 상승을 향해 치닫고 있다고 한다. 그렇게 되면 인류가 예상하지 못한 엄청난 변화가 생길 것이다. 그때 인간세계와 자연세계는 어떻게 공존할 수 있을까? 이것이 저자가 독자들에게 던지는 철학적 물음이다.

2022년 7월 24일

역자를 대표해서 조성환 씀

인류세의 철학

Philosophy

서론

프랑스 철학자 퀑텡 메이야수(Quentin Meillassoux, 1967~)가 쓴 『유한성이후』는 2006년에 프랑스어로 간행된 뒤, 다시 영어(2011년)와 일본어(2016년)로 번역되었다.[1] 이 책이 획기적인 것은 독자들에게 "인간이 사고하고 의식하고 의미를 형성하는 것과는 무관하게 세계가 존재한다"는 입장에 관심을 갖도록 했기 때문이다. 그 단서가 되는 것은 다음과 같은 과학적 데이터다.

> 우주의 기원(135억년 전)
>
> 지구의 형성(45~46억년 전)
>
> 지구상의 생명의 탄생(35억년 전)
>
> 인류의 탄생(호모 하빌리스, 200만년 전)[2]

이상의 데이터는 방사성 원자핵의 붕괴 속도에 의거한 측정기술로 화석을 분석하여 얻을 수 있다. 이에 의하면 우주의 생성과 지구의 형성은 인간이 출현하기 이전에 인간과 무관한 곳에서 일어났다. 설령 인간과는 관계가 없다고 할지라도 우주의 생성과 지구의 형성은 현실의 일로서 일어났던 것이다. 이처럼 현실에서 일어난 일이 경험과학의 축적에 의해 해명되고, 심지어는 그 발생 시점도 과학적으로 밝혀지고 있다.

메이야수는 노골적인 주장을 하고 있다. 우주나 지구는 인간이 없는 곳에서 생성되고 형성되었다는 것이다. 그것들은 인간의 사고, 의식의 한계를 넘어선 곳에서 일어난 현실의 사건이다. 이것을 참고하면 다음과 같이 말할 수 있다.

> 우주와 지구, 그리고 인간이 아닌 생명체는 인간이 존재하는 것과는 무관하게, 인간과는 동떨어진 곳에서, 인간화되지 않은 곳에서 독립적으로 있다.

다시 말하면, 우주도 지구도 인간 이외의 생명체도 135억년 전이나 45~6억년 전이나 35억년 전은 물론이고, 지금도 여전히 인간과는 무관한 곳에서 존재하고 있다. 다시 말하면 인간의 의식이나 사고, 의미 지움과는 무관한 곳에서 독립적으로 존재하고 있다. 인간들은 자기가 살고 있는 곳을 간주관적(間主觀)인 공동세계라고 생각했다고 해도, 이와 무관한 곳에서 세계는 존재하고 있다.

다만 세계가 인간과 무관하다고 하더라도 우리는 세계 속에 살고 있다. 지구 위에서, 우주공간 안에서 우리는 살고 있다. 따라서 "세계는 인간과 무관하다"고 메이야수가 말할 때에 그것이 의미하는 바는 "인간이 자신들을 중심으로 그려내는 세계에 대한 이미지와 세계 그 자체는 무관하다"는 것이다. 인간을 중심으로 하는 세계상(世界像)과는 무관하게 세계는 존재한다. 그리고 세계는 인간의 생활을 둘러싸고 지탱하는 조건으로서 존재한다.

지금까지는 공동환상(共同幻想), 공동주관성(共同主觀性), 공공성(公共性), 간주관성(間主觀性), 사회 시스템 같은 개념으로 인간 생활의 조건을 고찰해 왔다. 그러나 메이야수의 저서 이후에는 인간이 세계에 대해 품는 이미지가 아니라, 그 이미지와는 무관한 곳에 있는 세계에 의해 인간생활이 지탱되고 있다는 식으로 사고를 진행할 수밖에 없다.

다만 메이야수의 저서는 어디까지나 계기일 뿐이다. 인간 생활이 간주관성이나 공공성 등의 개념으로 지시되는 인간적인 가공물보다 더 깊은 곳에 있는 어떤 것에 의해 지탱되고 좌우되고 있다는 사실에 대한 자각이, 지진이나 쓰나미, 나아가서는 지구온난화와 게릴라 폭우와 같은 사건들과 함께 사람들 사이에서 은밀하게 싹트고 있기 때문이다.

지진이나 쓰나미는 인간 생활의 조건을 가까운 곳에서 파괴하고 파편화한다. 그리하여 인간 생활이 내가 아닌 다른 사람, 가령 당신과의 사이에서 생기는 간주관적 영역이나, 복수의 사람들이 모이는 가운데 형성되는 공적세계를 포함하는 더 큰 범위와 깊이를 지닌 세계 안에서 영위되고 있음을 보여주고 있다. 나아가서 티모시 모튼(Timothy Morton, 1968~)이 말하듯이, 메이야수는 인간세계를 포함하는 이 세계는 인간이 아닌 것, 즉 동물, 식물, 광물 등을 포함하는 영역임을 논의하고 있다. 그 점에서 이러한 영역에서 인간이 살고 있다는 것은 인간이 인간 아닌 것에 영향을 끼치며 살고 있다고도 생각할 수 있다.[3]

즉, '인간 생활의 영역을 둘러싸고 뒷받침하는 조건'이라고밖에 달리 말할 수 없는 무언가가 있다. 그것이 무엇인지를 묻는 것이 메이야수가 개척하고 모튼 등이 전개하는 사상 조류의 탐구주제 중의 하나이다. 인류의 사상이 장차 이런 범위에서 전개되고 있음을 일단 인정하게 되면, 지금까지 축적되어 온 사상의 성과도 이 범위 안에 집어넣을 수 있을 뿐만 아니라, 이전에는 깨닫지 못했던 측면을 명료하게 할 수 있고, 현대적인 전개도 가능하게 될 것이다.

　이 책에서는 한나 아렌트(Hannah Arendt, 1906~1975)가 『인간의 조건』에서 시도한 고찰을 현대의 새로운 사상조류(사변적 실재론, 객체지향 존재론)와의 연관 속에서 재검토 하고자 한다. 책의 제목이 보여주듯이, 아렌트의 사상은 인간 자체보다는 인간의 조건을 둘러싼 것이다. 인간의 조건이란 인간의 활동을 지탱하고 성립시키는 것인데, 아렌트는 이것을 인간의 내면성과는 독립된 세계, 즉 사물성이 있는 세계로 생각하고자 하였다. 그런 점에서 메이야수 등의 통찰을 선점하였다고 평가할 수 있다.

　또한 아렌트는 근대 이후의 인간 생활의 문제를 '인간의 조건이 자연으로부터 분리되어 버린 문제'로 생각하고자 하였다. 『인간의 조건』 제2판(1998)에 실린 서문에서 마거릿 캐노번(Margaret Canovan, 1939~2018)은 아렌트가 인간의 영역인 공적 세계에 대한 고찰을 지구라는 행성, 즉 자연과의 관계 속에서 생각하려 했다고 말하고 있다. 아렌트는 1957년의 인공위성 발사를 인류 역사상 획기적인 사건으로 파악했는데, 그 이유는 "인간이 지구에서 벗어난다"는 사실을 의미하기 때문이었다. 즉 "지구에서 하늘로 달아나고, 핵기술과 같은 실험을 통해서 인간 존재는 자연의 한계에 도전해나가게 된다."는 것이다.[4] 아렌트는 인간의 영역이 지구에서 이탈하여, 그 자체로 자족하게 되는 징조를 인공위성 발사에서 감지했다.[5]

　'지구로부터의 분리'에 대한 아렌트의 관심도 현대적인 문제를 선구적으로 포착하였다고 평가할 수 있다. 왜냐하면 그녀의 저서가 간행된 1958년에는 제2차 세계대전 이후의 경제부흥이 선진국들 사이에서 진행되고 있었기 때문이다. 그 후에도 댐, 고속도로, 철도, 전신, 대규모 주택단지를 비롯한 인프라 정비가 진행되고, '원자력발전소'라고 하는 무한한 에너지 생성 장치로 불리는 건축물의 개발과 건설도 추진되어, 인간 생활의 자족화와 고도화가 진전되었다. 그러나 그것과는 반대로 자연과의 관계는 점점 희박해지고 망각되어 갔다.

아렌트는 인간의 생활 조건으로 '개방된 만남을 위한 공공공간'이라는 이념적인 것을 구상했는데, 실은 그녀의 사고에서 공공공간은 단지 사람들의 머릿속에만 존재하는 것이 아니라 구체적인 사물로서 만들어질 필요도 있었다. 아렌트는 다음과 같이 말한다.

> 인간 생활은 그것이 무언가를 하는 일에 활발히 관계되는 한, 항상 다수의 인간과 그들이 만들어 내는 사물 세계에 뿌리를 두고 있다. 인간 생활은 그 세계를 떠나는 일도 없을뿐더러 초월하는 일도 없다.[6]

이 문장을 현대의 새로운 사상조류 안에 넣어서 다양한 개념들과 상호 연관시켜 보면, 아렌트는 비록 충분히 말하지는 못하였지만 여기에서 애매하게 말해진 것들을 문맥을 통해 그 의미를 잡아낼 수 있다면 다시 현대적으로 전개시킬 수 있을 것이다.[7]

이 책은 메이야수 이후에 전개되고 확산되고 있는 인간과 자연의 문제를 토대로, 아렌트가 고민했던 인간의 조건 문제를 새롭게 고찰하고자 한다. 물론 단지 새로운 사상의 소개만을 목적으로 하는 것은 아니다. 오히려 이 새로운 사상들이 출현하고 있는 시대적 상황이 어떤 것인지에 주목하고자 한다.

우리는 왜 인간세계를 포함하는 더 큰 세계에 대해 생각하지 않으면 안되는가? 왜 이런 범위의 세계에서 인간이 살고 있다고 생각하지 않으면 안

되는가? 그것은 아마도 이 세계에서 어떠한 이변이 일어나고 있기 때문이다. 오존홀(Ozone Hole)을 해명하여 노벨상을 수상한 과학자 파울 크뤼천(Paul J, Crutzen, 1933~2021)은 2002년에 「인류의 지질학(Geology of Mankind)」에서 다음과 같이 주장하였다.

> 과거 3세기 동안 인간이 지구 환경에 끼친 영향력이 증가하였다. 이산화탄소를 배출해 왔기 때문에 지구의 기후는 향후 몇천 년 동안 자연스런 운행으로부터 터무니없을 정도로 일탈해 나갈 것이다. 현재 많은 점에서 인간이 우위에 있는 지질학적 시대에 '인류세(Anthropocene)'라는 말은 적절하다고 생각된다. 그것은 지금까지 10,000년이나 12,000년 동안 지속된 온난한 시대인 홀로세(Holocene)를 대체한다.[8]

크뤼천의 주장은 비록 데이터에 기초한 것이기는 하지만, 과학자들 사이에서는 완전히 수용된 것도 아니고 아직 연구 중에 있다. 하지만 "인간이 지구의 존재 방식에 영향을 끼치고, 홀로세를 끝내려 하고 있다"는 주장 자체는 역사학이나 사상사, 문학과 철학에 커다란 충격을 주고 있다.

인도 출신의 역사학자이자 사상사 연구자인 디페시 차크라바르티(Dipesh Chakrabarty, 1948~)는 2009년에 「역사의 기후: 네 가지 테제」라는 논문을 발표하였다.[9] 그는 한편으로는 탈식민지주의 연구, 서발턴(Subaltern=하층계급) 연구 그룹에서 남아시아의 민주주의와 정치사상에 관한 연구를 진행하면서, 다른 한편으로는 "기후변동이 역사나 정치사상에 어떤 영향을 끼치는가?"라는 물음에 대해 사고하는 학제적 연구자이다.

차크라바르티의 「역사의 기후: 네 가지 테제」는 다양한 분야에 영향을 끼쳤다. 예컨대 티모시 모튼은 『거대사물(Hyperobjectss)』을 출간하였고, 관련 논문도 발표하였다.[10] 인도 출신의 작가 아미타브 고시(Amitav Ghosh, 1956~)는 자신의 강연을 바탕으로 『거대한 착란(The Great Derangement): 기후변화와 상상할 수 없는 것(Climate Change and the Unthinkable)』을 썼으며,[11] 브뤼노 라투르(Bruno Latour, 1947~)는 2017년에 『가이아와 마주하기(Facing Gaia): 신기후체제 8강(Eight Lectures on the New Climatic Regime)』을 간행했다.[12] 실로 최근 몇 년 동안 인류세를 둘러싼 인문학적 논의가 활발하게 진행되고 있다.

인류세를 둘러싼 논의가 던지는 물음은 인간이 인간만으로 자기완결적으로 사는 것이 아니라, 지구에서 살고 있는 인간 이외의 다양한 존재들과의 관계 속에서 살고 있다는 현실을 어떻게 생각할 것인가 하는 문제이다.

산업혁명 이후로 인간이 배출하는 이산화탄소의 양이 증가하였고, 1945년의 핵실험과 원폭 투하(히로시마, 나가사키) 이래로 방사성물질의 양도 증가하였으며, 도시 교외의 뉴타운 건설, 고속도로 건설, 댐 건설은 산의 형태나 하천의 흐름을 바꿨다. 인간의 활동으로 인간의 조건 자체를 사물성의 수준으로 바꾸고 있는 것이다. 그럼에도 불구하고 인간의 생활 영역 안에서 인간과 함께, 인간을 중심으로 하는 생활을 영위하고 있기에, 자신들의 활동이 인간 이외의 영역, 즉 인간을 넘어선 존재에까지 미치고 있으며, 거기에다 그 존재 방식마저 바꾸고 있다는 사실을 조금도 의식하지 못하고 있다.

인류세 논의는 인간 이외의 영역에 대한 인간 활동의 영향을 명확히 제시한 과학자의 연구성과를 받아들인, 감각이 예리한 일련의 학자나 작가가 인문학적인 문제 설정 하에 논의를 진행하고 고찰을 심화시키는 방향으로 전개되고 있다. 이것이야말로 인문학과 자연학이 어우러진 '문리(文理) 융합적 지식'이라고 말할 수 있다.

그렇다면 인간의 조건의 사물성을, 인간 이외의 영역에서 다시 바라보려면 어떻게 하면 좋을까? 좀 더 구체적으로 말하면, 인간이 단지 인간에 의해서만 자기완결적으로 사는 것이 아니라 인간 너머의 것과의 관계 속에서, 그것도 어떤 초월적인 신 같은 것이 아니라 인간화된 세계보다 더 깊고 넓은 생태적인 영역에서 살고 있다는 현실과 진지하게 대면하기 위해서는 어떻게 하면 좋을까? 이러한 물음을 둘러싸고 사고가 진행되고 있다.

이 책은 자연과학에서 제시되고 있는 인류세라는 현실상(現實像)을 진지하게 받아들이면 인간에 대한 지식이 근본적으로 뒤집어질 것이라는 전망하에서, **인간의 조건에 대한 철학적 고찰**을 시도한다. 구체적으로는 인간과 자연의 관계를 어떻게 생각하면 좋은가?(제1장), 인간세계가 지구와 자연세계로부터 이탈하는 것을 어떻게 생각해야 하는가?(제2장), 인간세계의 조건의 취약성을 어떻게 생각해야 하는가?(제3장), 인간세계 밖에 펼쳐지는 생태적 세계의 현실성(reality)을 어떻게 생각해야 하는가?(제4장), 사물의 세계와의 상호교섭에서 시적 언어의 가능성을 어떻게 생각해야 하는가?(제5장), 생태적 공존이란 무엇인가?(제6장) 등을 다루고 있다.

인간과 자연의 관계

Philosophy in the Anthropocene

지진이나 쓰나미, 태풍이 야기하는 천재지변을 통해 우리는 자연이 인간 세계를 둘러싸고 지탱하고 있었음을 깨닫게 된다. 즉 자연은 관념이 아니라 현실이다. 인간은 현실로서의 자연과의 관계 속에서 자신의 생활 영역을 형성하고 유지해 온 것이다.

그 현실에 눈을 돌리고 있었던 인물이 한나 아렌트였다. 마거릿 캐노번(Margaret Canovan)[1]은 말한다.

> 아렌트에 의하면 인간은 자연적 지구에서 살고 있을 뿐만 아니라, 인간이 만들어 내는 세계(man-made world)에 살지 않는 한 완전하게 인간이 될 수 없다.[2]

이처럼 인간은 기술을 이용하고 도구를 사용함으로써 자신들이 쾌적한 생활을 영위하기 위한 환경을 만들고 정비해 왔다. 그것은 인간이 완전한 인간이 되는 것, 즉 좀 더 풍요롭고 편리해지기를 지향하는 것이었다. 그뿐만 아니라 자연이라고 하는 '인간의 의도대로 되지 않는 것', 아렌트가 "영원히 회전하고 있는, 피로를 모르는 끊임없는 순환"[3]이라고 표현한 것을 길들여서 안정적인 상태로 만들려는 것이었다.

인간의 세계를 만드는 것은 자연을 개변(改變)하는 것이기도 하다. 아렌트는 자연의 개변이 인간세계의 구성요소라고 할 수 있는 재료를 자연계로부터 조달하는 과정에서 발생한다고 하면서, 이 조달 과정에서의 폭력성을 지적하였다.

재료란 이미 인간의 손에 의한 산업물로서, 인간의 손이 자연의 장소로부터 꺼내온 것이다. 가령 목재가 되는 수목의 경우에는, 그것을 파괴해서 그 생명 과정을 죽이지 않으면 안 되고, 철이나 동이나 대리석의 경우에는, 비록 그 자연 과정은 수목의 경우보다는 완만하겠지만, 결국에는 지구의 태내(胎內)를 파괴해서 꺼내지 않으면 안 된다. 이 침범과 폭력의 요소는 모든 제작에 따라다니는 것으로, 인간이라는 인공물의 창조자(homo faber)는 지금까지 항상 자연의 파괴자였다.[4]

1960년대~70년대는 산업공해 등의 문제로 인해 인간과 자연의 관계에 대해 활발한 논의가 전개되던 시기였다. 아렌트의 논의도 이것을 배경으로 하고 있음을 새롭게 읽어낼 수 있다. 그런데 그 이후로, 아마도 1980년대 무렵에 이르면, 인간은 인간이 만들어 내는 세계가 그 자체로 자기완결적이라고 생각하게 되었다. 그와 동시에 진행된 것이 인간이 만들어 내는 세계가 실은 자연적 지구로 둘러싸여 있다는 것, 즉 자연적 지구에 의해 지탱되고 있다는 것에 대한 감각의 쇠퇴였다. 그리하여 자연은 잘 모르는 것, "(~이 아니라는) 부정의 표현으로만 제시될 수 있는 것"이 되었다.[5]

그 결과 인간이 만들어내는 세계가 자연과 접하고, 자연으로 둘러싸여, 자연을 필수적인 조건으로 삼고 있다는 사실을 어떻게 생각하면 좋은지 알 수 없게 되었다. 그뿐만 아니라, 자연의 현실성을 어떻게 받아들이면 좋은

지도 알 수 없게 되었다. 쓰나미로 마을이 파괴되어 파편화되었을 때, 그것
은 단지 인간이 만들어 내는 세계가 와해되었다는 식으로만 이해할 뿐, 자
연에 의한 와해를 어떻게 받아들이면 좋은지 많은 사람들은 알 수 없게 되
었다.

카나이 미에코(金井美惠子, 1947~)는 다음과 같이 말한다.

> 마을 전체를 뒤덮은 쓰나미로 파괴된 잔해더미들이 집이 있던 곳마다 산
> 더미처럼 쌓여 있었다. 비현실적인 광경을 눈앞에서 목도한 (나이는 들었지만
> 전쟁 이후 세대로 보이는) 여성은 TV 화면에서 멍하니 서 있으면서, 그것이 현
> 실이라고는 미처 생각하지 못한 채, 마치 TV에서 본 전쟁영화의 풍경 같다
> 고 중얼거렸다.[6]

인간이 만들어내는 세계만으로 이 세계가 성립한다고 생각하고 느끼는
한, 그것을 둘러싼 자연과 그 안에 있는 내가 어떻게 관계 맺고 있는지를 질
문하기는 어렵다. 이러한 질문하기의 어려움을 잊지 않고, 자연과 인간세
계의 관계를 생각하는 것이 이 책의 과제 중의 하나이다. 자연의 현실성이
어떠한지를 생각하기 위해서는, 먼저 자신의 심신(心身)이 인간이 만들어
낸 인공물의 세계에 의해 규정되고 익숙해져 있다는 사실을 인정해야만 할
것이다.

1. 인간의 세계와 자연의 세계

인공물과 자연

인간 생활의 영역은 무수한 인공물로 지탱되고 채워져 있다. 도로나 다리, 제방과 같은 건축물은 자동차나 자전거와 같은 교통수단을 원활히 하고, 하천으로 인해 단절된 장소를 최단거리로 이어주며, 하천의 유입을 막아서 생활 영역을 안전하게 보장하는 등의 인간적인 목적을 위해 만들어지고 정비된 것이다. 이처럼 인간이 설정하는 목적이 있고, 그 목적으로 인도되도록 만들어지는 것이 인공물의 세계이다.

이에 반해 자연이란 무엇인가? 그것은 인간이 설정하는 목적이나 수단과는 무관한 데에서 저절로 생기는 것, 그 자체로 있는 것이라고밖에 말할수 없는 어떤 것이다. 하지만 지금처럼 기계화되고 인공물이 늘어나는 상황에서는, 단지 기계적이 아니고 인공적이 아니라는 식으로, 부정의 방식으로밖에 표현될 수 없는 것이 되고 말았다.[7]

물론 자연에는 북극의 빙하나 후지산 정상과 같이 인간의 생활과는 무관하게 존재하는 것도 있지만, 이탈리아의 베네치아 시내를 흐르는 하천과 같이 인간 생활을 지탱하는 교통수단으로 사용되는 것도 있다.

혹은 경제학자이자 사회철학자인 프리드리히 하이에크(Friedrich Hayek, CH, 1899~1992)가 말하듯이, 습관이나 전통 혹은 예절이 인간 생활의 영역을 지탱하고 있다고 생각할 수도 있다. 하이에크는 그것을 '자생적 질서'라고 부르고, 일상생활의 축적 속에서 착실하게 형성되고 유지되어 왔기 때문에 일종의 자연성을 지닌다고 주장했다. 그리고 이 자생적 질서와 대치되는 것이 계획주의적 사회 설계 사상이라고 생각하였다. 계획주의적 질서에서는 자생적 질서의 자연성이 경시된다.[8]

인간 생활에서 '자연'은 인간적인 것과는 무관한 곳에 있으면서, 인간 생활의 일부로 편입된 것이다. 또는 습관이나 예절과 같이 인간적인 영역을 지탱하며 형성된 것의 '성질'(저절로 생기는 것)을 의미하기도 한다. 이렇게 생각하면 인간이 실제로 생활하는 곳에서는 인공과 자연이 명확히 구별되지 않을 것이다. 즉 인간은 완전히 인공적인 상태에서 사는 것도 아니고, 그렇다고 해서 완전히 자연적인 상태에서 사는 것도 아니다. 양자가 접하고 연관되어 있는 곳에서 인간은 살고 있다.

인공물로서의 경계

동시에 인간 생활은 경계가 구분된 영역에서 영위되고 있다. 광막하게 퍼져나가는 속에서가 아니라, 사적 영역과 공적 영역, 나의 영역과 불특정 다수를 위한 영역, 우리의 영역과 우리 아닌 자들의 영역과 같이, 경계가 명확하게 구분되는 곳에서 생활이 이루어진다. 경계는 벽이나 담장과 같은 물리적 건축물로 구축되어 있을 뿐만 아니라, 감시카메라나 ID 인증시스템(카드 키, 패스워드)과 같은 정보통신기술로 네트워크적으로 관리되고 있다. 경계 내에서의 생활은 그곳에 걸맞은 활동의 종류나 정도의 한계 내에서 영위되는데, 그 걸맞음의 수준을 안정적으로 유지하는 것이 물적, 그리고 정보적 통제장치 시스템이다.

다만 인간 생활의 영역에서의 경계 구분은, 공과 사, 나와 타인, 우리와 우리 아닌 사람들 사이에서 형성될 뿐만 아니라, 인간 생활의 영역 자체를, 그것을 둘러싸고 있는 자연이라고밖에 말할 수 없는 것과 구별해 나가는 지점에서도 성립한다.

세토구치 아키히사(瀨戶口明久, 1975~)[9]는 여기에서 그어지는 경계를 "정적으로 작동하는 과학기술"로 규정한다.

> 과학기술사회는 자연과 인간 사이에 엄밀한 경계선을 그으려 한다. 그리고 그 사이를 넘어서 침입하는 것을 쉽사리 허락하지 않는다. 경우에 따라서는 허용했다고 해도 그것을 엄격하게 관리하려 한다.[10]

과학기술에는 제방이나 내진구조, 방조제와 같은 건축물뿐만 아니라 수위계(水位計), 지진계와 같은 관측 장치도 포함된다.

세토구치의 논의가 중요한 것은 인간 생활이 과학기술로 지탱되고 있다는 것, 그것도 물리적인 인프라로 구현된 과학기술에 의해 지탱되고 있다는 것을 지적하기 때문이다. 즉, 인간 생활을 자연과 구별하고, 안정적으로 유지하는 물적 장치가 현실적으로 존재한다는 사실에 관심을 기울이도록 하기 때문이다. 그리고 이 논의를 바탕으로 사고를 진행시키면, 인간 생활 내부에 그어진 경계를 지탱하는 과학기술의 물적 장치들이 실은 인간과 자연을 분리시키는 경계의 기술이나 시스템과 연관되어 있다는 가설을 도출해 낼 수 있기 때문이다.

세토구치의 논의는 그레이엄 하먼(Graham Harman, 1968~)이 하이데거의

'도구 분석'을 둘러싼 고찰을 검토한 뒤에 도출해낸 견해와 비슷하다. 하먼은 1999년에 개최된 하이데거 학회를 위해 준비했지만 거절당한 원고의 개정판에서 다음과 같이 말하였다.

> 도구 분석은 만약에 우리가 그것을 "인간의 의미와 기획의 문맥 바깥에는 아무것도 존재하지 않는다"는 의미로 읽으면 잘 이해되지 않는다. 사실 도구 분석은 그 역(逆)을 보여주고 있다. 해머(hammer)라는 도구적 존재는 기술적 내지는 언어적 실천이 아니라, 인간의 의미 부여와의 모든 접촉으로부터 영원히 멀어지는 'X'라고밖에 말할 수 없는 어떤 것이다. 도구는 '사용되는' 것이 아니다. 그것은 '있다.'[11]

하먼의 논의는 세토구치가 기술에서 감지하는, '정적(靜的)'인 측면에서 생겨나는 기분 나쁨을 둘러싼 것이라고 할 수 있다. 인간 생활의 곳곳에 배치된 도구는 인간이 그것에 부여하는 의미나 생각과는 무관하게 단지 존재할 뿐이다. 그것도 그 존재 방식에 의해 인간이 눈치 채지 못하게 인간 생활의 존재 방식을 근저에서 규정하며 좌우하고 있다.

정적인 기술이 완벽하게 계속해서 작동되는 한, 인간 생활은 아무것도 일어나지 않는 안정적이고 원활한 상태로 유지되고 존속될 것이다. 다만 세토구치 자신도 인정하듯이, 기술로 지탱된 인간의 생활공간은 "자연의 압도적인 힘 앞에는 취약하다."

> 때로는 자연은 경계를 넘어서 인공 공간을 교란시킨다. 하천은 범람하여 농지를 침수시킨다. 회오리나 태풍은 가옥의 지붕을 날리고, 주거를 엉망진

창으로 만든다. 대지를 진동시키는 대지진은 건축물을 공진(共振)시켜 파괴하고, 해안선을 넘어 엄습하는 쓰나미를 가져온다.[12]

세토구치는 자연이 경계를 넘어서 인간 생활을 교란시키는 일이 없지는 않지만, 그것은 어디까지나 예외적인 것일 뿐, 인간이 만들어 낸 경계는 언젠가 재구축되고, 재난의 기억은 망각되어 없던 일로 여겨진다고 서술하고 있다. 즉 인간 생활의 세계에는 자연의 교란을 일회적인 것으로 처리해 버리는 자동적인 안정화 작용이 작동한다는 것이다.

그렇지만 설령 경계가 재구축되었다고 할지라도 인간 생활의 영역을 유지하는 경계가 동요되고 파괴되어, 자연이라고밖에 말할 수 없는 것과 뒤죽박죽될 때 생겨나는 무언가는 인간 생활의 영역에서 쉽게 지울 수 없는 일종의 트라우마 같은 것으로 따라다닌다고 생각할 수 있지 않을까? 인간 생활의 영역이 자연과 구별될 뿐만 아니라 인간적인 것으로 철저하게 자기 완결되어 있다고 해도, 실은 인간과 자연이 만나게 되는 것이 아닐까?

인간의 세계·경계·자연과의 만남

앞으로의 고찰을 위해 다음과 같은 가설을 제시해보고자 한다.

〈가설1〉 인간이 만들어 내는 세계는 과학기술에 의해 만들어지고 있다.

기술로 만들어진 생활권을 의미하는 '기술권(technosphere)'이라는 말이 있다. 하프(Haff)는 다음과 같이 말한다.

전 세계적으로 진행되는 기술의 확산이 기술권을 규정한다. 즉 지구로 부터의 대량 에너지의 급속한 채굴과, 그것에 이어지는 동력의 발생을 지탱하고 가능하게 하는 대규모적인 네트워크화된 기술이다. 그것들은 원거리이지만 대부분 순간적인 커뮤니케이션, 고속이면서 원격적인 에너지와 대량수송, 근대적인 정부와 그 외의 관료기구, 먹거리와 그 외의 상품들을 지역·대륙·지구적인 규모로 분배하는 것을 포함하는 고도로 집약적인 산업과 제조업의 전개, 현대문명과 70억 인구의 인간의 존재를 가능하게 하는 '인공적'이랄까, 자연적이지 않은 무수한 추가 과정을 지탱하고 있다.[13]

기술권이 자연세계 위에 피부점막처럼 달라붙어 축적되고 있다. 혹은 자연세계 안에서 완성되고 있다라고 해도 좋다. 기술권은 인간이 만들어 낸 산물로, 그래서 인간에 의해 통제가능한 것으로 간주되고 있는데 반해, 자연세계는 때때로 인간에게 다가오는 일이 있어도 잘 모르는 것으로 존재하고 있다.

그레고리 베이트슨(Gregory Bateson, 1904~1980)[14]은 "인간이 인공세계의 구축을 통해서 자연환경을 일방적으로 통제할 수 있다는 생각이 산업혁명 이후에 우세하게 되었다"고 말하였다.[15] 하지만 오늘날에는 과연 이런 생각이 맞는지 아닌지가 물어지고 있다. 재해 등에서 분출되는 자연의 야만은 인간세계가 자연세계에 둘러싸여 있으며, 그 위에 축적되어 있다는 사실을 현재화(顯在化)하기 때문이다. 바로 여기에서 완전한 인위적 통제가 가능하다는 전제에 대한 의심이 생기지 않을 수 없다.

〈가설2〉 인공세계와 자연세계 사이에는 두 종류의 경계가 있다.

제1의 경계는 인공세계가 자연세계로부터 스스로를 격리시키고, 그곳을 인간 고유의 영역으로 확정하기 위한 경계이다. 한나 아렌트는 지구와 단절된 사물 세계의 형성이 "하늘 아래에 있는 모든 생물의 모체인 지구와의 치명적 절연(絕緣)"과 함께 완성된다고 서술하였다.[16] 이 절연을 확정하고, 불변의 상태를 유지하기 위해 구축되는 것이 제1경계이다. 그래서 세토구치는 "자연과 인간 사이에 엄밀한 경계선을 긋고, 상호 간의 침입을 허락하지 않는 측면"이 있다고 주장한 것이다.[17]

이에 대해 제2경계는 갈 수 있어도 가서는 안 되는 한계로서의 경계, 넘어서는 안 되는 일선(一線)으로서의 경계이다. 다만 이 경계는 인간세계와 자연세계를 완전히 격절시키고 분리시키는 경계는 아니다. 인간과 인간 아닌 것 사이에 있는, 넘어서는 안 되는 일선으로서의 경계를 생각할 때, 모튼이 시사하듯이 "생태적이란 공존을 둘러싼 것이다"라고 생각하는 것이 전제가 된다. 모튼은 "생태적 사상은 상호연관에 대해 생각하는 것이다."라고 말한 바 있다.[18] 즉 인간세계를 포함하고 있는 자연세계에서 인간이 다른 존재와 서로 연합하는 가운데 자신의 세계를 유지하려 할 때에 비로소 인간세계는 다른 존재의 세계와 공존할 수 있게 된다. 이때 제2의 의미에서의 경계가 유지되는 것이다.

하지만 디페시 차크라바르티가 지적하듯이, 오늘날 두드러지고 있는 모습은 행성 지구에서의 인간이라는 종(種)의 생활 영역의 확장이다.[19] 이 인간세계의 확장은 인간과 자연을 격절시키면서, 인간과 자연의 뒤섞임을 저지하는 인공적인 경계(제1의 경계)를 유지한 상태에서, 인간과 인간 이외의 존재가 공존하는 조건으로서의 경계(제2의 경계)를 깨트리고 짓밟고 넘어가는 형태로 일어난다.

〈가설3〉 인간세계의 붕괴에 즈음하여 인간과 격절되고 단절되어 있다고 생각했던 자연세계와 새롭게 만난다.

인간을 위해 구축된 세계와, 거기에 포함되지 않는 인간 이외의 세계와의 만남이자 교차이다. 여기에서는 인간을 위한 세계를 둘러싼 경계(제1경계)의 파괴가 일어나고 있다고 생각할 수 있다.

2. 자연 속에 있는 인간의 세계

인간의 세계와 그 붕괴

2014년에 1,000부 한정으로 가와우치 린코(川內倫子, 1972~)의 사진집 『빛과 그림자(光と影)』가 간행되었다. 이 사진집은 2011년 4월에 이시노마키(石卷), 오나가와(女川), 게센누마(氣仙沼), 리쿠젠다카다(陸前高田)에서 촬영한 사진들로 구성되어 있다.[20] 사진 속에는 2011년 3월 11일에 일어난 동일본 대지진과 쓰나미에 의해 인간 생활의 영역이 붕괴된 후에 남아 있는 사물들의 잔해가 담겨 있다. 사진에서는 지진의 비참함 같은 과도한 의미는 희박하다. 붕괴된 사물이 흩어져 있는 가운데 경쾌함, 투명감, 청정한 분위기, 적막함이 감도는 느낌이다. 어딘지 모르게 그때까지 성립하고 있던 인간세계의 족쇄로부터 해방된 듯한 자유로운 분위기마저 든다.

「후기」에서 가와우치는 다음과 같이 말한다.

소리가 없고, 단지 예전에 기능하고 있던 사람들의 활동의 조각들이 지면에 축적되어 있었습니다. 하늘이 아주 드넓게 느껴졌습니다. 거기에 잠시 멈춰 서 있자 나 자신이 바람에 날아가 버릴 정도로 작은 존재라고 생각되었는데, 확실히 내 몸이 지금 여기에 서 있다는 실감도 하게 되었습니다. 다만 거기에 존재한다는 것을 실감하기 위해서는 정적이 필요하다고 생각했

가와우치 린코가 2011년 동일본 대지진 직후에 지진 현장에 달려 가서 찍은 사진들이다.
출처: 가와우치 린코,『빛과 그림자』, 2014.

습니다. 그리고 그것은 일종의 공포를 동반합니다.

가와우치의 사진을 보고 든 생각은, 지진을 겪은 사람들은 인간의 생활 공간을 구성하고 있는 원활하게 작동하는 기계장치나 건축물과 같은 견고한 사물들이 실은 연약하였음을 새삼 느꼈으리라는 점이다. 과거에 기능했던 사물과 사람의 활동으로 만들어진 생활 현장이 폐허가 된 뒤에 감도는 적막감, 그 안에 몸 담고 있는 가와우치로서는 자신이 육체를 가진 채 서 있으면서 확실히 살아 있음을 느낄 수 있었을 것이다.

우리는 여기에서, 인간의 생활 영역을 감싸고 있는 '자연'이라고밖에 달리 말할 수 없는 것은 인위의 산물이 무너져 사라져야 비로소 느낄 수 있다는 사실을 알게 된다. 우리가 자연 속에서, 자연에서 살고 있음을 새삼 생각하게 된다.

그러나 이때까지 많은 사람들은 자연 속에서, 자연에서 살고 있다는 사실을 잘 생각해 보지 않았다. 그래서 설령 자연이 존재하는 것을 느꼈다고 해도 "그것이 대체 무엇인가?" "거기에서 살아온 것을 어떻게 생각해야 하는가?" 하는 물음에 직면하자 어찌할 바를 몰랐던 것이다.

인위적 산물이 무너져 내린 뒤에 감도는 그 무엇은 현실적으로 사물로서 존재하고 있다.

인위적인 것이 무너져도 자연세계 그 자체는 신기하게 지속되고 있다. 인위의 세계가 무너진 뒤에도 존속하는 것이 무엇인지를 의식화하고 잊지 않기 위해서는, 거기에 감도는 것에 형태를 부여하고 언어를 제공할 필요가 있다. 현상이 회복되고 일상이 재개될 때 사람들은 재난에서 일어난 것, 보게 된 것을 잊어버릴 것이다. 없었던 일로 여길 것이다. 잊지 않기 위해서

출처: 가와우치 린코,『빛과 그림자』, 2014.

는 작품으로 만들거나 언어의 형태로 남길 수밖에 없다. 그리고 표현하고 언어화할 수 있기 위해서는 재난에서 실제로 무슨 일이 일어났는지를 느끼고 사고하는 행위가 없어서는 안 된다.

가와우치는 "파멸 뒤에는 창조해 나갈 수밖에 없다고 생각하니, 이 풍경도 모든 것의 시작처럼 생각되었습니다."라고 썼다. 이 문장은 가와우치가 사진집을 만들면서 사색을 거듭하는 과정에서 나온 것이라고 생각된다. 무엇이 일어났는가를 생각하는 것은 미래에 무엇이 일어날지를 생각하는 것으로 이어진다.

가와우치의 견해로부터 다음과 같은 물음이 도출된다.

일상적으로 익숙해진 거리가 붕괴될 때 거기에서는 무엇이 붕괴되는가? 그리고 거리가 붕괴되어도 남는 것이 있고, 창조가 시작되는 곳이 있다면 거기에는 무엇이 있는가?

결국 우리는 사물과 만나고 있는 것이다.

그러나 붕괴 이전에 인간적인 세계로서 인공적으로 구축된 곳으로 편입된 것과, 붕괴되고 나서 인간적인 세계가 파탄된 이후에 흩어진 것은 그 존재 방식을 달리한다. 그 차이를 어떻게 생각하면 좋은가?

인간세계의 한계로서의 경계

인간세계는 자연 속에 만들어진 인공세계에서 영위되고 있다. 다만 인간의 생활이 자연과 구별되는 곳에서 형성되고 있다는 사실을 우리는 대개 느끼지 못한다. 그것을 느끼는 것은 현실적으로 자연 속에 몸담고 있을 때이다.

스가 케이지로(菅啓次郎, 1958~)는 후지산(富士山) 등반의 소감을 다음과 같이 말하고 있다.

> 일본에서 3천 미터 이상의 고도를 처음으로 체험했습니다. 그렇게 되면 어느 지점에서 삼림(森林) 한계선을 넘겠지요. 그 위는 점점 식물이 줄어들어 메마른 풀밭에 보이지 않게 돼요. 좀 더 위로 올라가면 산화철의 적색투성이고요. 거기에서 새삼 지구의 실상을 보았다고나 할까? 지구는 본질적으로 철로된 행성이니까요.[21]

스가는 지상으로부터 3천 미터 범위 안이 '생명권'이라는 것, 이 범위 안에서밖에 인간이 살지 못한다는 사실을 새삼 실감했다고 고백한다. 여기에서 만난 것은 생명권과 그 외의 영역 사이에 존재하는 경계적인 것이었다. 경계의 존재를 산화철의 적색이라고 하는 적나라한 사물성(事物性)과의 만남으로부터 느낀 것이다.

그리고 스가는 "사람은 지구의 피부점막 부분에서만 살 수 있고, 그 외의 장소에는 아무런 근거도 가질 수 없다"고 주장한다. 여기에는 인간 생활의 조건이 지구 위에 덮힌 피부점막과 같은 것으로 이미지화되고 있다. 즉 인간 생활의 조건이 지구라는 사물 위에 피부점막으로 자리하고 있음을 보여주는 것이다. 이 이미지는 차크라바르티가 언급한 생태학자 데이비드 워스터(David Worster)가 제시한 바로 그것이다.[22] 이 피부점막은 지구 위에서 인간이 만들고 확장해 나가는 것으로, 이 확장 과정에서 시도된 것이 자연이 부과하는 제약에 대한 도전이었다.

　스가는 "갈 수 있다고 해도 가서는 안 되는" 곳으로서, 자연에 의한 제약을 다시 생각하는 것이 중요하다고 주장한다. 한나 아렌트가 『인간의 조건』에서 서술하고 있듯이, 근대 과학의 발전과 함께 인간은 지구의 제약을 벗어나서, 자연이 부과하는 한계에 도전하고, 그것을 넘어서려고 시도해 왔다. 그리고 이 시도의 종착점에는 인간이 지구적 제약으로부터 철저하게 이탈하여, '뿌리 없는 풀'처럼 살아가는 상황이 기다리고 있다.

　스가의 견해는 아렌트가 근대적인 인간에서 발견한 존재 방식 그 자체가 한계에 직면해 있다고 생각하는 것으로 이해할 수 있다. 스가의 견해를 참고하면, 자연이 부과한 한계의 완전한 월경(越境)도, 지구로부터의 완전한 이탈도, 아마 불가능할 것이다.

　인간은 자신이 이탈할 수 있다고 착각하고 있던 지구의 현실성과 때때로 만나게 된다. 그것도 지진이나 태풍과 같은 자연의 작용이 인간세계로 침입할 때 조우하게 된다. 2014년 8월에 히로시마에서 일어난 산사태로 74명이 사망했다. 사상자들의 주택이 세워진 곳은 과거에 '야기쟈 라쿠지 아시다니(八木蛇落地惡谷)'라 불리던 곳이다. 그곳은 원래 수해가 일어나기 쉬운 곳으로 알려져 있었다. 따라서 인간의 생활 영역을 확장해서는 안 되는 곳, 자연이 부과한 한계지대로서 "갈 수 있어도 가서는 안 되는" 곳으로 인식되던 영역이었다. 그곳을 넘어서면 자연의 힘들에 무방비 상태로 노출될 것이라고 옛날 사람들은 두려워하였다.

　그럼에도 불구하고 [근대 이후에] 인간의 거주지로 변형시켜 인간 생활을 위한 피부점막으로 덮히게 되었다. 결국 토석류(土石流)가 발생하고 주택이 파괴되자, 마침내 인간은 자신들이 지구에 의해 제약받고 있다는 것, 자신들이 살고 있는 세계가 사물로 성립하고 있다는 것, 사물의 세계는 완전히 인간화되지 않고 토석류(土石流)나 지진과 같은 자연현상이 일어나면 인간이 대항할 수 없을 정도의 막강한 잠재력을 지니고 있다는 사실을 다시 한 번 깨닫게 되었다.

이때에 우리는 인간이 만든 것 안에서 완결된 형태로 살 수 있다는 전제가 흔들리고 있음을 은밀하게 경험한다. 하지만 설령 '자연'이라고 하는 "인간 이외의 존재가 관련된 영역"을 접한다고 해도, 우리는 그 현실성을 자신들의 생존과 관계되는 것으로 인정하고 받아들일 수 없다. 인간이 아닌 것들의 영역은 인간이 이름짓고 의미 부여하고 자신의 세계로 만들어나가는 활동에 앞서 있는 곳에서, 인간의 세계를 둘러싸면서 접해 있는 경계의 영역에서 살고 있다.

'아우라의 붕괴'에서의 양의성(兩義性)

이제 우리는 인간 생활의 조건이 성립하는 방식을 사물과의 만남 속에서 생각해 볼 수 있다. 다만 그 만남은 인간에 의한 지표(地表)의 개변, 피막으로서의 생활 영역의 확장이 철저해지는 곳에서의 만남이다. 즉 인간화가 미치지 않는 곳, 내지는 인간적인 세계가 균열된 곳에서의 만남이다. 스가는 그 만남에서 지구에 있는 '철 같은 것'의 존재를 감지했다.

스가와 같은 감각은 다케다 타이준(武田泰淳, 1912~1976)의 글에도 나온다. 다케다는 후지산을 "거대한 무기물 덩어리에 지나지 않는다"고 말하고 있다.[23] 이러한 인식은 그동안 사람들이 산에 대해 느껴 온 영적인 것, 신비한 것에 대한 무관심, 불감증, 무감각을 말해준다. 산을 신비적인 것으로 느끼고서 '신령한 봉우리'라고 숭배해 온 것은 인간뿐이었는데, '신령한 봉우리'라는 이해 방식을 버리면 산은 토양과 용암과 나무와 초원이라는 무기물의 집합에 지나지 않는다.

산을 단순한 무기물로 이해하는 것은 발터 벤야민(Walter Benjamin, 1892~1940)[24]이 말한 '아우라의 붕괴', 즉 산업화 시대에 접어들면서 영성이나 신성함에 대한 감각이 붕괴되는 것을 적극적으로 받아들이려는 자세와 흡사하다. 벤야민은 영성이나 신성함이라는 의미에서의 아우라에 대해 다음과 같이 말하고 있다.

> 대체 '아우라'란 무엇인가? 시간과 공간으로 짜여진 신비한 직물이다. 즉 아무리 가까이 있든지 간에, 어떤 원거리가 일회적으로 드러나는 것이다. 여름날 오후에 조용히 쉬면서 지평선 위로 이어진 산들을, 혹은 나무 아래에서 쉬고 있는 사람 위로 그림자를 드리우고 있는 나뭇가지를 눈으로 좇는 것, 이것이 이 산들의 아우라를, 이 나뭇가지의 아우라를 호흡하는 것이다.[25]

아우라라는 영적인 것은 저 멀리서 유지되는 일회성적인, 즉 다른 것과는 교환할 수 없는 유일한 것으로 드러나는 것이다. 산에서 아우라를 느끼기 위해서는, 그 산이 저 멀리 손이 닿지 않는 곳에 있어야 하고, 그것을 보는 순간순간마다 그 모습이 새로우며, 신성한 것으로 현현한다는 조건을 충족해야 한다.

그리고 모튼의 지적에도 있듯이, 산이 아우라에 둘러싸여 있는 것처럼 보이는 사람들은, 거기에 살지 않고 거기에서 동떨어져 있는 사람들이다.

그 대부분은 도시인이다. 도시인에게 산은 그 거리로 인해 미적으로 감상된다.[26]

한편 벤야민은 아우라를 예술작품의 진정성을 설명하기 위한 개념으로도 사용하고 있다. 예술작품을 진정한 것으로 느낄 때 거기에서 발생하는 것이 아우라인데, 이와 동일한 것을 우리는 산이나 나무에서도 느낀다.

그런데 벤야민에 의하면 아우라라는 영적인 것은 붕괴로 향하고 있다. 과거에 아우라의 성립을 지탱하던 조건인 원거리와 일회성이 20세기 이후에 사진이나 영상이라는 복제기술의 발달과 함께 붕괴되었기 때문이다.

> 사물을 자기들에게 '가깝게 끌어당기는 것'은 현대인들의 열렬한 관심사이다. 그래서 모든 주어진 사태의 일회성을 그 사태의 복제를 통해서 극복하려는 대중들의 경향 또한 그들의 열렬한 관심사를 나타내고 있다. 대상을 아주 가까이에서 상(像)으로, 아니 오히려 모상(模像)으로, 복제로 소유하고 싶은 욕구는 갈수록 거부할 수 없을 정도로 타당성을 지니고 있다.[27]

자신과 사물의 거리를 축소시키고 가깝게 하며, 나아가서는 자신의 것으로 소유하는 것이 사물의 복제에 의해 가능해진다. 그로 인해 과거에 사물에서 느꼈던 아우라가 붕괴되어 간다. 아우라의 붕괴는 사물에 대한 외경과 공포, 아우라를 느끼는 자세가 인간에게 상실되어 감을 의미한다. 그것은 인간 내부에서의 아우라에 대한 감도(感度)가 공허해지는 것이라고도 할 수 있다. 단지 예술작품에서뿐만 아니라 산이나 나무, 바다나 강, 호수와 같은 자연 풍경에서도 아우라를 느끼지 않게 된다.

아우라의 붕괴와 함께, 거기에서 해방된 산이나 예술작품은 복제의 이미지 세계에 둘러싸여 사진이나 영상으로 증식되어 간다. 나아가서 아우라로부터 해방된 산은 '신령한 봉우리'로서가 아니라 관광 세계의 형성을 위한 소재가 된다. 기 드보(Guy Debord, 1931~1994)이 말하는 '스펙터클화'이다.

현실 세계가 단순한 이미지로 변하는 곳에서는 단순한 이미지가 현실의 존재가 되고, 최면적 행동을 낳는 유효한 동기가 된다. 스펙터클은, 이제는 더 이상 직접적으로는 파악할 수 없는 세계를 전문화된 다양한 매개물로 보여주는 하나의 경향인데, 다른 시대에 촉각이 담당하고 있었던 인간 감각의 특권적 지위를 보통은 시각에서 발견한다. [28]

그렇다고 하면 아우라의 붕괴와 함께 진행되는 것은 한층 더한 복제기술화, 이미지 소비가 될 것이다. 과거에 영적인 것으로 숭배되어 온 산들은 사진집의 소재가 되고, 관광업에서 이윤을 얻기 위한 수단이 되었다. 그렇다면 아우라의 붕괴는 인류의 역사에서 보면 한탄할 만한 사건이었다고 할 수 있을지 모른다.

그럼에도 불구하고 벤야민의 논의는 아우라의 붕괴를 적극적인 것으로, 긍정적인 사태로 이해할 수 있음을 시사한다.

대상을 그 덮개로부터 벗겨내는 것, 아우라를 붕괴시키는 것은 일종의 지각의 특징이다. 이 지각은 "세상에 존재하는 동종성(同種性)에 대한 감각"을 대단히 발달시키고 있기 때문에, 복제라는 수단에 의해 일회적인 것으로부터도 동종성을 발견하는 것이다. [29]

즉 벤야민은 아우라의 붕괴가 사물에 대한 간격이 없는 감각을, 즉 사물을 동종의 것으로, 그 자체로는 아무런 신성함도 영성도 없는 우연적인 상태로 조각내서, 그리고 평평하게 병렬적으로 존재하는 것으로 파악하는 감각을 발달시키는 것이라고도 생각하였다.

이에 대해서는 다음과 같은 반론도 있을 수 있다; "그 자체로는 다른 것과 동종의 평범한 것으로 존재하게 된 사물은, 상품이라는 물신성(物神性)으로 뒤덮이게 되고, 우리도 이 물신성에 현혹되어 있기 때문에 모든 사물에 대한 동종성(同種性)의 감각을 충분히 발달시킬 수 없게 된 것은 아닌가?"

다만 복제기술화로 인해 아우라가 붕괴되고, 그로 인해 인간이 아우라를 느끼는 감도(感度)가 희미해짐에 따라, 인간은 사물을 대상으로서, 다시 말해 사물을 단지 거기에 있는 객체로서 감각할 수 있게 되었다고 생각할 수도 있다. 그렇게 되면 아우라의 붕괴를 받아들이면서도 스펙터클화로 빨려 들어가지 않는 입장을 유지함으로써, 우리는 자신이 살고 있는 곳의 사물성을 향해 나갈 수가 있다.

자연 이해의 어려움

산에 대한 거리감의 붕괴, 즉 아우라의 붕괴는 거기에 살고 있어도 일어날 수 있다. 인간이 거기에 삶으로써, 다시 말하면 그곳을 주거로 하는 동식물과 함께 사는 것을 통해서 산은 친밀한 것이 되고, 아우라라는 덮개로부터 해방되어 인간 생활을 조건 지우는 사물로서 이해되게 된다.

다케다 타이준이 후지산을 무기물로 볼 수 있었던 것은 그가 그 근처에

산장을 짓고 살고 있었기 때문이다. 그로 인해 후지산은 '숭배되는 신령한 봉우리'가 아니라, 인간의 생활을 둘러싸고 그것을 성립시키는 조건인 '사물성을 지닌 자연세계'로 파악되게 된다.

후지산에 사는 경험에 대해서 그는 이렇게 말하고 있다.

> 나는 도시에서 태어나서 도시에서 자랐기 때문에 지금까지 자연과 깊게 접촉할 일은 별로 없었다. 그런 만큼 후지산에 살면서부터 인간이 자연 속에 사는 것이 얼마나 소중한지 잘 알게 되었다. 산새, 토끼, 족제비, 들쥐… 도시 생활에서는 볼 수 없는 동물들과 함께 살고, 잡목의 가지를 잘라 땔감을 만들거나 살기 위해 필요한 재료를 운반하는 등, 여러 일이 있었다.[30]

여기서 후지산은 멀리서 바라보는 '신령한 봉우리'가 아니다. 다케다 타이준이라는 인간 주체의 활동을 둘러싸고 그것과 연관되는, 인간이 아닌 다양한 동식물이 사는 세계이다. 사실 후지산을 이렇게 파악하는 태도는 현대적인 것이다. 왜냐하면 다케다는 후지산과 함께 사는 것의 의의를 도시적인 생활 영역의 확장과의 연관 속에서 주장하고 있기 때문이다.

> 문명이 극도로 발달하면 할수록, 인간은 자연으로 돌아가지 않으면 안 되지 않은가? 도시에서 자잘한 논리만 따져서 논의를 세우는 것만으로는 인간의 근원적인 것과 만날 수 없다.[31]

즉 자연과 분리되는 경향이 극단에 이르자 비로소 도시생활에 대한 반성적 자각을 통해, 자연과의 관계 속에서 살아가는 소중함을 발견하게 된 것이다. 그것은 인간 생활이 자연과 연관되는 곳에서 영위되고 있다는 자각이라고 해도 좋다. 다시 말해, 인간 생활은 진공 속에서 영위되는 것이 아니라, 사물로서의 자연과 연관되는 곳에서, 인간이 아닌 다른 것으로 둘러싸이고 지탱되는 곳에서 이루어지고 있음에 대한 자각이다.

2007년에 쓴 『자연 없는 생태학(Ecology Without Nature)』에서 모튼이 말하듯이, 자연을 이와 같이 이해하는 것은 환경과 인간사회의 관계를 다시 생각하는 일이기도 하다.

> 환경 개념은 대체로 그룹과 집단을 생각하는 방식과 관계된다. 인간을 자연에 둘러싸여 있는 존재로서, 동물이나 식물과 같은 다른 존재와 연관되어 있는 것으로서 생각하는 식으로 말이다. 그것은 함께 존재한다는 것 (being-with)과 관계되어 있다.[32]

다만 모튼이 시사하고 있듯이 자연은 파악하기 어렵다.

> 자연은 신성한 것과 물질적인 것 사이에서 요동치고 있다. 자연은 결코 '자연적인 것' 그 자체가 아니라, 마치 유령처럼 사물들 주위를 맴돌고 있다. 그것은 자연을 연상시키는 사물의 무한한 목록을 빠져나가 버린다.[33]

이 파악하기 어려움 때문에 근대가 되면 자연은, 마치 국민국가의 성립과 상관되는 것처럼, '네이션(nation)' 개념과 긴밀하게 결부되게 된다. 혹은 낭만주의 시대에는 사회적인 선(善)의 기초로서 고찰된다. 루소와 같은 사상가에 의하면 사회계약을 맺은 자들은 자연 상태로부터 출발하였다.[34] 또한 자연은 인종적 혹은 성적인 아이덴티티를 확립하는 방법이 된다. 즉 "정상적인 것=자연, 그렇지 않은 것=부자연"으로 간주하는 기준이 성립한다.[35] 자연은 때로는 자유시장의 보이지 않는 손이나 적자생존의 법칙을 정당화하는 것이 된다.[36] 그리고 자연은 신성한 것과 사물 사이에서 위치하는 것으로 간주되기 때문에 단순한 사물이라기보다는 모종의 숭고한 것을 구현한 실체로 파악된다.[37] 모튼에 의하면 이러한 관점은 숭고한 것을 둘러싼 에드먼드 버크(Edmund Burke, 1729~1797)의 논의에서 전형적으로 드러난다. 거기에서는 "주체가 경의를 표해야 하는 외적인 것이 존재한다"고 여겨지는데, 이것은 군주주의나 권위주의를 지탱하는 사고방식이다.[38]

이러한 자연관에 대해 모튼은 비판적이다.

> 만약에 자연이라는 것이 단일하고 독립적이고 영속적인 무언가를 의미한다면, 자연과 같은 '것'은 존재하지 않는다고 나는 주장한다.[39]

모튼이 비판하는 것은 자연을 숭고한 것, 즉 유기체론적으로 이해하는 자연관이다.

> 자연이라는 관념은 너무나도 현실적이고 너무나도 현실적인 세계에서, 너무나도 현실적인 신념, 실천, 결정에 대해, 너무나도 현실적인 영향을 끼친다.[40]

그렇기 때문에 모튼은 유기체론적인 자연관이 끼치는 영향에 대항하기 위해서라도 그것과는 이질적인 자연관을 제창하려 한다.

3. 자연세계란 무엇인가?

세계의 사물성

모튼은 『자연 없는 생태학』에서 "'자연' 개념 자체가 생태학적 사고와 실천의 방해가 된다"고 주장하였다.[41] 그는 생태학에서 유기체론적인 '자연' 관념을 제거함으로써 생태학적 사유, 즉 생태적으로 생각하는 것 자체를 다시 시도한다.

즉, 자연을 인간으로부터 분리시키고 신비화된 대상으로 이해하는 것이 아니라, '둘러싸는 것'으로 파악하는 것, 인간을 포함한 다양한 것을 연관시켜 존재시키는 '둘러싸는 것'의 영역으로 개념화하는 것이다.

그런데 모튼의 사고는 그레이엄 하먼을 중심으로 하는 객체지향철학 (object-oriented philosophy)의 시도와 연동되는 것으로 이해할 수도 있다. 이 철학 또한 "우리 인간과는 독립된 자율적 사물세계에서 우리가 살고 있다는 사실을 어떻게 생각하면 좋은가?"라는 물음에서 출발한 사유이기 때문이다.[42]

하먼은 과거 100년의 철학에서 중요하면서도 두드러지지 않았던 분야는 "객체에 관한 일반이론(general theory of objects)"이었다고 주장한다. 이러한 주장은 20세기 철학의 성과는 '언어론적 전회'였다는 생각에 대한 비판으로 제기된 것이다. 의식의 철학이 언어론적 모델로 치환되어 감에 따라 인간은 "언어적인 의미 작용과 역사적인 투사의 네트워크로부터 완전히 도망갈 수 없는" 자율적이지 않은 존재로 생각되게 되었다. 하지만 이로 인해 간과된 것이 '무기물의 세계'이고, 거기에서 인간도 살고 있다는 현실이었다고 하먼은 말한다.

> 하지만 이 끝없는 논쟁의 하부에서 현실성(reality)은 꿈틀거리고 있다. 설령 언어철학과 그것에 대한 반동으로 지목되고 있는 반대파 중에서 어느 쪽이 승리를 선언했다고 해도, 세계의 무대는 다양한 객체들(objects)로 가득차 있다. 그 힘들은 발산되고, 대부분의 경우 사랑받지 못하고 있다.[43]

하먼에 의하면 그런 대표적인 철학자 중의 한 사람이 하이데거이다. 중요한 것은 하이데거의 '도구 분석'이다. 하이데거는 사물의 현실성이 나무조각이나 철조각이나 원자와 같이, 그 자체로 존재하는 데에 있지 않다고 생각했다. 즉 다리는 볼트와 교각의 단순한 집적물이 아니다.

> 다리는 내가 낭만적인 만남으로 가는 길로 그것을 건너는가, 아니면 처형장으로 가는 죄인의 신분으로 그것을 건너는가에 따라서 완전히 다른 현실성을 띠게 된다. 첫 번째의 경우에는 환희의 다리 건너기이지만, 두 번째의 경우에는 단죄와 비참으로 향하는 수단이다.[44]

다만 하먼이 보기에는, 인간은 대개 사물과의 관계 속에 살고 있다는 사실, 사물에 의해 지탱되고 있다는 사실을 자각하지 못한다.

이 모든 사물들은 당분간은 충실하고, 그것에 관해서 내가 고민할 필요가 없는, 눈에 띄지 않는 기능을 하고 있다.[45]

인간의 주관에서는 자신의 생활이 사물에 둘러싸여 지탱되고 있다는 사실이 의식화되지 않은 채 감추어져 있다. 그것이 의식화될 때에는 사물이 작동하지 않을 때, 즉 무너졌을 때이다.

도시 전체가 갑자기 전기가 나가면, 또는 내가 스스로 통제할 수 없는 기침이 나오면, 나는 그때까지 당연하게 받아들이고 있던 실체를 갑자기 의식하게 된다.[46]

하먼에 의하면 하이데거의 사고에서 사물의 존재 방식은 두 가지로 구별된다. 하나는 부서지지 않고 원활하게 작동하는 상태이다. 다리를 예로 들면 그것을 구성하는 무수한 사물이 하나의 형체를 이루는데, 그것은 사람이 건너기 위해 사용되는 편리한 것일 뿐만 아니라, 사물로서의 존재감을 발하고, 그것이 존재함으로써 풍경의 존재 방식을 바꾸는 것이기도 하다.

다른 한편으로 부서진 사물은 "인간이 직접적인 환경을 초월하고, 있는 그대로의 것으로서의 환경을 이탈하여, 그것을 비판적으로 반성하는 것에 대응된다"[47]고 하먼은 말한다. 인간은 사물이 부서져야 비로소 그것에 의지하여 살고 있음을 의식화하는데, 이 의식화로부터 자신을 둘러싼 환경에 대한 관심이 환기된다. 다리든 원자력발전소든, 우리는 사물을 구성요소로 하는 인공적인 생활 영역에서 살고 있는데, 이 영역이 부서졌을 때에는 그것을 수리하든 폐기하든, 인공적인 생활 영역에 무자각적으로 둘러싸이고 지탱되는 상태에서 벗어나서, 자신들이 살고 있는 영역을 반성적으로 이해하는 것이 요청된다.

그런데 하먼은 부서지지 않은 사물과 부서진 사물의 구별에 구애되어서는 안 된다고 한다. 부서지든 부서지지 않든 간에 인간 부재의 세계에서는 단지 무기물로서의 사물밖에 없다는 것이다. 여기에서 하먼이 말하고자 하는 것은 사물을 고찰 대상으로 할 때에 사물 세계와 인간 주체의 관계성은 별로 중요하지 않다는 사실이다.

하먼은 2005년에 쓴 『게릴라 형이상학(Guerrilla Metaphysics)』에서 자신의 관심은 사물 그 자체에 있다고 말한다.[48] 즉 "인간이 접근할 수 있는 현상으로서가 아니라 자율적인 객체(objects)로서의 사물(things) 모델을 탐구하는"[49] 것이다.

인간의 지각과는 관계 없는, 그것으로부터 자율적인 곳에 있는 것으로 사물을 이해하고, 그렇게 함으로써 현실 세계로 향하고자 하는 하먼의 시도는, 인간을 '둘러싼 것'으로서의 세계에 관심을 기울이는 모튼의 시도와 교차된다고 할 수 있다.

하지만 하먼의 관심은 인간의 지각이나 인과법칙으로 사물을 이해하려는 것과는 독립된, 인간 부재의 사물 세계로 향하고 있다. 그런 점에서 모튼과는 다르다. 하먼의 주요 관심은, 인간 부재의 사물 세계, 그것도 각각 떨어져 있고 서로에 대해 자폐적인 상태에 있는 사물 세계에서 사물 상호 간의 접촉은 어떻게 일어나는가, 접촉에 의해 생기는 것이 있다면 그것을 어떻게 생각하면 좋은가에 있다. 반면에 모튼은, 우리를 둘러싸고 있는 세계에서 인간 이외의 다양한 존재들과 상호연관되고 공존하는 가운데 인간은 어떻게 살면 좋은가를 생각하고 있다.

상호연관의 펼쳐짐

　인간사회가 사회제도, 도덕, 공공성과 같은 관점에서 파악되는 경우에는, 사물이 연관되는 영역으로서의 세계 내지는 환경은 의식 밖으로 추방된다. 이러한 영역의 현실성으로 나아가는 것이 중요하다고 제창한 점에서는 모튼과 하먼이 같은 입장이라고 생각할 수도 있다.

　하지만 그들 사이에는 주목할 만한 차이가 있다. 모튼이 환경을 문제 삼는 것은 인간의 행위, 감각, 사고와의 관계에서 환경을 어떤 것으로 파악하면 좋은가를 묻기 위해서이다. 동시에 인간 자체를 환경이라는 펼쳐짐 속에 있는 것으로 다시 파악하기 위해서이다. 모튼은 환경에 대해서 다음과 같이 말한다.

　　(환경은) 사건이 일어날 여지가 있는 공간이고, 밀도가 있고 구현화되어 (embodied) 있어서 긴장의 정도가 고조되고 있다. 그것은 완전히 채워져 있는 것도 아니고 공허한 것도 아니다. 거기에는 잠재성의 감각이, 무언가 '지금이라도' 일어나려고 하는 감각이 있지만, 이것에 걸맞은 용어나 개념은 아직 존재하지 않는다.[50]

　모튼은 환경을 "인간이 접한 흔적이 전혀 없는 때 묻지 않은 것"으로 이해하려고는 하지 않는다. 그렇다고 해서 그것을 완전히 인간화할 수 있는 것으로도 생각하지 않는다. 인간화되지 않을 여지, 인간에 의해 완전히 채워질 수 없는 여지가 있고, 그래서 인간의 의도와는 무관한 무언가가 일어날 수 있다고 생각한다.

또한 모튼은 무언가가 일어나는 곳으로서의 환경을 다양한 것의 상호연관적인 만남이 일어나는 펼쳐짐의 영역으로 생각해 나간다. 즉 다양한 것의 상호연관을 고려하면서, 이 상호연관을 펼쳐짐 속에서, 그것도 거대한 것으로서의 펼쳐짐 속에서 생각하려 한다.

> 1960년대에는 로컬한 것이 글로벌한 것 이상으로 중시되었는데, 그래도 우리는 거대한 것을 생각할 필요가 있다.[51]

그리고 거대한 것의 펼쳐짐은 한정되고 닫혀서 자기충족적인 상태와 대치된다. 즉 "한정 경제나 닫힌 시스템"과는 다른 것으로 생각되고 있다.[52] 그렇다고 해서 펼쳐짐의 영역이 닫힌 것을 외부로 여는 데에서 발견되는 것은 아니다. 즉, 닫힌 것을 여는 데에서 전망되는 평면적인 공간과는 다르다. 펼쳐짐의 영역은, 평면적인 글로벌 공간에 대항하는 로컬한 장소의 확보와는 또 다른 것으로 생각되고 있다.

모튼은 그것을 '상호연관의 얽힘(mesh of interconnection)'이라고 표현하고, 다음과 같이 설명한다.

> 그것은 철저한 친밀성으로, 생명체이든 무엇이든 다른 존재와 함께 공존하는 것이다.[53]

여기에서 모튼은 다양한 것들과의 공존이 철저하게 친밀하면서도 타자인 것, 즉 다르고 분리되어 있어서 잘 알 수 없는 존재방식으로 생겨난다고 말하고 있다. 그는 한정된 자기충족적 생활 영역 속에 안주하지 않고, 잘 모르는 것과 만나는 곳에서 상호연관적인 얽힘의 영역이, 그것도 광대한 펼쳐짐으로서의 영역이 발견된다고 주장한다.

모튼은 잘 모르는 것과의 만남이 일어나는 곳으로서 상호연관의 얽힘을 생각한다. 그리고 '잘 모르는 것의 잘 모름'을 '부정적 차이(negative difference)'라고 표현하면서 다음과 같이 설명한다.

> 거기에는 긍정적이면서 진짜 존재하고 있는 (독립적이고 단단한) 사물은
> 포함되지 않는다.[54]

하먼은 모튼의 이러한 견해에서 자신과의 입장 차이를 발견한다. 즉 하먼은 사물의 상호연관이 생길 때에 그것과 동시에 사물이 존재하지 않는다는 것은 있을 수 없다고 생각한다.[55] 그리고 모튼이 이와 같이 생각하는 전제에는, 의식의 작용을 중시하는 모튼의 입장이 있다고 추측한다. 실제로 모튼은 "의식의 작용 없이 자기조직화된 시스템"이라는 생각을 비판한 바 있다.[56] 하먼은 이 비판을 근거로 모튼이 의식의 작용을 중시하고 있다고 말한다. 여기서 하먼이 말하고자 하는 요지는 사물의 비존재적 상태는 인간의 의식에서만 생기는 일이라는 것이다. 따라서 모튼의 논의도 결국 사물의 존재를 의식에서 비존재적인 것으로 만드는 일종의 유심론적인 것이 아닌가 하는 비판일 것이다.

확실히 모튼은 의식의 작용을 중시한다. 다만 그것은 생태오염이나 기후변동에서 요구되는 것이다. 즉 "거대한 것을 생각하고 집합적으로 사고하고 행동하기" 위해서는 의식적이 될 필요가 있다는 것이다. 결코 의식의 작용이 사물의 존재를 비존재적인 것으로 만든다고 주장하는 것은 아니다.

오히려 모튼은 상호연관적인 얽힘 속에 있을 때에 인간의 의식은 사물의 모든 것을 파악할 수 없다고 생각한다. 그것은 다음과 같은 말에서도 분명히 드러난다.

> 모든 것이 모든 것과 상호연관된다고 하면, 연관되어 가는 사물이란 결국 무엇인가? 어떤 중요한 의미에서, 만약에 우리가 그것들이 무엇인지를 이미 알고 있고, 그것들을 담을 수 있는 상자를 이미 갖고 있다면, 그것들은 결국 이질적인 존재는 아니다. 만약 생태적인 사고가 광대할 뿐만 아니라 심오한 것이라면, 상상할 수 없을 정도로 거대한 얽힘의 교차점에서 누가 도착하고 무엇이 도래할지를 예견할 수도 예상할 수도 없다.[57]

즉 상호연관의 얽힘 속에 있는 사물이 고정적이지 않고 알기 어려운 것은, 그것이 존재하지 않기 때문이 아니다. 그러한 사물이 어떤 것으로 존재하게 되는지를 인간이 알지 못하고 예측할 수 없기 때문이다. 더불어 이 알 수 없음, 즉 예측 불가능성이 발생하는 이유는 인간의 생활공간을 확정하는 경계로서는 상호연관의 얽힘을 도저히 수용할 수 없기 때문이다.

제2장

인간세계의
이탈

Philosophy in the Anthropocene

아렌트는 인간 생활이 사물세계에 의해 조건 지어진다고 생각했다. 이 점은 그녀의 다음과 같은 말에서 분명하게 확인할 수 있다.

> 인간생활은 그것이 무언가를 하는 것과 활발하게 관련되는 것인 한, 언제나 다수의 인간과 그들이 만들어내는 사물세계에 입각하고 있다. 인간생활은 이 세계를 떠나는 일도 없고 초월하는 일도 없다.[1]

더 나아가서 아렌트는 이 인공적인 세계, 즉 인간이 만들어낸 세계가 자연세계에 입각하고 있으며 자연세계에 둘러싸여 성립한다고도 생각하였다.

그런데 아렌트에 관한 지금까지의 논의들은, 이 세계라는 것을 다양한 사람들이 사적 존재임을 벗어나서, 다양한 사람들 앞에 나타나고 다양한 사람들과 관계 맺는 것을 가능하게 하는 열려 있는 공적 세계로만 이해하여 왔다.[2] 하지만 인간의 조건을 공적 세계로만 보는 논의에서는 아렌트가 인간의 조건을 인공적인 사물세계로 사유하면서 암암리에 말하고자 했던 함의는 배제된다. 아렌트는 다음과 같이 말한다.

> 세계의 현실성이 인간 존재에 끼치는 영향은 조건 지우는 힘으로 느껴

지고 받아들여진다. 세계의 객체성(objectivity), 그 객체(object) 내지는 사물(thing)로서의 성질과 인간의 조건은 서로 보완된다. 인간 존재는 조건 지어진 존재이기 때문에 사물 없이는 불가능하지만, 만약 사물이 인간 존재를 조건 짓는 것이 아니라면 사물은 서로 무관한 것들의 산더미가 되고, 세계 아닌 것이 될 것이다.[3]

아렌트는 세계를 현실적으로 존재하는 것으로 생각한다. 그리고 세계의 현실성은 인간이 그것을 객체성 있는 사물로, 만질 수 있는 것으로 만들어 냄으로써 생긴다고 본다. 또한 아렌트는 인간이 사물의 세계를 만들어 낼 뿐만 아니라, 사물은 인간 존재의 버팀목이 됨으로써 인간의 조건으로서의 세계가 된다고 말한다.

여기서 논의를 좀 더 진전시켜 보도록 하자. 사물이 인간 존재를 지탱해 주고 조건 지어주는 것이 되기 위해서는, 단지 사물이 있다고 해서 되는 것이 아니다. 사물을 소재 삼아서 인간 존재를 지탱하고 조건 지워주는 것으로 만들어가는 인간의 실천이 필수적이다. 이러한 실천이 없다면 사물은 서로 무관한 것들이 쌓인 상태로 방치될 것이다. 사물이 인간 존재의 버팀목으로 존재하기 위해서는 만들어가는 것과 관련된 실천뿐만 아니라, 만들어진 것을 유지하고 존속시키는 실천도 필요하다. 유지와 존속의 실천이 끊기면 사물은 인간의 조건으로 만들어지기를 멈추게 되고, 서로 무관한 것들의 퇴적(堆積)을 향해 붕괴되어 간다.

이렇게 생각해 보면 아렌트가 말하는 인간의 조건이란 서로 무관한 것들의 퇴적과 구별된 곳, 즉 난잡하게 방치된 상태와는 구별된 곳에서 형성되어야 한다는 말이 될 것이다. 바꿔 말하면 인간의 조건은 인간과 무관한 것들의 퇴적으로 붕괴되지 않는 상태가 우연히 가능해진 세계이다. 그렇기에 인간의 조건은 지극히 드문 존재 방식으로 존립하는 것이라고 생각할 수도 있다.

그 이유는 인간세계가 자연에 뿌리박고 있다는 현실로부터 벗어날 수 없기 때문이다. 아렌트는 인간세계가 성립하기 위해서는 자연의 과정이 인공의 세계로 스며들어야 한다고 하면서, 자연은 "성장하고 쇠퇴하는" 것으로 변화한다고 말하였다.[4] 즉 자연 자체는 영원한 순환운동이지만, 성장과 쇠퇴는 인간세계에 자연이 스며듦으로써 일어나는 인간화(人間化)된 사건이다. 아렌트의 말을 보다 구체적으로 설명하면 다음과 같다. 예컨대 벚나무가 자연 속에 있을 때에는 꽃이 폈다가 지는 순환 속에 있다. 하지만 인간세계에 벚나무가 심어지고 벚꽃놀이와 같은 인간적인 사건과 관계맺게 될 때에는, 묘목에서 성장하여 나이를 먹어 노목(老木)이 되면 벌목되듯이, 성장하고 쇠퇴하는 것으로 받아들여지게 된다.

그리고 아렌트는 자연이 성장하고 쇠퇴하는 것을 통해 인간세계에 스며들기 때문에 인간세계 또한 성장하고 쇠퇴하는 것이 된다고 말하였다;

> 자연은 인공세계를 노화시키고 쇠퇴시킴으로써 그것을 끊임없이 위협한다. 이를 통해 자연은 인공세계에도 자신의 존재감을 느끼게 한다.[5]

자연은 인공세계에 편입된 뒤에도 본래의 자연스러움을 잃지 않으면서, 성장과 쇠퇴라는 자연사적 시간을 인간세계에 도입시키고 만다. 이것이 인간세계를 불안정하게 만드는 요인이다.

그런데 아렌트에 의하면, 사물이 인간을 위한 세계로 구축되는 곳에서는 확실한 현실성이 생기지만, 인간을 위한 세계가 되지 못하는 상태에서는 세계가 아닌 것이 된다. 즉 거기에는 "인간 생활을 조건 지우고 인간 존재에 영향을 끼친다"는 의미에서의 현실성이 없다는 것이다.

그러나 정말 그럴까? 인간을 위한 세계로 구축되기를 멈춘 사물의 집적 (集積)으로서의 잔해더미나 가옥이 철거된 후에 방치된 빈터에 우거지는 잡초에는 아렌트가 말하는 세계성이 없을지 모른다. 그럼에도 불구하고 현실적으로 존재하고 있고 독특한 존재감을 발휘하고 있다고 생각할 수는 없을까?

1. 인간세계와 자연세계의 연관

인간이 아닌 것의 세계

이상과 같은 아렌트 독해와 확장의 시도는 현대사상(사변적 실재론, 객체지향 존재론 등)에서 '인간을 둘러싼 세계에는 인간의 의식과는 상관없는 사물성(事物性) 내지는 객체성이 있다'는 사실에 대한 관심뿐만 아니라, 사물의 세계가 붕괴되지 않고 우연히 성립하는 기묘함에 대한 관심이 높아지고 있다는 사실에 입각하고 있다. 예를 들면 메이야수는 『유한성 이후』에서 세계는 인간의 사고나 예측과는 무관한 곳에서 이루어지고 있으며, 인간의 바람이나 의식과는 무관하게 세계가 갑자기 무너질 수도 있고, 전혀 다른 것으로 변해 버릴 수도 있다는 것에 대해 철학적 논증을 시도했다.

그렇다면 왜 메이야수와 같은 철학이 21세기에 등장하고 많은 사람들에게 읽히게 되었을까? 그 배경에는 도대체 무엇이 있었던 것일까?

모튼은 메이야수 등의 철학을 "인간의 역사와 지질학적 역사가 일치해 가고 있는 것은 아닐까?"라는 불안에 의해 촉발된 것이라고 생각한다. 인간세계는 인간을 둘러싼 자연세계 속에 만들어진 인공세계에서 성립하고 있다. 하지만 인간세계와 자연세계의 경계가 희미해지고, 인간세계가 자연세계의 영향을 받기 쉬워진 것은 아닌가라는 불안 섞인 의식이 21세기에 일어나고 있다. 이러한 의식을 명확히 하려는 시도가 메이야수나 하먼의 철

학이고, 또한 자신의 철학이라고 모튼은 주장한다.[6]

확실히 지진이나 집중호우는 우리 인간들의 예측과 바람, 미래에 대한 전망을 배신이라도 하듯이 발생하고 있으며, 걸핏하면 인간 생활의 조건을 사물 수준으로 파괴시킨다. 그럴 때 인간은 자신의 생활을 성립시키고 있는 무언가가 자신이 품고 있는 현실상(現實像)을 넘어서 있을 뿐만 아니라, 현실상에서 동떨어진 곳에 있을지 모른다는 불안감을 느끼게 된다. 그리하여 자신들의 현실상이 실은 무용지물이며, 그것과는 다른 현실상을 다시 그려야 하는 것은 아닐까 하는 의심을 품게 된다.

이 책에서 시도하는 것도 현실상의 갱신이다. 이 점은 하먼이나 모튼, 그리고 마누엘 데란다[7] 등으로부터 시사를 받았지만, 그 일차적인 실마리는 아렌트가 제시한 인간 조건의 인공성(人工性)이자 사물성(事物性)이다. 인공 세계의 취약성, 다시 말해 자연에서 벗어나서 자기완결성을 갖추려고 해도 자연이 맹위를 떨치면 어쩔 수 없이 붕괴되어야만 하는 현실을 어떻게 생각해야 할까? 이 책은 아렌트를 참고하면서, 그녀가 충분히 설명하지 못했던 귀결을 도출해 내는 방식으로, 이 물음에 대한 답을 찾고자 한다.

인간 생활의 조건이 취약한 것은 무엇 때문인가? 그것은 인간 생활의 조건이 인간적인 의도의 산물이라는 의미에서의 인공 공간만으로는 완결되지 못하고, 생활을 영위하는 사람들을 둘러싸고 지탱해 주는 자연과 만나는 곳에서 형성되기 때문이다. 모튼이 "사물에는 기묘한 구석이 있다."라고 주장했던 것은 인공과 자연이 은밀하게 만나는 곳에 사물이 존재한다는 사실을 직관하고 있었기 때문이다. 하지만 일상적인 인간 생활에서는 사물의 기묘함을 대체로 의식하지 못한다. 인간이 만든 세계에 사는 데 익숙해지게 됨에 따라, 그 이외의 세계, 즉 인간이 만들어내는 것과는 무관하게 존재하는 세계는 아렌트가 말하는 '세계 아닌 것'으로 지각되고, 거기에서 감각이 닫히고 사고도 멈추기 때문이다.

2011년의 지진과 쓰나미, 원전 사고 이후에 고조된 것은 "인간은 자연이라고밖에 말할 수 없는 무언가에 의해 일어나는 사건에 영향을 받으면서 살고 있다"는 사실에 대한 반성적인 의식이었다. 인간 생활의 영역을 자연으로부터 독립된 세계, 즉 자연과는 무관한 정교한 인공세계로 생각하는 상상력을 제아무리 끌어 올린다고 한들, 인간 생활의 영역은 자연세계 위에 축적되고 있으며, 그에 따라 사물성이 존재하는 세계라는 점에는 변함이 없다.

인간은 자연에 의해 지탱되고 좌우된다. 다만 자연은 항상 평온한 것만은 아니다. 자연에는 인간의 뜻대로 되지 않는 야만성도 존재한다. 그 야만성이 드러날 때 우리는 자연과의 연관을, 다시 말해 인간과 자연의 상호침투성을 의식하게 된다. 그리하여 우리는 자연에 구속되어 있었음을 의식하게 된다. 인간은 자연 속에서, 자연과 관계를 맺으며 산다. 그런데 자연은 인간의 뜻대로 움직이지 않는다. 때때로 인간을 위협하기도 한다. 그래서 인간에게 요구되는 것은 자연이 뜻대로 되지 않는다는 사실을 인정하면서 자연과 사이좋게 지내는 일이었다.

이제 와서 생각해 보면, 지진과 쓰나미와 원전 사고는 인간의 존재 방식과 자연이 깊게 연관되어 있음을 받아들이고, 인간의 조건을 다시 묻도록 요구한 것이 아닐까? 인간의 존재 방식이 자연과 관계맺고, 자연에 좌우되며, 우리의 뜻대로 되지 않는다는 사실을 다시 생각하라는 것이 아닐까? 그럼에도 불구하고 우리는 자연과의 관계로 인해 생기는 '어쩔 수 없음', 즉 '자유로울 수 없음'에 대해 숙고하지 않았다.

차크라바르티가 2009년에 쓴 논문 「역사의 기후: 네 가지 테제」에 의하면, 지금까지 인간의 자유는 다른 사람들 또는 그들이 만들어낸 시스템이 강요하는 부정, 억압, 불평등, 획일성을 어떻게 피해 가느냐 하는 문제와 관련된 것으로 이해되어 왔다. 진보, 계급투쟁, 노예 상태와의 싸움, 러시아혁명, 중국혁명, 나치즘과 파시즘에 대한 저항, 탈식민지화, 쿠바와 베트남 등의 역사적 사건들도 그런 관점에서 이해되어 왔다.

아마타브 고시는 차크라바르티의 견해를 바탕으로 이렇게 말했다.

> 인간이 아닌 존재(non-human)의 힘들이나 시스템은 자유와 관련된 문제로는 고려되지 않고, 오히려 자연으로부터 해방되고 독립되어 가는 것이야말로 자유 그 자체의 특징으로 간주되었다.[8]

이 때문에 자연이 인간을 지탱해 주기도 하지만, 인간의 존재 방식을 좌우하거나 구속하고 제약하고 위협하는 사태는 없는 것으로 이해되어 왔다.

물론 자연에 대해 말하지 않았던 것은 아니다. 자연과의 조화, 자연 친화적인 생활 등의 논의가 있었다. 다만 트린 민하(Trinh T. Minh-ha, 1952~)가 지적하는 바와 같이, 1980년대의 선진국들은 소비사회가 되면서 자연이 여성성과 결부되고, 자연의 녹색이나 매혹적인 향기 같은 것들이 상품화되어 갔다.

> 환경 위기와 파국의 시각에서 자연을 그려 온 담론과, 문화 생산을 위해 자연을 길들이고 영유(領有)하는 전통에 익숙한 관점에서 자연을 계속해서 장식하는 담론은, 동일한 역사적 네트워크와 연관되어 있다. 예를 들면 '녹색과 청결'이라는 슬로건은 쾌락과 해방과 성공이라는 여성화된 문맥으로 재조정되는데, 여기에서는 에덴동산, 실낙원, 금단의 열매와 같은 이미지들

이 즐겁게 번영하고 있다.[9]

이처럼 자연은 '자연친화적인 생활'이라는 이미지 하에 적극적으로 이야기되어 왔다. 하지만 이 경우의 자연은 자연에 대해 인간이 품고 있는 유기체적이고 조화로운 이미지에 종속되어 있다. 공정무역(fair trade)의 상품처럼 노골적인 상품화 논리와는 다른 경로를 가고자 하는 시도도 있지만, 여전히 자연스러운 색깔이나 향기를 활용한 브랜드 옷, 향수, 유기농 카페와 같이 상품 가치를 높이는 이미지로서 자연은 활용되고 있다.

2011년의 대지진은 인간을 자연과의 관계 속에서 생각할 것을 촉구하는 중대한 사건이었다. 그것도 인간이 품고 있는 이미지에 종속되지 않는 자연과의 관계 속에서 다시 묻게 하였다. 하지만 그런 사건이 있었음에도 불구하고, 인간의 존재 방식에 대한 물음이 저절로 일어나지는 않는다. 왜냐하면 이제껏 인간의 존재 방식은 자연에 좌우되지 않는다고 생각했기 때문이다. 이와 같은 사고의 습관 혹은 사고의 심층을 규정하는 이미지가 바뀌지 않는 한, 대지진과 같은 엄청난 사건이 일어날지라도, 오래도록 지속되어 온 사고 습관에 의해 그 물음은 마침내 잊혀지고 만다.

트린이 지적하는 '상품 이미지의 자연화'도, 자기 뜻대로 되지 않는 자연이라는 타자 속에서 살고 있다는 현실을 못 보게 하고 못 느끼게 한다. 왜냐하면 그 자연화 역시 인간과 자연의 상호침투성을 의식하지 못한 자본주의적 생산양식에 의해 조건 지워진 기제에 속하기 때문이다.

인류세

대지진에서 순간적으로 나타난 현실적인 것이 무엇인가를 생각하기 위해서는 2000년대에 들어와서 전 세계적으로 화두가 된 중대한 문제와 연관시켜 사고를 전개할 필요가 있다. 바로 '인류세(anthropocene)'이다.

인류세는 파울 크뤼천(Paul. Crutzen)과 유진 F. 스토머(Eugene Stoermer)가 제창한 학설이다. 이 학설은 2000년에 발행된 《글로벌 체인지 뉴스레터(Global Change Newsletter)》에 「인류세(Anthropocene)」(pp.17-18)[10]라는 제목으로 발표된 후, 2002년에는 《네이처(Nature)》에 「인류의 지질학(Geology of Mankind)」[11]이라는 제목으로 다시 발표되었고, 이후에도 여러 매체에서 발표되었다. 이 글들에서 일관된 것은 "지구와 대기에 대한 인간 활동의 영향력 상승"을 솔직하게 인정해야 한다는 것이다. 구체적으로는 다음과 같은 사실들이 그 근거가 된다.

지난 3세기 동안 인류의 인구는 10배로 늘어나서 60억에 달하고, 이에 따라 가축의 숫자는 14억이 되었다(평균 규모의 가족으로 계산하면 대략 한 가구당 한 마리의 소가 있는 셈이다). 도시화는 과거 1세기 동안 무려 10배로 늘어났다. 불과 몇 세대 만에 인류는 몇 억 년에 걸쳐 생성된 화석연료를 소비하고 있다. 석탄과 석유의 연소로 인해 대기 중에 방출되는 이산화황(SO_2)의 양은 1년당 160테라그램(Tg)이 되는데, 이것은 주로 바다에서 나오는 해양성 디메틸 설파이드(dimethyl sulfide)에서 발생하는 자연 방출의 적어도 두 배가 된다. 지표의 30%에서 50%가 인간 활동에 의해 변용되었다. 모든 지상의 생태계에서 자연에 고정되어 있는 것보다 더 많은 질소가 지금은 합성적으로 고정되어 농업에서 비료로 사용되고 있다. 화석연료와 바이오매스 연소(biomass combustion)에서 발생하는 일산화탄소가 대기 중에 방출되는 양은 자연이 방출하는 양보다 방대하고, 전 세계의 광범위한 지역에서 광화학 오존(스모그)을 발생시키고 있다. 접속 가능한 신선한 물의 총량의 절반 이상을 인류가 사용하고 있다. 인간 활동은 열대우림에서 멸종 비율을 1,000배에서 10,000배로 증가시키고, 기후적으로 보아 중대한 여러 '온실가스'들이 대기 중에서 실질적으로 증가해 왔다. 이산화탄소는 30% 이상, 메탄은 100% 이상 증가했다.[12]

크뤼천 등은 위의 논의에 이어서 방대하고 영역 횡단적인 데이터를 제시한다. 그들은 이를 근거로 인간 활동이 지구에 미치는 영향이 화산 폭발이나 운석 충돌과 같은 사건에 필적할 만한 힘을 지니고 있으며, 그 영향력은 대략 10,000년 전에 시작된 '홀로세(Holocene)'라는 지질학적 시대구분을 끝낼 정도가 되었다고 주장한다. 즉 지구의 궤도에서 일어나는 변동이나 태양광에서의 변동, 화산 활동과 같은 사태와는 별도로, 인간 활동이 지구의 존재 방식을 바꾸어 놓았다는 주장이다. 예를 들면 플라스틱, 알루미늄, 콘크리트 등의 퇴적, 화석연료 연소에 따른 흑연의 배출, 숲 벌채와 도로 건설에 의한 토지 침식, 댐 건설에 의한 퇴적물 축적이 초래하는 델타 지대의 침하 등이 그것이다. 크뤼천 등은 이러한 현상들의 주요 요인으로 "과학기술의 발전, 급격한 인구 증가, 자원 소비의 증대"를 들고 있다.[13]

크뤼천 등에 의하면 인류세는 18세기 후반에 시작된다. 극지방의 얼음에 갇혔던 공기를 분석하여 이 시기에 이산화탄소와 메탄가스가 증가하기 시작한 것을 근거로 제시한다. 제임스 와트의 증기기관 발명이 1784년인 것도 또 다른 근거로 제시된다. 그리고 1945년에 뉴멕시코에서 실시된 핵실험, 히로시마·나가사키의 원폭 투하도 중대한 사건으로 규정한다.[14]

이러한 주장은 지질학이라는 이공계의 학문 영역에 머물지 않고, 그 경계를 넘어서 철학이나 문학, 역사학과 같은 분야에까지 파급력을 발휘하였다. 그리하여 인간의 존재 방식을 근본적으로 다시 묻기를 요구하는 충격적인 것으로 받아들여지게 되었다.

인류세 시대의 인간의 조건

크뤼천 등은 인류세의 문제에 대해 "환경적으로 지속 가능한 경영을 통해 사회를 인도하는 것"이 중요하다고 주장한다.

> 이것은 모든 규모에서 적절한 인간의 행동을 요구하는데, 예를 들면 기후를 '최적화하기' 위한, 국제적으로 수용 가능한 대규모 지구공학 프로젝트도 필요하다.[15]

그들의 이러한 전망은 변동하고 있는 기후를 여전히 인위적인 힘으로 제어할 수 있다는 생각에서 나온 것이다.[16] 인간 활동이 지구와 대기에 끼친 영향 때문에 일어나는 온난화나 게릴라 호우, 대기 및 해양 오염과 같은 문제도 좀 더 나은 인간 활동으로 제어할 수 있다는 신념이 깔려 있다. 즉 크뤼천과 같은 과학자들은 인간이 자연을 공학적으로 제어할 수 있다고 생각하는 것이다.

하지만 인류세의 문제는 인간의 존재 방식을 "통제할 수 없는 자연과 더

불어 살아가는 존재"로서 다시 생각하기를 요청하는 것이라고 해석할 수도 있다. 바로 여기에 인간의 존재 방식에 대해 생각하는 것을 임무로 하는 인문학의 활동이 요청되는 것이 아닐까?

차크라바르티의 「역사의 기후: 네 가지 테제」는 인류세라는 학설을 '인간의 존재 방식을 다시 묻기를 요구하는 문제'로 받아들이고, 새로운 논의를 시도했다는 점에서 선구적인 논문이다. 이 논문에서 그는 기후 변동이나 지구 온난화가 행성 규모의 위기를 야기한다는 것을 전제로 논의를 시작한다. 이어서 이러한 위기가 '과거-현재-미래'의 방식으로 선형적으로 지속하고 진보하는 것으로 오랫동안 여겨져 왔던 인간사회의 존재 방식을 근본적으로 뒤흔들고 있다고 주장한다.

이처럼 차크라바르티는 인간 자신이 행성의 존재 방식을 개변해 온 귀결로서 기후 변동이 일어나고 있다는 학설에 기초하여 논의를 전개한다. 그의 관점의 특징은 인간이 이산화탄소를 배출하고 지표를 개변하며 온난화를 일으키고 온갖 동물을 멸종시키고 있는 것을 도덕적으로 비난하지 않는다는 점이다. 그는 인간이 생활하는 조건 자체가 기후 변동이나 온난화와 같은 지구의 존재 방식의 변화와 서로 연동되듯이 변화하는 것을 '존재론적인 문제'로 생각하고 있다.

여기서 중요한 것은 '인간이 지구와 대기에 영향을 끼치는 존재가 되었다는 사실을 어떻게 생각해야 하는가' 하는 문제이다. 이에 대해 차크라바르티는 인간과 자연의 경계선이 무너져 가는 문제로 이해한다. 그는 인간이 자연과 구별되면서 상호의존적이고 친화적인 관계에 있는 일체성의 회복을 몽상하지 않는다. 그는 "인간이 지질학적인 의미에서 자연의 힘이 되고 있음"을 인정하는 지점에서 사유를 시작한다. 차크라바르티는 인간이 지구에 가하는 힘을 기르는 사이에 인간 자체가 지질학적 존재가 되었다고 주장한다. 인간이 자기도 모르는 사이에 스스로의 활동력을 인간 고유의 영역 바깥에까지 확장시킴에 따라, 인간과 자연을 갈라 놓던 경계는 무너지게 된 것이다. 온난화, 가뭄, 홍수, 게릴라 호우가 인간 사회에 영향을 끼치게 된 것도 인간과 자연의 경계가 무너진 귀결이라고 할 수 있다. 그리고 그 경계를 무너뜨린 것은 인간이었다.

인간과 자연을 갈라 놓은 경계가 무너짐에 따라 인간은 자연 안으로 스며들어 간다. 거기에서 자연만 개변되는 것이 아니라, 인간도 그 존재 방식의 깊은 곳에서 개변되고 있다. 차크라바르티는 인간의 조건과 관련되는 개변을 다음과 같이 논한다.

> 행성의 온난화가 위협하고 있는 것은 지질학적인 행성 그 자체가 아니라 홀로세의 시기에 발전한 인간 생활의 생존이 의존하는 생물학적이고 지질학적인 조건 그 자체이다.[17]

차크라바르티는 지구 온난화가 행성 그 자체의 문제가 아니라 인간의 조건과 관련된 문제라고 보았다. 즉 인간 생활의 존속 조건의 문제라는 것이다. 그는 농업혁명에서 산업혁명을 거쳐 현대로 이어지는 인간 생활의 조건은 대기와 토양, 바다와 하천과 같은 물질적인 것과 연관된 곳에서 형성되어 왔다고 생각한다.

2015년에 예일대학에서 열린 태너 강연(Tanner Lectures)에서 차크라바르티는 "인간적인 삶(bios)과 그 외부에 펼쳐지는 생(zoe)의 구분에 기초한 아렌트적인 인간의 조건을 다시 묻는 것이 중요하다"고 하였다.[18] 이 주장은 앞서 말했던 2009년의 논문에서부터 이미 전개되고 있었다고 할 수 있다. 아렌트가 이해한 바에 따르면, 인간을 위한 공적 세계는 그 바깥에 펼쳐지는 '세계 아닌 것(non-world)'과 구별되는 것으로 이루어진다. 세계 아닌 것은 인간의 조건이 될 수 없는 사물이고, 그런 한에서는 무용지물이다. 세계 아닌 것을 배제하고, 세계 아닌 것으로부터 구별되고 철수함으로써 인간의 조건으로서의 공적 세계가 형성되고 유지된다고 생각하였다.

그러나 아렌트의 『인간의 조건』이 나온 지 60여 년이 지난 지금에 와서는 이 경계선이 불가피하게 무너져 가고 있다. 공적 세계와 자연세계를 구별해 온 경계의 붕괴는 공적 세계의 이념을 견지하는 것만으로는 도저히 막을 수 없는 상황이다.

2. 인간세계와 자연세계의 상호연관적 교란

인간의 조건의 사물성

차크라바르티는 인간의 조건을 '인간 생활을 지탱해 주는 것'으로 보고자 한다. 또한 그는 인간의 조건을 "근대에 관한 우리의 사상에서 중심적인 제도가 존재하는 것을 한계 지우고, 우리가 그것으로부터 도출해내는 의미도 한계 지우는 (경계적인) 조건"이라고 표현한 바 있다. 여기에서 분명히 알 수 있듯이, 그는 '제도나 의미와 같은, 인간 의식의 산물 자체를 아래에서부터 지탱해 주는 어떤 것'을 인간의 조건으로 생각하고 있다. 이러한 점들에 착안해 볼 때, 차크라바르티는 아렌트의 『인간의 조건』의 논의를 전개시키고 있다고 독해할 수 있다.

실제로 아렌트도 인간 생활을 지탱해 주는 것은 '사물성이 있는 것'이라고 생각하였다. 그녀는 다음과 같이 주장한다.

> 인간사의 사실적인 세계 전체는, 그것의 현실성과 그것의 지속적인 존재를 위해서는, 우선 보고 들었을 뿐만 아니라 장차 기억할 타자의 현전(presence)에 의존해 있고, 나아가서는 무형의 것을 사물의 유형성(the tangibility of thing)으로 변형시키는 것에 의존해 있다.[19]

아렌트는 인간 생활을 위한 현실적인 장을 공간성을 지닌 것으로 생각한다. 그것은 먼저 다수의 사람들이 행위하고 대화하는 가운데 자신을 드러내는 데에서 형성되는 '드러남의 공간'이다. 여기서 아렌트는 드러남의 공간이 사물성을 통해 형성된다고 주장하고 있다. 이어서 그녀는 이렇게 말한다.

> 인간세계의 현실성과 신뢰성은 우리가 사물에 둘러싸여 있다는 사실에, 그것도 사물의 생산과 관련된 활동보다 오래도록 이어지고, 잠재적으로는 그 제작자의 인생보다 오래도록 지속되는 사물에 의해 둘러싸여 있다는 사실에 우선은 기초하고 있다. 인간 생활은 그것이 세계를 건설하는 것인 한, 변함없는 물상화(物象化) 과정(constant process of reification)에 관여한다. 그리고 생산된 사물—그 모든 것이 인간의 인공세계를 형성해 간다—의 세계성(worldliness)의 정도는 세계 그 자체에서 그 영속성의 정도가 어느 정도인가에 좌우된다.[20]

여기서 아렌트는 인간의 삶을 세 가지 차원에서 생각한다.

첫째, 인간의 세계이다. 복수의 인간들이 행위하고 대화하는 가운데 형성되는 드러남의 공간이다.

둘째, 사물의 세계이다. 인간세계와의 관련 속에서 형성되는 세계이다. 따라서 인간 활동과 무관한 대지 그 자체, 하천 그 자체와는 구별된다.

사물의 세계는 그것을 형성한 인간보다 오랫동안 지속된다. 이 오랫동안 지속되는 성질을 아렌트는 유형성이나 물상성, 세계성과 같은 말로 표현하고 있다. 그녀의 논의가 중요한 것은 이러한 성질이 저절로 존재하는 것이 아니라 인간이 실제로 만들어가는 활동과 함께 생긴다고 주장하기 때문이다.

셋째, 세계 그 자체이다. 인류세의 문제 설정을 고려해 볼 때, 세계 그 자체란 인간세계와 사물세계가 형성되는 것보다 앞선 지구, 행성 그 자체를 의미한다. 행성으로서의 세계 그 자체에 사물의 세계가 쌓이고, 거기에 인간의 세계―간주관적(間主觀的)으로 공유되는 의미의 세계, 허구적인 세계―가 형성되어 간다.

여기에 제시된 견해를 인류세의 문제 설정과 연관시켜 읽어내는 것이 이 책의 과제이다. 그것은 사물성을 기호나 이미지로 대치하는 독법과는 다르다. 또한 조지 베어드(George Baird, 1907~2004)의 독해와도 같지 않다. 베어드는 하버드대학 디자인대학원과 토론토대학에서 건축을 가르쳤을 뿐만 아니라, 건축과 도시에 관해서도 여러 논쟁적인 저작을 펴낸 바 있다. 그는 1995년의 저서 『나타남의 공간(The Space of Apperance)』에서 구조주의나 포스트구조주의 사상이 건축 바깥에서 들어오면서 건축에서 기호나 이미지가 중시되고 유희적인 건축이 속출하게 된 문제를 고려해 볼 때, 아렌트의 논의가 중요하다고 하였다. 베어드는 기호나 이미지의 범람에서는 '철저한 주관주의'가 중시된다고 하면서 이렇게 말했다.

(거기에서) 인간은 '물상화된 세계'에서 확실히 자유로워지기는 했지만, 그것은 동시에 그들의 이야기를 지속시킬 수 있는 현실성과 확실성을 상실하는 대가를 치름으로써 그렇게 된다.[21]

여기에서 베어드가 문제삼는 것은 사물의 질감이나 소재감이 표백된 말끔한 공간을 만들어 내는 것, 추상적인 이미지를 그대로 구현한 듯한 고요한 공간을 만들어 내는 것이 지향되는 상황이다. 그 이유는 기호나 이미지의 범람 속에서 세계의 사물성에 대한 관심이 감소하고, 인간 생활이 실제로 이루어지고 이야기되기 위한 무대가 되어야 할 사물성에 대한 관심이 현실 세계에서 저하되어 가기 때문이었다. 거기에는 물론 화폐로 교환 가능한 것이 중시되고, 그렇지 않은 것의 중요성에 대한 감도가 저하되어 가는 문제도 있다. 이와 같이 베어드가 제시한 문제는 지금도 여전히 중요한 의미가 있다.

이탈하는 인간세계

그러나 인류세 시대에 요구되는 것은 엄밀히 말하면 베어드의 논의와는 완전히 다른 차원의 문제이다.

크리스토프 보뇌이(Christophe Bonneuil) 등은 『인류세의 충격(The Shock of the Anthropocene)』에서 아렌트의 『인간의 조건』을 둘러싼 고찰에 대해 다음과 같이 논하였다. 『인간의 조건』 서두에서는 스푸트니크호 발사에 대해 인간이 지구로부터 이탈하는 것을 의미한다고 보고 있는데, 이에 대해 보뇌이는 "아렌트는 스푸트니크호를 인간의 조건의 근대적인 부정을 표상하는 것으로 여겼다"고 해석하였다. 그리고 아렌트의 고찰이 인류세에도 해당된다고 하면서 다음과 같이 말하였다.

(『인간의 조건』 서두에서 말하고 있는 것은) 지구를 완전히 점유하고 기술화된 자연으로 변용시키기 위하여, 자연스런 외부성으로서의 지구를 소멸시

켜 나가는 인간성이자, 인간의 활동이 전면적으로 침투되어 가는 지구이다.[22]

확실히 아렌트는 인간이 지구를 벗어나는 문제를, 인간이 인간세계에 갇혀서 지구의 존재 방식을 인간에 맞게 조작하고 개변해 가는 것이라고 생각하였다. 그녀는 이를 '세계소외(world alienation)'라고 표현하였다. 따라서 보뇌이 등의 아렌트 독해는 정확하다. 하지만 보뇌이 등은 아렌트가 세계소외를 "인간의 조건의 부정"으로 생각한 데에서 도출될 수 있는 그 다음의 귀결이 어떤 것인가에 대해서는 심도 있게 사고하지 못하였다.

아렌트의 논의가 중요한 것은 그녀가 인간세계와 자연세계의 연관을 일관되지 않는 두 가지 방식으로 사유했기 때문이다. 즉 한편으로는 자연으로서의 지구를 인간이 만들어 내는 세계와는 전혀 다른 '세계 아닌 것'으로, 잔해나 잡초로 이루어진 일종의 무주지(無住地)로 생각했다. 그러나 다른 한편으로 행성적인 것으로서의 자연은 인간 존재가 생활하기 위해 결정적으로 중요한 것으로 여겼다. 이 점은 『인간의 조건』에서 "한 명의 인간이 아니라 복수의 인간이 지구에서 생활하고 세계에서 살고 있다."[23]고 말한 것으로부터도 분명하게 알 수 있다. 그리고 아렌트는 근대에 이르러 두 번째 의미의 자연이 경시되고, 인간이 만들어 내는 세계로부터 무시당하고 소외되어 간다고 말하였다.

이와 같이 아렌트는 인간과 자연이 서로 멀어져 가는 것을 일관되지 않은 방식으로 파악하고 논의했다. 인간이 만들어 내는 세계가 성립하기 위해서는 자연으로부터 벗어나서 자연을 '세계 아닌 것'으로 간주하는 것이 요구되지만, 그 이탈은 인간 생활의 조건인 자연으로부터의 소외이기도 한 것이다. 아렌트는 이와 같은 어려움을 간파하고 있었기에, 자연을 수미일관되지 않는 방식으로밖에 말할 수 없음을 받아들이면서 자신의 논의를 전개하려고 한 것이다.

인간세계를 교란시키는 자연

차크라바르티는 말한다.

> 우리의 정치·경제적인 선택이나 기술적인 선택이 무엇이든 간에, 혹은 우리가 자유라고 찬양하려고 했던 권리가 무엇이든 간에, 우리는 인간 존재의 한계적 조건들로 작동해 온 조건(행성을 존재시킨 기후의 권역)을 불안정하게 만들 수는 없다. 이 조건들은 정치·경제 제도의 역사보다 오랫동안 안정적이었고, 그 덕분에 인간 존재가 지구에서 우세한 종족이 될 수 있었다. 안타깝게도 지금은 우리 자신이 지질학적 행위자가 되어, 우리 자신이 존재하는 데 필요한 한계적 조건들을 교란시키게 되었다.[24]

이러한 그의 견해는 아렌트가 논의한 틀 바깥에서 현실적으로 진행되고 있는 사태를 향하고 있다. 아렌트는 인간의 행위가 두 가지로, 즉 드러남의 공간에서의 복수적(複數的)인 '상호적 행위'와 드러남의 공간을 건설하는 '제작적 행위'로 구성된다고 생각했다. 하지만 현대인들은 자신들이 지질학적 행위자이기도 했다는 사실을 점점 알게 되었다. 아렌트는 인간이 만들어 내는 세계(드러남의 공간 그 자체)와 자연세계 그 자체를 구별하고, 인간의 행위가 미치는 범위는 인간이 만들어 내는 세계(여기에는 정치경제의 제도나 과학기술 시스템도 포함된다)에 한정된다고 생각하였다. 반면에 차크라바르티는 인간의 행위가 알지 못하는 사이에 '세계 아닌 것'으로까지, 즉 아렌트가 자연의 영역이라고 간주한 것에까지 미치게 되었다고 생각한다.

그리고 아렌트는 인공물로서의 세계 형성을 지구 자체로부터의 이탈과 연관시켜 생각했다. '이탈'은 인간세계가 형성되기 위한 필수조건이지만, 다른 한편으로 인간세계에 필수불가결한 조건이라고도 할 수 있는 지구적인 것으로부터의 분리이기도 한 것이다.

이에 대해 차크라바르티는 인간이 지질학적 행위자가 되었으며, 인간이 자연세계 그 자체에 영향을 미치고 있음을 인정할 것을 요구한다. 그리고 지질학적 행위자로서의 인간이 인간 존재를 지탱해 주는 조건 그 자체를 교란시키고 있다고 지적한다. 이러한 교란은 인간세계가 자연으로부터 분리되는 문제일 뿐만 아니라, 분리시킨 줄로 알았던 자연세계가 사실은 인간세계를 따라다니고 있으며, 때로는 경계를 뚫고 인간세계에 침입하여 인간세계의 존재 방식을 뒤흔들고, 때로는 붕괴시키기도 한다는 인류세적 상황을 발생시킨 계기라고 볼 수 있다. 이때 인간은 인간세계가 자연으로부터 잘려 나가서 자기완결적이 된다는 것은 있을 수 없는 일이고, 두 세계가 서로 맞닿아 연관되어 있음을 새삼 깨닫게 된다.

예를 들면 가타요세 도시히데(片寄俊秀)의 『실험도시(實驗都市)』에서는 센리(千里) 뉴타운 개발이 주변 지역에 산사태를 증가시켰다는 사실을 지적하고 있다.

> 센리(千里) 뉴타운은 야마다천(山田川), 쇼자쿠천(正雀川), 다카천(高川), 텐지쿠천(天쯔川) 유역에 위치한다. 그리고 1961년에 건설이 시작되자마자 이

들 하천을 통해 하류 지역 일대에 수많은 홍수 피해와 토사(土砂) 유출 재해를 발생시킨 것이다. … 대도시의 베드타운(주택도시)으로 건설되는 뉴타운은 대부분 그때까지 사람들이 별로 살지 않던 구릉지(丘陵地)에 계획된다. 이 구릉지에서 시작된 하천은 산기슭에 있는 옛 마을들 사이를 지나 평야에 이르고, 거기에 펼쳐진 기성 시가지를 거쳐 1급 하천 또는 바다로 흘러간다. 따라서 구릉지 조성으로 인해 증가한 홍수를 그냥 흘려 보내면 대규모 재해를 일으키는 것은 당연한 귀결이었다.[25]

가타요세는 재해 예방을 위해서는 저수지의 설치나 하천 개수 공사가 요구된다고 논의하였다. 참고로 가타요세는 센리 뉴타운 개발에 종사한 기술자이다. 따라서 그는 어디까지나 기술자의 시각에서 배수(排水) 문제를 생각하였던 것이다. 그리고 홍수가 일어난 요인이 뉴타운 지역 내의 배수 설계를 둘러싼 잘못된 견해 때문이고, 그로 인해 무리한 일을 벌이게 된 것이라고 주장하였다. 즉 택지 조성 이전부터 자연의 산림에 구비되어 있던 보수력(保水力)을 유지하면서 배수 설계를 했어야 했다는 것이 가타요세의 주장이다. 하지만 현장에서 주류를 이루었던 것은 그것과는 정반대의 "이 지역에서 한시라도 빨리 홍수를 배제해야 한다"는 의견이었다. 이로 인해 자연의 보수력에 의지하지 않고 전부 인위적으로 배수시설을 만들게 되었다. 그 결과 다음과 같은 사태가 일어났다.

과거에 나무들로 뒤덮였던 구릉지가 불도저로 굴착되고, 논에 비치는 달을 감상할 수 있었던 골짜기의 전답이나 연못이 전부 매립되었을 때, 이 지역 전체의 보수력이 단번에 저하되었다. 마침내 길이 포장되고 봇도랑은 콘

크리트로 뒤덮이며 집집마다 지붕이 기와와 모르타르로 만들어지자, 빗물은 땅속에 스며들 겨를도 없이, 매끄러워진 이 표면들을 따라서 하류의 하천으로 흘러들어갔다. 홍수가 일어날 때 이 '지역 내부'로부터 유출되는 양은 압도적으로 증대했다. 그리고 그 부담은 모두 뉴타운의 '지역 외부'에 부과되었다.[26]

위의 사례를 이 책의 관심사와 연결시켜 분석하면 다음과 같다. 가타요세가 제시한 산사태 피해는 자연세계로부터의 인공세계의 이탈이 반드시 두 세계가 완전히 무관한 상태로 귀결될 수 없음을 말해준다. 오히려 인공세계가 자연세계를 개변함으로써 자연세계에 영향을 미치고, 그 영향이 뉴타운이라는 인공세계 내부뿐만 아니라 그 바깥에 펼쳐지는 주변 지역에까지 미치게 됨을 보여주는 사례라고 할 수 있다.

제3장

인간세계의
취약함

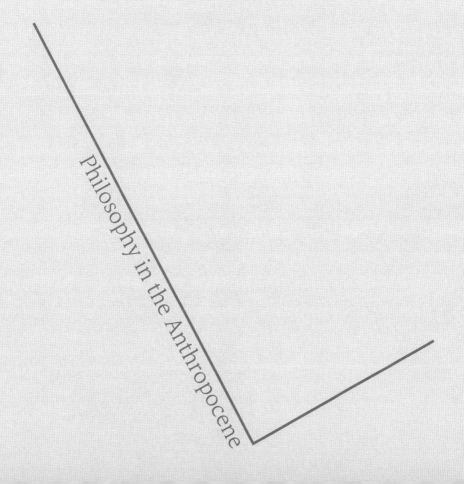

Philosophy in the Anthropocene

테주 콜(Teju Cole, 1975~)[1]은 2017년 4월 11일자《뉴욕타임스》에서 일본의 대지진 이후에 촬영된 사진을 소개하였다. 이 글에서 콜은 가와우치 린코(川內倫子) 등의 사진작가들을 언급하면서, 이들은 비극에 반사적으로 반응했을 뿐만 아니라 "비극을 뛰어넘은 차원으로까지 나아가서 우리에게 새로운 언어를 제공해 주었다"고 평가했다. 콜의 독창적인 면모는 대지진 이후의 사진을 보았을 때의 기분을 1950~60년대에 걸쳐 미국에서 실시된 핵실험 영상을 유튜브로 보았을 때의 기분과 중첩시키고, 그 두 기분을 의식 깊은 곳에서 뒤섞으면서, 현대 세계 저변에서 일어나고 있는 사태들을 다음과 같이 묘사한 점이다.

> 어떤 끔찍한 일이, 홍수 아니면 폭격이 저 먼 곳에서 일어났다. 잔해로 변한 자신들의 거처 사이를 헤매고 다니는 사람들의 모습이 곧장 화면에 나온다. 그들을 불쌍히 여기는 것은 쉽지만, 견고한 장소를 갑자기 상실하는 일이 당신에게도 일어날 수 있다고 상상하는 것은 어렵다. 그럼에도 불구하고 우리에게서 다시 한 번 멀어져 간다고 느껴지는 것은 바로 이 견고성에 대한 기대감이자 아마도 일이 잘되리라는 생각이다.[2]

콜도 현대 사회의 저류에서 인간의 조건이라고 밖에 말할 수 없는 무언가가 뿌리째 무너져 내리고 있음을 직감하고 있었다. 게다가 인간의 조건의 붕괴는, 실제로 전쟁이나 재해로 인해 많은 사람들이 죽어 가는 구체적인 사태의 발생 유무에 상관없이, 이에 앞서 일종의 예감이나 흉조로서 환시(幻視)되고 언어화됨을 직감하였다. 콜은 자신의 의식 밑바닥에는 물리학자이자 수필가인 루이스 토마스(Lewis Thomas, 1913~1993)가 1980년대에 핵시대의 행방을 생각하면서 쓴 수필 「말러의 교향곡 9번을 들으면서 한밤중에 생각한 것」에서 "가는 곳마다 죽음이 있고, 모든 것이 죽어 가고, 인간성이 끝나간다"라고 묘사한 구절을 1990년대에 읽었을 때의 느낌과 같다고 말한다.

이런 기분이 핵실험 영상과 대지진 이후의 사진을 보면서 다시 떠올랐으며, 도널드 트럼프 당선 후 혼미한 세계에서 진행되고 있는 사태의 귀결로서, 인간성이 끝나 가고 있음을 환시(幻視)하게 만들었다는 것이다. 콜은 이러한 이미지를 떠올리면서 다음과 같이 말하였다.

세계에 대한 우리의 경험 방식을 항구적으로 바꾸고, 새롭게 사물을 보는 시각을, 새로운 슬픔의 방식을, 찾지 않으면 안 된다.[3]

즉 인간의 조건이 붕괴되기 시작하고 있다는 것이다. 문제는 우리가 경험하는 방식, 사물을 보는 시각, 슬퍼하는 방식이 (인간의 조건의) 붕괴 이전의 상황과 동일하기 때문에, 나오는 논의도 전개되는 사고도 이미 시작되고 있는 새로운 사태에 대응하지 못한다는 점이다.

콜은 일본의 지진을 사진에 담은 작가들로부터 새로운 시각과 새롭게 경험하는 방식의 실마리를 찾으려 한다. 가와우치 등의 사진작가들이 대지진에서 일어난 일을 솔직하게 인정하고, 거기에서 정말 무슨 일이 일어났는지 진지하게 받아들이려고 했다면서, 2016년 이후의 세계를 선구적으로 감지하였다고 평가한다. 나는 이러한 경험을 언어로 표현한 문학 작품 중의 하나가 후루이 요시키치(古井由吉)와 사에키 가즈미(佐伯一麥)의 왕복 서신 『말의 조짐』이라고 생각한다. 이 책에서 후루이는 대지진 이후에 도쿄의 거리 저변에서 일어난 일을 다음과 같이 묘사하였다.

> 지금까지는 확실한 것이라고 알고 있었던 공간과 시간이 지진으로 흔들리면서 금이 갔다는 말이 아니겠습니까? 그래서 언제 깨질지 모른다고 느껴집니다. 시간과 공간의 틀이 무너지면 모든 활동이 틀어지게 됩니다. 게다가 지금의 도시는 잠시 동안의 마비에도 견딜 수 있도록 만들어져 있지 않습니다. 이 금은 비록 작은 것일지라도 마음의 밑바탕에 남아서 멀리 떨어진 대도시에서도 우여곡절을 겪으면서 사람들의 마음을 조금씩 바꾸어 나갈지 모릅니다.[4]

우리는 2011년 3월 11일 지진을 통해 인간의 조건이 붕괴되고 있음을 엿볼 수 있었다. 그것이 붕괴되는 모습을 후루이와 같이 깊이 있게, 그리고 섬세하게 파악한 이들이 우리 가운데 있었을 것이다.

후루이가 말한 "확실한 것이라고 알고 있었던 시간과 공간"은 아마도 칸트가 말한 시간과 공간의 형식일 것이다. 그것은 객관적인 인식의 조건들로서 초월론적인 시간·공간의 형식이다. 후루이는 이것들이 흔들리고 금이 가고 무너질 수 있다고 했는데, 그러한 생각을 하기 위해서는 이것들에 앞서 조건 지우는 무언가가 있다고 전제해야만 한다. 그런데 후루이는 거기까지 철저하게 고찰하지 않았다.

후루이의 직감적인 견해는 메이야수의 사고와 교차된다. 메이야수는 칸트가 말하는 시공의 형식 자체보다 앞선 것이 있다고 말한다. 즉 초월론적인 시공간 형식 및 그 형식을 구현한 초월론적 주관에 앞서서, 그것을 조건지우는 무언가가 있다고 생각한다. 이렇게 생각해 보면 "초월론적 주관은 그러한 주관이 '장(場)을 가진다=생긴다'는 조건에서만 있을 수 있다"는 주장이 도출될 수 있다. '장을 가진다'는 것은 "세계 속에서 장(場)을 가진다"는 것이고, 이는 곧 "세계 속에서 위치가 주어진다"는 것이다. 그리고 장을 가지기 위해서는 단지 세계에서 발생하는 데에 그치지 않고 육화(肉化)되고 구체화되는 것이 요구된다고 메이야수는 논의를 이어간다. 즉 인간이 부재했던 세계에서 인간이 객관적으로 인식하는 활동 자체를 가능하게 하는 조건으로서의 시공간 형식은 인간 신체가 세계에서 현실적으로 발생하는 것을 필요로 한다는 주장이다.[5]

이렇게 생각하면 초월론적 주관이 장(場)을 갖는 세계에서 일어나는 변동은 초월론적 주관에서 구현되는 시공간 형식에 모종의 영향을 미치며, 심지어 붕괴시킬 수도 있다고 생각할 수 있다.

이와 같이 인간 조건의 붕괴를 인식론의 문제로 생각하는 것도 물론 중요하다. 하지만 이 책의 논의와 관련해서 보면, 공간과 시간의 붕괴는 오히려 존재론적 문제라고 할 수 있지 않을까? 즉 "이 (붕괴의) 깨짐이 마음속에 깊이 남아" 있다는 우리 자신의 존재감, 즉 존재하기 위한 장소에 대한 불안감과 관련되는 문제이다.

이렇게 보면 그것은 신기한 현상이 아니라, 20세기에 아렌트가 생각했던 사태가 더욱 철저해진 것이고, 세계화(유럽의 외부로의 확산)의 귀결의 하나에 지나지 않는다고 할 수 있지 않을까?

1. 전대미문의 사태에 대한 의식
―과학기술화 · 지구로부터의 이탈 · 인간 조건의 붕괴

인간세계의 과학기술화

차크라바르티는 2015년 2월에 예일대학교에서 「인류세에서의 인간의 조건」이라는 주제로 강연을 했다. 이 강연이 중요한 것은 아렌트뿐만 아니라 그녀와 동시대의 칼 야스퍼스, 마르틴 하이데거, 칼 슈미트 등이 느끼고 사유했던 의미를 '인류세'라는 시대적 범주 하에서 사상사적으로 철학적으로 고찰했기 때문이다.[6]

여기에서 중시된 것이 야스퍼스가 제시한 '전대미문의 사태에 대한 의식(epochal consciousness)' 개념이다. 이 개념은 제1차 세계대전 후에 유럽에서 생활하는 사람들에게 따라다니게 된 의식을 가리킨다. 야스퍼스는 다음과 같이 말한다.

인간은 그냥 존재하는 것이 아니라 자기가 존재한다는 것을 알고 있다. 충분한 자각 상태에서 자기들의 세계를 연구하고, 그것을 자기 목적에 맞추기 위해 변화시킨다. 인간은 '자연의 인과성(natural causation)'에 간섭하는 방법을 배웠다.[7]

왜 이것이 '전대미문의 사태에 대한 의식'이라고 할 수 있을까? 인간이 인간 존재를 자신을 둘러싼 세계와의 관계 속에 있는 것으로 생각하게 되었기 때문이다. 더 나아가서 그 세계를 자연의 인과에 대한 인식을 통해 조작 가능한 객관적인 대상으로 생각하게 되었기 때문이다.

그 귀결이 바로 '인류세'라고 하는, 인간이 자연에 대한 간섭을 심화시킨 끝에 인간 또한 자연의 일부가 되어 버린 상황이라고 할 수 있다. 하지만 야스퍼스의 독창적인 면모는 인간이 이와 같은 의식을 갖게 된 것을 새로운 사태로 파악했다는 점이다. 즉 자연을 조작할 수 있다는 심적 경향이 확산되고 있는 것을 '전대미문의 사태'로 의식화하고 철학화하려 한 것이다.

차크라바르티는 야스퍼스와 같은 사고는 누구나 할 수 있는 것이 아니라고 주장한다. 그렇다면 왜 야스퍼스는 인간이 전대미문의 사태를 살게 되었다고 생각할 수 있었을까? 차크라바르티에 의하면, 야스퍼스는 아카데믹이라는 전문화의 굴레로부터 자유로웠다. 인간이 전대미문의 사태를 살고 있다고 생각하기 위해서는 그 사태가 일어나고 있는 역사적 시간의 전체를 시야에 두어야 한다. 이를 위해서는 야스퍼스가 말하는 '분과학문의 입장'(전문화되고 분과학문 영역 안에서 문제를 처리하려는 입장)을 뛰어넘는 영역에서 인간을 사고해야 한다. 전문화·세분화에 앞서 존재하는 '전체의 통일성'에서 인간을 사고해야 한다.[8]

하지만 전문화의 굴레에서 자유롭다고 해서 모두가 야스퍼스처럼 사고할 수 있는 것은 아니다. 차크라바르티는 야스퍼스가 과학기술의 발전이 인간의 생존 조건을 바꾸려 한다는 사실을 의식하고 있었다는 점에 주목한다. 즉, 과학기술이 인간 생활에 끼치는 영향의 논리적 귀결에 대해 철학적 사고를 시도한 점이 중요하였다고 차크라바르티는 생각한다.

"기술화는 발전시키는 것 이외에는 다른 선택지가 없는 길이었다"[9]고 야스퍼스는 인정하였다. 그는 기술로 인해 인간 특유의 문화가 송두리째 뽑히게 되지 않을까 두려워하면서 이렇게 말했다.

> 역사적인 문명과 문화는 그 뿌리로부터 이탈하고, 기술적·경제적 세계와 공허한 지성주의로 합류해 나간다.[10]

이것은 야스퍼스의 1931년 견해이지만, 그로부터 25년 후에 야스퍼스가 다음과 같이 한 말에 차크라바르티는 주목하게 된다.

> 우리 인간 존재는 서로의 믿음을 기반으로 만나는 일은 갈수록 적어지고, 우리 존재에 공통되는 뿌리 없는 풀이 되어 가는 가운데 만나는 일이 갈수록 많아진다. 이러한 결과들을 동반하는 기술은 오래전부터 있어 왔던 모든 전통적 생활양식에 대해 처음부터 파괴적이었다.[11]

야스퍼스는 인간 존재가 기술과 함께, 기술의 독촉을 받아, 뿌리 없는 풀이 되어 간다고 생각했다. 게다가 그것은 유럽에 한정되지 않고 세계 각지에서 전개되어 간다고 보았다. 차크라바르티는 야스퍼스의 이러한 통찰이 하이데거나 가다머, 칼 슈미트와 같은 사상가들에게도 공유되었다고 보면서 다음과 같이 말하였다.

> 오직 기술만이 세계를 하나로 묶고, 세계문화의 단조로운 획일성을 만들어 인간으로 하여금 고향을 상실한 기분을 느끼게 한다.[12]

과학기술이 인간을 뿌리 없는 풀로 만들고, 전통적인 생활로부터의 소외를 심화시킨다는 생각은 1970년대의 과학 비판에서 전형적인 것이라고 할 수 있다. 하지만 차크라바르티는 야스퍼스 등의 통찰을 인간 소외를 일으키는 과학에 대한 비판이라기보다는 오히려 인간들이 삶을 영위하게 된 현실을 냉정하게 생각하기 위한 전제 조건으로 파악한다. 즉 이러한 통찰을 수용하여 한층 더 깊은 질문들을 던지고자 한 것이다.

인간이 순수하게 기술적인 관계들 속에서 살게 된 것을 어떻게 생각하면 좋은가? 기술적인 관계들로 규율되어 가는 세계란 어떤 것인가? 앞으로 어떤 생활양식이 등장하게 될까?

지구로부터의 인간 이탈

차크라바르티는 "스푸트니크호 발사는 인간이 지구로부터 이탈했음을 의미한다"는 아렌트의 주장에 주목한다.[13] 아렌트의 논의는 인간이 자연과의 유기체적 관계로부터 소외되어 가는 것을 지적한 것이라고 해석할 수도 있다. 하지만 차크라바르티의 독창적인 면모는 아렌트를 논하면서 NASA가 1968년에 촬영한 '지구돋이(earthrise)'를 언급하고 있는 점이다.

차크라바르티는 달의 지평선 위에 뜨는 구체(球體)의 행성, 곧 지구의 모습을 찍은 사진이, "세계란 우리 인간이 우연히 살고 있는 행성이다"라는 즉물적인 현실을 우리에게 인식시켰다고 주장한다. 이러한 현실상의 제시는 인간이 인공위성에 탑승하여 지구로부터 멀리 떨어진 곳으로 이동하여, 지구를 직시하고 촬영함으로써 가능해진 것이다.[14]

즉 지구에서 이탈한다는 것은 지구와의 유기적 관계의 상실이기도 하지만, "인간이 생활하는 곳은 지구라는 객체적 물체이다"라는 현실을 냉정하게 바라볼 수 있는 거리가 만들어졌음을 의미한다. 차크라바르티의 서술을 참고하면 아렌트의 말의 의미가 더욱 분명해진다.

> 인간의 관측 능력이 인간과 연루된 모든 것과 관심에서 벗어나, 그 가까이 있는 모든 것으로부터 동떨어진 곳으로 자신이 물러날 때에만 인간의 측정이 가능한 것은 관측 능력의 본질 때문이다. 인간과 인간을 둘러싼 세계 내지는 지구 사이의 거리가 멀어지면 멀어질수록 인간은 더더욱 관측하고 측정할 수 있게 되지만, 반대로 인간에게 남아 있는 세계(worldly)나 지구에 묶여 있는 공간은 갈수록 적어질 것이다.[15]

지구로부터의 이탈은 인간이 반드시 지구에 뿌리를 두고 살아야 한다는 생각을 약화시켰지만, 동시에 인간으로 하여금 자신의 생활을 영위하는 조건이 지구 행성이라는 현실의 발견도 가능하게 하였다. 인간이 지구의 조건, 즉 자연을 이탈한 곳에서 산다는 것은 기술적 조건들에 기초한 생활양식의 발전에 의한 진보로 볼 수 있지만, 차크라바르티가 논하였듯이, 하이데거나 칼 슈미트 같은 20세기 철학자나 사상가들은 이러한 이탈을 '뿌리 없는 풀 되기', '고향 상실', '획일화'로 파악했다.

그런데 아렌트의 경우 인간이 살고 있는 곳이 지구로 인식되었다는 점에도 주목하였기 때문에, 지구로부터의 이탈을 '뿌리 없는 풀 되기'와 '인간 본성의 상실'과는 다른 시각에서 보았다.

아렌트는 지구의 발견이 인간 생활 영역의 확장과 연동된다고 주장한다.

항공기의 발명과 같은 이동 수단의 고도화와 함께, 인간은 드넓은 공간에서 살고 있음을 깨닫고, 자기를 구속하는 촌락이나 국가와 같은 좁은 영역 밖으로 생활 영역의 범위를 넓힐 수 있다고 생각하게 되었다. 생활 영역의 수평적 확장은 "인간과 지구 사이에 결정적인 거리를 만들어내고, 인간을 그 직접적인 지구 환경에서 소외시키는 것을 대가로"[16] 진행된다. 즉 인간이 생활하는 영역의 범위가 확장됨에 따라 지구와 인간의 관련성이 느슨해진 것이다. 사람들은 지구의 표면, 즉 지상과의 관계 속에서 살고 있다는 현실에 대한 감각이 희미해지고, 인간이 스스로 확장시키는 드넓은 영역 내부에서 자기 완결적으로 살 수 있다는 생각은 강화된다.

아렌트가 가리키는 사태가 구체적으로 무엇인지를 생각하기 위해서는, 차크라바르티가 시사하는 바와 같이, '인간의 생활 영역'과 '지구 혹은 행성'이 구별됨과 동시에 중첩되고 있음을 인지해야 한다. 즉 인간의 생활 영역은 재료로서의 행성을, 인간을 위한 거주지로 개변해 나가기 위한 기술과 경제 네트워크에 의해, 촌락이나 도시로 형성함과 동시에, 행성 위에 쌓아 올리는 식으로 존재한다.[17] 행성에서 떨어져 있으면서도 완전히 격리되지 않고, 그 위에 겹치면서 펼쳐 나가는 것이 인간의 생활 영역이다.

하지만 이미 논한 바와 같이 아렌트에게는 이러한 '겹침'이라는 감각은 희박하다. 인간이 만들어내는 세계가 자연세계에서 이탈할 때, 이 이탈로 인해 두 세계가 무관해지고, 그 사이에는 아무것도 없게 된다고 생각했다. 아무것도 없게 되는 것이 인간의 조건에 어떤 결과를 초래하는지가 아렌트의 주된 관심사였다. 분리되면서 자기완결적이 되어 가는 상태를 단지 고향 상실이나 인간 소외 문제로만 논하지 않기 때문에, 분리로 인해 생기는 인간 조건의 붕괴에 대한 아렌트의 고찰은 날카롭다. 그럼에도 불구하고 분리된 것처럼 보이지만 인간이 만들어내는 세계가 자연세계 위에 겹쳐 있는 것 자체의 현실성은 도저히 지울 수 없다. 더불어 자연세계는 인간세계에 따라다니고 있는데, 이 따라다니고 있음에 대한 감각이 아렌트에게는 희박하다.

인간의 조건의 붕괴

인간의 조건의 붕괴에 대해서 아렌트는 두 가지를 지적한다. 그녀는 인간 생활의 영역이 기술과 경제 논리로 인해 확장되는 데에서 일어나는 사태를 "끊임없는 변화 과정에서 세계의 안정성이 허물어져 가는 것"이라고 표현했다. 그리고 그 구체적인 사례로 제2차 세계대전 후 독일의 기적적인 경제 발전을 언급하면서, "더욱더 급속하고 효율적인 부의 축적" 과정을 자극하기 위해 "사물의 파괴"와 "도시의 폐허화"가 진행되었다고 보았다.[18]

즉 경제 성장을 촉진하기 위하여 대량으로 생산하고 소비하는 과정에서 기존의 것은 파괴되고 소멸되며 공터가 되었다. 이것을 아렌트는 "세계에서 온갖 사물의 가치가 하락하는(depreciation) 과정"으로 표현한다. 즉 사물의 유용성뿐만 아니라 사람이 품은 애착이나 감정 이입, 도시의 상징성, 역사성 같은 것이 무시되고, 새로운 것의 생산과 소비, 인간 생활 영역의 새로운 확장을 위해 파괴되고 버려지고 망각되었다는 것이다.

아렌트는 약간의 아이러니를 섞으면서 다음과 같이 주장한다.

현대의 조건에서 파괴가 아닌 보존은 (경제적인 의미에서의-인용자 보충) 파멸을 의미하는데, 그 이유는 보존된 객체들(objects)의 지속성은 회전 과정에

서 최대의 방해물이기 때문이다.[19]

정치학자 후지타 쇼조(藤田省三, 1927-2003)[20]도 제2차 세계대전 후의 일본의 고도성장 과정에서 진행된 사태를 아렌트와 비슷하게 해석하였다.

> 즉각적인 효용을 자랑하는 완결 제품을 제공하고, 그 즉효(即效) 제품을 새롭게 잇달아 개발하며, 그 신품(新品)을 즉각 사용하기 위해 끊임없이 전력을 다했다.

그리고 이러한 신품화(新品化)의 문제를 사물과의 구체적인 상호 교섭의 기회를 빼앗고, 인간 정신을 안락한 생활에 종속시키는 정신적 황폐화, 즉 내면성과 관련된 문제로 생각했다.[21]

이에 반해 아렌트는 전후(戰後)의 경제 성장에서 진행된 사태를 인간 생활의 조건과 관계된 일로 파악한다. 즉, 경시, 파괴, 소거는 인간의 생활을 지탱해 주는 것으로서의 세계와 관계되는 일로서 발생한다. 그리고 이 세계가 안정적으로 유지되고 보전되는 상태를 파괴하는 결과로 근대적인 인간 생활 영역의 수평적 확장이 진행된다. 이미 있는 세계의 보존과 지속은 생활 영역 확장의 정지이며, 그렇기 때문에 있을 수 없는 사태라는 것이다.

그래서 아렌트는 인간 생활을 위한 기존의 사물적 세계의 파괴와 소멸, 현대적으로 말하면 '스크랩 앤드 빌드(scrap and build)'보다 더 저변에서 발생할 수 있는 사태로서 인간 조건의 붕괴를 생각한다.

> 공통된 공적 세계의 소멸은 고독한 대중의 형성에 결정적이었고, 근대 이

데올로기적 대중운동의 무세계적(無世界的) 정신성의 형성에 위험할 정도로 영향을 미쳤다. 그것은 세계에서 자기 것으로 영유(領有)할 수 있는 몫이 두드러지게 상실되면서 시작되었다.[22]

여기에서 아렌트는 생존의 조건인 세계가 파괴되면, 인간은 '둘도 없는 나'로서 세계에 소속될 수 있는 자리를, 자신의 몫으로서, 즉 자기를 위한 것으로서 소유하기 어렵게 되는 경험을 한다고 주장한다.

우리가 거처하는 세계, 즉 인간 생활의 조건에서 일어나는 파괴와 상실만큼, 지구로부터의 이탈을 통해 진전되는 인간 일상생활 영역의 스크랩 앤드 빌드(헐고 다시 짓기)가 확장되는 것이다.[23]

다만 아렌트는 이 양자의 차이를 구별하고는 있지만, 그것들이 어떻게 다른지, 그리고 어떻게 관련되는지에 대해서는 철저하게 논의하지 않았다. 위의 인용문에서도 분명히 드러나듯이, 아렌트는 '세계'라는 말을, 때로는 '공적 세계'를 의미하는 말로, 때로는 '세계 그 자체'를 가리키는 말로 혼용하고 있다. 하지만 이 두 가지는 다른 차원에 속한다. 먼저 공적 세계는 인간이 일상적으로 영위하는 생활 영역 속에 존재한다. 이에 반해 인간의 조건으로서의 세계는 인간의 생활 영역을 둘러싸면서 인간의 생활 영역을 포함하고 있는 지구, 대지, 행성이라고밖에 말할 수 없는 광대한 영역을 의미한다.

아렌트는 인간적인 생활을 위한 공적 세계의 상실보다 더욱 근본적인 곳에서 인간의 조건이 붕괴되고 있으며, 이 세상에서 안락감을 느끼지 못하고 불안해하는 인간들이 늘어나고 있음을 1958년의 시점에서 통찰하고 있었다. 하지만 그것은 어디까지나 예견(豫見)일 뿐이었다. 아렌트가 살았던 시점에서는 아직 불분명한 사태였기에, 그것이 구체적으로 무엇인지를 아련하게나마 보여주기 위해서 상상력의 한계까지 밀고 나간 지점에서 제시된 예견적 통찰이었다.

2. 인간세계의 한계와 생태적 현실과의 만남

환경 위기와 인간 소멸

아렌트의 예견적 통찰이 틀리지 않았다는 것은 그로부터 60년이 지난 지금 분명하게 확인되고 있다. 차크라바르티는 말한다.

> 기후위기는 행성에서 생활하기 위한 조건과 관련된 지극히 중대한 물음을 제기하고, 인간을 이 물음의 문맥 속에서 생각할 것을 우리에게 요구한다.

여기에서 전제되고 있는 것은 "인간이라는 종(species)의 확장으로 우리가 수많은 다른 생명 형태에 압력을 가하는 가장 지배적인 종이 되었다"는 인식이다.[24] 행성 혹은 지구로서의 세계에서 인간은 인간이 아닌 다른 종으로부터 안식처를 뺏으려고 압력을 가하는 종이 되고 있다는 것이다.

『슬픈 미나마타』의 저자 이시무레 미치코(石牟禮道子, 1927~2018)가 생각했던 것도 이러하다. 구마모토현(熊本縣) 미나마타시(水俣市) 신일본질소(新日本窒素)의 화학공장에서 유출된 유기수은(有機水銀)이 물고기 몸에 이어서 인간의 몸에 스며들게 되었다. 그로 인해 물고기의 떼죽음 그리고 인체의 손상과 희귀병을 야기시켰다. 인간 활동의 산물인 수은이 물고기라는 비인간 존재에 대한 압력이 되었고, 물고기의 생존조건인 물의 세계를 물고기에게 불편한 것으로 만듦으로써 물고기의 생명 존속을 위태롭게 만들었다. 그리고 그것을 먹은 인간의 몸도 유기수은으로 오염되어 갔다.

이것을 이시무레는 "우리의 풍토와 거기에 사는 생명의 근원에 가해졌던, 그리고 지금도 여전히 가해지고 있는 근대 산업의 소행"이라고 표현한다. 하지만 이시무레는 이렇게 말한다.

> 내 고향에서 아직도 헤매고 있는 사령(死靈)이나 생령(生靈)의 말을 계급의 원어(原語)로 여기는 나는 나의 애니미즘과 프리애니미즘(pre-animism)을 조합하고 근대에 대한 주술사(呪術師)가 되지 않을 수 없다.[25]

이 말로부터 알 수 있듯이, 이시무레는 생명의 근원을 신비적으로 파악하고, 나아가서 근대 산업을 저주하는 발언을 하였다. 그녀에게는 아렌트나 차크라바르티와 같은 냉철한 인식은 보이지 않는다.

사실 인간이 아닌 존재에게 압력을 가하는 것은 기업만이 아니다. 플라스틱을 이용하고 에어컨과 같은 전자제품을 사용하는 것은 소비자도 마찬가지이기 때문이다.

또한 인간이 행성에 가하는 압력은 유기수은과 같은 물질에 의한 해양 오염만이 아니다. 온난화, 해면 상승과 같은 사태를 일으켜서 연안 지역을 침수시킨다. 베네치아는 해수면 상승으로 100년 이내에 잠긴다고 한다.[26] 뿐만 아니라 2006년부터 계속된 가뭄이 시리아 내전의 주요한 원인이 되었다는 가설이 과학자들의 연구를 통해 제기되고 있다. 지속적인 가뭄으로 150만 명 정도의 농촌 주민들이 도시 주변의 교외로 이동해야 했고, 이로 인해 인구 구성을 변화시키고 도시와 주변 지역을 불안정하게 만들었다는

가설이다. 게다가 식량 가격 상승과 어린이 질환까지도 초래하였다는 것이다.[27]

차크라바르티는 기후변화와 함께 일어나는 사태를 둘러싼 사유를 펼쳐 나가는 일을 야스퍼스의 "전대미문의 사태에 대한 의식"에 관한 검토에서 시작하였다. 그 이유는 기술화가 인간 생활의 조건을 근본적으로 변화시킨 현실은 전문적으로 분화된 개별 지식의 테두리에 머물러서는 사유할 수 없는 문제라고 보았기 때문이다. 나아가서 인간이 지구로부터 분리됨으로써 뿌리 없는 풀과 같은 생활권을 형성하고 있다는 자각을 촉구하고, 그 결과에 대한 사유가 무엇보다 중요하다는 것을 말하기 위해서였다.

차크라바르티는 이 외에도 야스퍼스가 인간의 조건의 근본적인 변화를 원자폭탄과 연결시켜 생각했던 점에도 주목하였다. 그 이유는 야스퍼스가 (『인간의 조건』이 나온 해인) 1958년에 쓴 『원자폭탄과 인간의 미래』에서 다음과 같이 말했기 때문이다.

> 완전히 새로운 상황이 원자폭탄에 의해 만들어졌다. 앞으로는 모든 인류가 신체적으로 소멸하거나, 인간의 도덕적 · 정치적 조건에 변화가 일어나게 될 것이다.

차크라바르티는 이 인용문에 대해 현대에는 '원자폭탄'이라는 말을 '기후변화'로 대체할 수 있다고 하였다.[28] 즉 기후변화는 인간 소멸 문제와 관계된다는 것이다. 원자폭탄이라는 인공물에 의해 인간 자체가 소멸한다는 시나리오가 그려지고, 사람들의 불안이 증폭되며, 냉전 체제 하에서 상호 불신이 고조된 것과 비슷한 일이 기후변화 시대에 발생한다면 그것은 어떤 일일까?

무용해지는 기분과 인공세계의 구축

아렌트에 의하면, 인간의 생존 조건이 붕괴됨과 동시에 사람들은 자신이 세계에서 점점 쓸모 없고 버려지는 느낌을 받게 된다. 즉 아렌트는 공적 세계의 소멸보다 더욱 깊은 곳에서 진행되는 소멸 사태를 인간이 세계에서 '나'의 것으로 영유(領有)할 수 있는 몫을 상실하는 것, 즉 사람은 있지만 대화나 노래 등이 일어나는 장소를 상실하는 것이라고 생각했다. 거기에서 인간은 단지 뿌리 없는 풀일 뿐만 아니라, 세계에서 무용해지는 느낌을 맛보게 된다. 마치 폐기물처럼 간주되는 기분이다.

아렌트가 『전체주의의 기원』에서 지적한 바에 따르면, 제1차 세계대전 후에 유럽에서 만연하다가 나치의 대두로 인해 더욱 고조된 것은 '무용(無用)' 혹은 '불필요'하다는 기분이었다. 즉 자기 자신이 세계에서 무용해지고 불필요해진다는 느낌이다.[29] 이에 대한 통찰은 『인간의 조건』에서도 일관되게 드러나고 있다.

인간이 무용해지는 기분은 어떤 것일까? 지금까지의 논의를 바탕으로 생각해 보자. 여기서 먼저 전제가 되어야 하는 것은 '무용해지는 기분'은 세계와의 관계에서 일어난다는 사실이다. 즉 세계에 속하지 못한다는 기분이 들 때, 사람은 자신이 무용하다고 생각하게 된다. 다만 인간의 생활 영역은 그 영역만으로는 자기 완결되지 않고, 지구라는 광대한 공간에 포함된 일부라고 생각한다면, 이 무용해지는 기분에는 단순화할 수 없는 복잡한 것, 갈등 같은 것이 있다는 사실이 보이게 된다.

일상적인 생활 의식에서 인간의 생존 조건으로서의 세계는 인공적으로 구축된 인간세계로 경험되는데, 인공위성 발사 이후에 인간세계는 지구라는 행성 위에서 피부점막처럼 붙어서 펼쳐지는 대단히 제한적이고 한정적인 영역이라는 사실이 밝혀졌다.

이 발견에 따라 자기들이 살고 있는 생활환경 자체가 인공화(人工化)되면서 동반되는 '뿌리 없는 풀', '고향 상실', '전통적 생활양식의 파괴'와 같은 기분의 정체도 밝혀진다. 그것은 인간세계 자체가 지구와 분리되고, 인간세계만으로 자기 완결적이 되면서 생기는 불안이었다. 인간이 자기만의 완결적 세계를 구축한 것은 자기를 둘러싼 광대한 영역으로서의 지구로부터 이탈이자 동시에 지구라는 고향을 잃고, 그곳과의 연관 속에서 만들어진 생활양식을 상실하는 것이기도 하다. 이 이탈로 인해 뿌리 없는 풀이 되었다는 불안이 생긴 것이다.

그러나 인간이 인공세계에 살고 있다는 것은 이제 자명한 사실이 되었다. 제2차 세계대전 후에 독일이나 일본과 같은 선진국들은 인공세계를 더욱 구축하고 확장하는 일에 몰두하였다. 그리하여 인간세계의 자기 완결화와 뿌리 없는 풀 되기를 한층 더 촉진시켰을 뿐만 아니라, 인간세계를 둘러싸고 지탱하고 있는 행성적인 세계의 개변과 파괴를 가져왔다. 행성적인 세계의 개변과 파괴는 인간이 뿌리 없는 풀이 되어 가는 것보다 더욱 깊은 곳에서, 인간이 알아차리지 못하는 가운데 진행되고 있다. 인간은 자신이 만든 인공세계 속에서 안주할 수 있지만, 자기를 둘러싸면서 지탱해 주는 드넓은 세계에서 일어나고 있는 일에 대해서는 대체로 생각하지도 마음에 두지도 않기 때문이다.

인공세계는 그 자체로 자기 완결적이고, 그 외부에서 펼쳐지는 세계와 무관하게 효율적이고 원활하게 운영되고 있다. 거기에서 안주할 수 있는 사람들은, 설령 인공세계 안에서 뿌리 없는 풀과 같은 기분을 느끼더라도, 깊은 차원에서 일어나는 행성적인 세계의 개변이나 파괴까지는 생각이 미치지 않을 것이다. 그뿐만 아니라 뿌리 없는 풀이 되는 것과는 다른 기분, 다시 말해 이 행성적인 세계의 개변과 파괴로 인해 어떤 기분이 일어나고 있다는 사실도 결코 알아차리지 못할 것이다.

아렌트는 인공세계의 형성과 확장이 그보다 훨씬 깊고 넓은 세계를 장차 붕괴시켜 나갈 것이라고 생각한다. 그리고 그녀가 말하는 무용화(無用化)나 불필요화는 이러한 행성적인 세계의 개변과 파괴라는 의미에서 거처의 상실을 의미한다. 그래서 뿌리 없는 풀이 되는 것보다 무용화가 더욱 중요한 의미를 지닌다고 아렌트는 생각하였다.

생태적 현실로

우리가 설령 인공적으로 구축된 세계에서 안주할 수 있다고 해도, 그 인공세계보다 더 큰 근원적 세계와의 연관성을 상실한 채 살아간다면 어떻게 될까? 우리 자신이 속한 인공세계가 붕괴되었을 때 우리는 완전히 무용(無用)한 상태가 되어 살아남지 못하게 될 것이다. 이러한 이유에서 사람들은 자신의 근원적인 무용화를 두려워한 나머지 인공세계가 한층 고도화되고 견고해지기를 바라고, 거기에 과도할 정도로 통합되기를 원한다.

사람이 인공세계에 있을 때에는, 뿌리 없는 풀과 같은 기분을 느끼더라도 철저한 무용화는 면할 수 있다. 사람은 인공세계의 일부이기 때문에 유용성을 체현할 수 있지만, 거기에서 성립되는 유용성은 행성적 세계에서 한발 물러나고, 행성적 세계를 무시함으로써 획득된 것에 지나지 않는다. 사실 인공세계의 고도화와 거기에 자발적으로 통합되고자 하는 자세의 배후에는 어떠한 두려움과 기분이 자리하고 있다. 그것은 바로 인공세계를 성립시키고 있는 근원적 세계로부터 이탈한 탓에 근원적 세계에서 우리가 무용해졌을지 모른다는 두려움이자, 이 무용화를 인정하고 싶지 않은 기분이다.

그래서 인공세계의 구축은 폭력적인 것이 된다. 모튼은 말한다.

> 그 전체 시스템은 항상 눈앞에 있고(present) 엄격하게 경계 지워지며, 비인간 존재의 시스템과 분리된 것으로 이해된다. 그 시스템을 지탱해 주는 것이 비인간 존재가 분명한데도 말이다. 단지 사유뿐만 아니라 사회적·신체적 공간에서도 항상 눈앞에 있기(constant presence) 위해서는 집요할 정도의 폭력 행위가 요청된다. 그 성취는 폭력 그 자체이다.[30]

폭력이라고 해서 그것이 반드시 무기를 사용하거나 감옥에 감금하는 것과 같이 분명한 형태를 띠는 것은 아니다. 자신들의 세계가 자기 완결적이라는 믿음을 위협하는 불안 요인을 추방하고, 그것의 침입을 저지하기 위해 경계를 설정하는 것 자체가 폭력적이라고 모튼은 말한다. 하지만 이러한 추방의 폭력이 반드시 관철된다는 보장은 없다. 모튼은 이어서 말한다.

> 왜 폭력이 행사되는가? 구멍투성이의 경계들과 서로 연결된 고리들로 이루어진 (생태학적) 현실의 결에 반하기 때문이다.[31]

인간이 만들어내는 인공적 생활공간의 자기완결성은 그것을 둘러싼 생태학적 현실의 다공성(多孔性), 상호연관성 자체를 삭제하고 무시함으로써 달성된다는 것이다.

모튼은 거기에 무리가 있다고 지적한다. 즉 인공적 생활공간은 우리가 그 안에서 안주할 수만 있다면 자기 완결적이고 완전하며 원활하고 효율적으로 운영되는 고도의 기술적 구축물로서 일상적으로 경험될 수도 있다. 그러나 실은 이러한 일상적 경험과는 무관한 곳에서는 보다 넓은 생태학적 현실의 영역이 펼쳐지고 있다. 게다가 그 펼쳐짐 안에 들어 있는 형태로 인공적 생활공간이 존재하고 있다고 느낄 수 있고, 더 나아가 그러한 감각에 인도되어 생태학적 현실을 사변적으로 생각할 수 있는 사람들에게는, 인공적 생활공간의 자기완결성은 무리하게 만들어진 상념일 뿐이고, 그러한 상념에 기초하여 만들어진 인공 공간 역시 무리가 있는 구축물일 뿐이다.

이 외에도 인공 공간이 자기 완결적이라는 생각과 관련해서 '지금'이라는 시간도 그 자체로 자기 완결적이라는 입장이 있을 수 있다. 모튼은 이에 대해서도 비판적이다. 지금이라는 시간이 오직 현재에만 고정된 상태에 있는 것이 아니라, "과거와 미래 사이의 기묘한 상대적 운동"이라고 생각하기 때문이다. 만약에 그렇다면 지금 여기에 있는 여러 사물들이 집적된 인공세계는 현재에 완전히 고정되어 있는 것이 아니다. 그것은 과거로부터 사용되어 온 여러 사물들이 미래에도 다시 쓰이고 새롭게 생명이 주입되어 가는 가운데 성립하는 우연적인 것에 지나지 않는다.

그리고 모튼은 사물들이, 현재 살고 있는 인간에게는 다 알 수 없는 측면을 지닌 애매한 것으로서 지금까지 존재해 왔고 앞으로도 존재할 것임을 철저하게 긍정하려 한다. 이러한 관점에서 우리가 사는 인공세계를 다시 보면, 길거리, 광장, 공원, 자동차도로, 고속도로, 가로수, 주택 모두가 '지금' 자기 완결적으로 존재하는 것이 아니라, 과거와 미래 '사이'에서 흔들리고 있는 기묘한 사물들이며, 그것들의 집적이고, 단지 우연히 일시적으로 현재 일정한 형태로 정해졌을 뿐이라고 이해할 수 있게 된다.

다만 모튼의 감각에서 보면, 이러한 사물들은, 비록 우리를 둘러싼 세계를 이루는 것이기는 해도, "인간의 접근으로부터 철저하게 멀리 떨어져 있다." 그는 말한다.

> 우리는 항상 눈앞에 있는 것도 아니고, 직접적으로 가리킬 수도 실제로 경험할 수도 없지만, 그럼에도 불구하고 완전히 리얼한 현실 속에 살고 있다.[32]

다시 말하면 사물은 존재하지 않는 것은 아니지만, 인간에게 유용한 것으로서 언제나 눈앞에 있는(present) 방식으로 존재하는 것도 아니다.

이처럼 모튼은 인간에게는 접근할 수 없는 곳으로서 세계의 사물을, 나아가서는 세계 자체를 생각해 나갔다. 이와 유사하게 차크라바르티도 "세계-지구는 단지 우리의 거주지로서 거기에 있는 것이 아니다"라고 하면서, 이러한 인식은 '행성 자체의 타자성(otherness)'에 관한 것이라고 말한 바 있다.[33]

즉 모튼과 차크라바르티는 우리의 생존 영역을 지탱하고 둘러싸는 곳을 타자적인 것이라고 생각한다. 그들은 자기 완결적으로 보이는 인간의 생활 영역에는 그 안에 다 들어오지 못하고 삐져나오고 새어 나오는 측면이 있음을 인정하고자 한다. 이러한 타자성의 감각은 아렌트가 인간의 공적 세계가 될 수 없는 사물의 자연 상태를 단지 난잡한 축적이라고 하거나, 인간세계를 위협하는 것으로 간주하는 감각과는 다르다.

　인간의 생존 조건은 인간화되지 않고 인간의 접근을 넘어서는 곳에 있지만, 인간의 생존을 현실적으로 뒷받침해 주기 때문에, 단지 쓸모 없고 난잡한 사물들의 축적이라고 치부할 수 없다. 사물은 '유용한가 무용한가'라는 인간이 정한 틀을 떠난 곳에서 단지 존재하고 있다. 사물을 보고 '무용'이나 '폐기물'이라고 생각하는 사람은 여전히 유용·무용의 틀에 사로잡혀 있기 때문이다.

제4장

생태적 세계

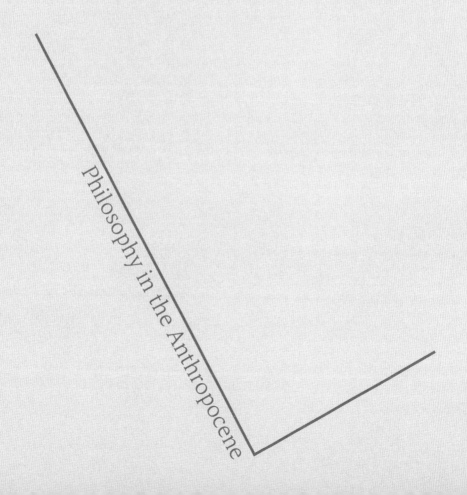

Philosophy in the Anthropocene

인간이 자연의 존재 방식을 바꾸고 있다는 의식이 높아지고 있다. 이산화탄소 배출량의 증가가 온난화를 일으킨다는 주장에 대해서는 여전히 부정적인 반응도 있지만, 댐 건설로 인해 퇴적된 토사, 도시 건설에서 사용된 플라스틱이나 알루미늄 같은 물질의 퇴적물처럼, 물질적 차원에서 명백히 나타나는 것도 있다. 이러한 사물들의 집적이 자연계에 어떤 영향을 미치는가? 나아가서 인간세계의 존재 방식을 어떻게 바꾸는가? 인간이 자연을 변화시키는 것을 어떻게 생각해야 하는가? 이러한 물음들을 둘러싼 고찰은 이제 막 시작되었다.

하지만 인간이 자연의 개변에 관여하는 것 자체를 인정하지 않으려는 사고 방식도 여전히 우세하다. 이로 인해 우리는, 인간세계뿐만 아니라 그 주위에서 펼쳐지는 생태적 영역 안에서도 살고 있다는 사실을 자각하지 못하게 된다. 그러나 우리의 생태적 사고가 심화되면 "이러한 자각을 어떻게 하면 명료하게 할 수 있는가?" 라는 물음을 던지게 된다.

1. 생태적인 것의 현실

데이터로 본 현실의 충격

인간이 지질학적 행위자가 됨에 따라 인간 생활의 조건이 인간세계를 둘러싼 생태적 영역과 관련되는 곳에서 교란되고 있다는 차크라바르티의 주장은 크뤼천 등의 과학 논문에 근거하고 있다. 그는 인간세계와 접해 있으면서도 좀처럼 의식화되지 않는 생태적 영역에 관한 사고를 객관적인 데이터로부터 도출된 견해를 근거로 하면서, 철학·사회사상·역사적 관점을 종합적으로 활용하여 전개하고 있다. 차크라바르티가 참고한 크뤼천 등의 주장을 소개하면 다음과 같다.

〈그림 1a〉는 산업혁명부터 2000년대 초에 이르는 인간 활동의 발전에 관한 몇 가지 지표이다. 이 데이터에 의하면 1950년 무렵부터 인간 활동의 모든 지표가 급격하게 상승하고 있음을 알 수 있다. 인구는 불과 50년 만에 30억에서 60억으로 2배가 되었고, 경제활동은 눈부시게 비약하여 무려 15배나 상승하였다. 석유 소비량은 1960년 이래로 3.5배로 늘어났다. 어떤 지표들은 '대가속시대(the Great Acceleration)'의 시작 단계에는 제로에 가까웠지만, 제2차 세계대전이 끝난 이후에는 폭발적으로 증가하였다.

가령 자동차 수는 전쟁이 끝날 무렵에는 겨우 4,000만 대에 불과했는데, 1996년에는 무려 7억 대로 증가했고, 이후에도 계속해서 증가하고 있다. 제

2차 세계대전 이후에는 국제무역과 전자통신, 그리고 경제적 연결망이 급격히 확대되었는데, 이 모두는 아예 존재하지 않았거나 극히 미미한 상태에서 시작된 것이었다.

지난 반세기 동안 가장 두드러진 경향 중의 하나는 도시 생활에 따른 농지와 농촌의 광범위한 포기이다. 현재 인구의 절반 이상인 30억 이상의 사람들이 도시에 거주하고 있고, 그 범위는 계속해서 확대되고 있다. 도시로의 이주는 통상적으로 기대감의 고조와 소득의 상승을 동반하며, 동시에 소비의 증대를 가져옴에 따라 대가속시대의 또 다른 추진력을 형성하게 된다.[1]

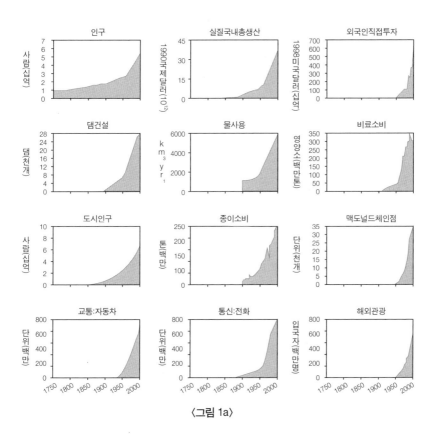

〈그림 1a〉

하지만 인간의 활동이 온난화를 유발시켰다는 사실을 애당초 인정하지 않으려는 사람들에게는, 설령 데이터에 기초한 과학적인 주장이라 할지라도, 크뤼천 등이 제시한 현실상은 일상생활과는 무관한 일이자 비현실적인 것으로 간주될 뿐이다. 그래서 현실적인 일로 받아들이지 못한다. 이에 대해 크뤼천 등은 다음과 같이 말한다.

> 인류세는 많은 사람들이 받아들이기에 매우 어려운 개념이 될 것이다. 기후 변화에 대한 의심은 한층 더 고조되고 있지만, 그것은 증거와 설명에 관한 과학적 논쟁이라기보다는 신념과 가치관에 의해, 때로는 냉소적인 자기 이익에 의해 심각하게 왜곡된 규범적 논쟁으로 전개되고 있기 때문이다.[2]

오랫동안 믿고 있던 신념을 뒤흔들 만한 사실―인간의 활동이 자연의 존재 방식을 개변하고 있다는 사실―이 과학 전문가 집단에 의해 제시되어도, 전문가가 아닌 평범한 사람들은 습관화된 자신들의 신념에 더욱 집착하여 데이터가 제시하는 사실의 현실성을 부정한다. 지진이나 허리케인과 같이 인간이 파악하기 어려운 사건이 인간세계를 뒤흔들어 놓아도, '천벌'과 같은 기존의 지적인 틀 안에서 그것을 해석하려 할 뿐이다. 결과적으로 인류세라는 현실은 간과되고 무시되어 버린다. 데이터에서 출발한 차크라바르티의 논의도 의미 없는 주장으로 간주될 것이다.

크뤼천 등이 시사하는 신념의 문제는 간단한 문제가 아니다. 왜냐하면 인간의 행위가 자연의 존재 방식을 개변할 뿐만 아니라 인간 자신의 생존 조건을 뒤흔들고 있다는 사실을 인정하는 것은, 인간의 행위가 인간세계에 한정되는 것이 아님을 인정하는 것이자, 인간의 존재 방식이 자연과 교차되고 연관되어 있음을 시인하는 것이기 때문이다. 이를 인정하는 것은 인간들만으로 자기 완결된 세계에서 살고 있다는 신념으로 뒷받침된 근대적 세계관과 사회이론들의 무의미함을 인정하는 것이기도 하기 때문이다.

하지만 이러한 신념과 관련된 문제 이외에도 인류세가 받아들여지지 않는 또 다른 이유가 있다. 그것은 데이터로 제시되는 현실상을 머리로는 이해할 수 있어도, 현실에서 실제로 일어나고 있는 일로서, 우리의 생활 영역과 관련된 것으로 받아들이기 어렵기 때문이다. 우리는 데이터로 제시되는 현실상과 우리가 직접 경험하는 일상생활 사이에는 무언가 깊은 골 같은 것이 있다고 느낄 때가 있다.

데이터에 기반한 현실상은 컴퓨터라는 기계장치의 발달과 함께 한층 더 정교해지고 명료해지며 정확해질 것이다. 어쩌면 그 현실상은 인간의 지적 능력을 넘어선 곳에서 전개될지도 모른다. 그때는 데이터에서 그려지는 현실상이 인간의 감각과 지성을 넘어선 것으로 존재하게 된다.

이러한 데이터를 근거로 하는 인류세 논의는 어딘지 모르게 섬뜩하다. 인간의 현실 감각과 지적 능력을 넘어선 곳에서 전개되고 있지만, 완전한 허상으로 취급할 수 없는 현실상을 제시하고 있기 때문이다. 다시 말하면, 인간의 감각이나 의식의 바깥에 있다고 느껴지기 때문에 진짜 현실적인 것이라고 받아들이기 어렵지만, 다른 한편으로는 현실상을 분명하게 제시하고 있다고도 생각되기 때문이다.

데이터가 제시하는 현실의 역설

여기에서 우리는 역설적인 상황에 마주하게 된다. 왜냐하면 크뤼천 등의 논문은 세계에 대한 정보를 데이터로 모아 처리하는 과정에서 형성되고 구축된 현실상을 둘러싼 것으로 독해할 수 있기 때문이다. 즉 자연에 대한 정보적 이해를 하는 과정에서 얻어진 현실상으로 읽을 수가 있는 것이다. 우리가 이러한 현실상에 대해 섬뜩함을 느끼는 것은, 자연은 데이터화할 수 없는 것으로, 오로지 인간의 몸과 마음의 깊은 교제를 통해서만 이해할 수 있다는 믿음이 우리 안에 잔존해 있기 때문이라고 생각할 수 있다.

그럼에도 불구하고 우리는 정보 통신 기술의 발전에 따라 세계를 정보적으로 사고하고 있다. 심지어는 매일같이 경험하는 일상도 정보로 이해하는 행위를 예사롭게 하고 있다. 루치아노 플로리디(Luciano Floridi)는 오시이 마모루(押井守)의 애니메이션 〈공각기동대〉를 언급하면서, 원래는 정보환경을 의미했던 '인포스피어(infosphere)' 개념이 현대에는 "정보 공간(space)을 언급하는 방법이라는 점에서 현실 그 자체와 동의어가 되고 있다"고 주장한다.[3] 확실히 현실에 대한 정보적 이해는 점심식사를 위해 음식점을 찾거나, 가본 적이 없는 도시에 대한 리뷰를 확인하거나, 지하철의 환승역을 확인하는 등의 일상적인 일들뿐만 아니라, 책을 쓰거나 인터뷰를 위한 예비 조사 등에서도 흔히 행해지고 있다.

이 책의 주제인 인류세나 생태 사상에 대한 고찰도 정보적인 이해를 진행하는 과정에서 이루어졌으며, 크뤼천 등의 논문도 온라인으로 입수한 것이다. 즉, 나는 이 책을 쓰면서 대부분의 사고를 인포스피어 안에서 진행시켜 왔다. 그런데 이 책은 인간 생활이 영위되는 조건인 사물성(事物性)에 관한 것이다. 따라서 인간 생활의 조건인 사물성에 대한 이해를 정보적 사고와 함께 진행시킨다는 역설적 시도를 하고 있는 셈이다.

우리가 살고 있는 상황을 진정으로 이해하려면, 이 역설적인 시도를 철저히 수행할 필요가 있다. 그 이유에 대해 모튼은 다음과 같이 말한다.

생태적 문화는 부드럽고 유기농적이며 고풍스럽고 촌스러운 것으로 여겨지는 반면에, 테크노 문화는 단단하고 멋지며 일렉트로닉하다고 생각된다. 그러나 임박한 생태적 위기와 가상현실의 대두 사이에는 놀라운 연관성이 있다. 이 연관성은 내용이 아니라 형식과 관련되며, 인식론의 문제를 던진다. 즉, "우리가 알고 있다는 것을 어떻게 아는가?" 그리고 "우리가 알고 있는 것을 어떻게 입증할 수 있는가?" 가상현실과 생태적 공황은 우리의 평소의 준거점 혹은 그것에 대한 환상이 상실된 몰입형의 경험들에 관한 것이다. 낡은 사고는 더 이상 믿을 만한 것이 못 된다고 우리는 다짐한다. 가상현실과 생태적 공황은 우선 우리가 이 엉망진창의 상태로 들어가도록 돕는다. 가상현실에서는 '거리' 개념에 의존하는 것이 불가능하기 때문이다.[4]

농약을 사용하지 않는 유기농법으로 재배된 식재료는 공기와 하천은 물론이고 인체도 오염시키지 않는다. 낡은 집을 모두 헐어서 새 집의 공터를 만드는 대신 활용할 수 있는 부분을 남기고 새 것과 혼합하면, 폐기물을 줄일 뿐만 아니라 자원의 낭비도 줄일 수 있다. 에어컨 사용을 자제하면 실외기의 열 배출량이 줄어들 것이고, 자동차 사용을 자제하면 배기가스 배출이 감소하여 온실가스 감소에 기여할 것이다.

하지만 "이러한 일상의 꾸준한 실천이 인간에 의한 지구의 개변에 얼마나 영향을 미칠 것인가?" 나아가서 "그 실천이 과연 올바른 것인가?"를 실천 현장인 일상 세계의 외부의 시점에서 혹은 상부의 시점에서, 인간 마음의 작용을 통해 인식하는 것은 어려울 뿐만 아니라 거의 불가능하다.

다른 한편으로 가상현실의 도움을 받아 음악이나 서적, 나아가서 환경문제 같은 현실에서 발생하는 일들에 대해 짧은 시간 안에 대량의 정보를 얻을 수 있게 되었다. 또한 ICT(정보기술과 통신기술)를 활용하여 도서 주문, 항공권 예약, 여행 일정 관리 등을 효율적이고 신속하게 할 수 있게 되었다. 스마트폰을 이용하여 페이스북이나 지메일(Gmail)을 쓸 수 있게 됨에 따라, 일이나 연락을 신속하게 원격으로 할 수 있게 되었다.

이처럼 우리는 날마다 가상현실을 마치 현실처럼 활용하여, 일상생활을 효율적이고 원활하게 영위하고 있다. 그럼에도 불구하고 생태적 생활 실천의 경우와 마찬가지로, 이 일상의 효율적인 실천이 어떤 시스템에서 영위되고 있는지를, 일상 세계의 외부 혹은 상부 시점에서 인간 마음의 작용으로 인식하는 것은 어려워지고 있다. ICT의 확장과 침투가 인간 생활을 장차 어디로 안내할지를 선형적인 모델로 정확히 예측하는 것은 거의 불가능하다.

우리는 역설적인 사태를 경험하고 있다. 한편으로는 일상 세계의 존재 방식을 거리를 둔 상태에서 설명해주는 안정적인 언어와 사상, 즉 인류세 이전의 사상이 효력을 잃어 가고 있다. 그 때문에 현실에서 살아가는 상황 그 자체가 과연 어떻게 되고 있는지를 바깥에서 인식할 수는 없다. 따라서 우리는 살아가는 가운데 손으로 더듬어 가면서 생각할 수밖에 없다.

그러므로 우리는 생각하고 글로 옮길 때에도 외부에서 객관적으로 설명하는 것이 곤란하다는 사실을 받아들이지 않으면 안 된다. 그래서 모튼은 사적 혹은 주관적 인상(印象)에서 시작할 수밖에 없다고 생각한다. 다만 그것은 "사물에 대한 변덕스럽고 자기중심적인 해석이 아니라, 사물의 현실성에 맞추어 나가는 것"을 의미한다.[5] 다시 말하면, 그것은 현실에서 경험할 수 있는 것, 가령 사람들에게 들었던 신변 이야기 같은 것을 소박하게 쓰는 것도 아니고, 외부에서 관찰 도구로서 기존의 이론 체계를 사용하여 기술하는 것도 아니다. 현실 세계의 사물성의 현실성에 대한 감각을 키우고, 거기에 보조를 맞추면서 생각하는 것이다. 이를 위해서는 모튼이 여러 번 말했듯이 "사물의 현실성(realness)이 다양한 의미를 지닌 어떤 미스테리와 밀접한 관련이 있다"고 여기는 것이 요구된다.[6]

그러나 다른 한편으로는 기후변화와 가상현실의 확장이라는 양극적인 상황에 내몰려 있는 현실세계는, 개개인의 사적 경험이나 인상을 넘어선 곳에서 사적 경험이나 인상을 둘러싸고 있으면서, 그 존재 방식에 영향을 미치는 거대한 것으로 전개되려 하고 있다.

그래서 모튼은 이렇게 말한다.

> 우리가 씨름하고 있는 것은 인간과 같이 제한된 능력을 가진 3차원 존재에 의해 위치가 파악되지도 않고 직접적으로 지각되지도 않는 거대한 실체이다. 그 실체는 컴퓨터로 처리되어야 생각될 수 있는 존재이다. 그러나 그렇다고 해서 그것이 현실적이지 않다는 것은 아니다. 인간의 접근으로부터 완전히 물러나 있다는 의미이다.[7]

이 거대한 것의 현실성을 안정적인 설명 언어에 기대지 않으면서도, 사적 인상에서 감지되는 사물의 현실성에 대한 감각을 놓치지 않고, 소박한 실감주의(實感主義)에도 함몰되지 않은 채, 합리적으로 생각하고 말로 표현하는 것이 요구된다.

2. 생태적 시대의 리얼리즘 부활

마음으로부터 독립되어 있다

2000년대에 학술적이고 전문적인 철학 연구에서 벗어나서, 문학이나 예술 또는 건축과의 접점에서 암중모색을 시도해 온 재야철학자들이 관심을 기울인 문제는 모튼이 제기한 "생태적 세계를 어떻게 생각할 것인가?"라는 것이었다. 비디오 아티스트와 컴퓨터 프로그래머를 거쳐 철학 연구를 시작한 마누엘 데란다(Manuel DeLanda)도 같은 생각이었다. 데란다는 인간을 둘러싼 자연에 미치는 인간 활동의 영향력을 고려하면서 자신의 사상을 전개하고 있다.

데란다는 2012년 인터뷰에서 "오늘날 왜 리얼리즘 철학이 사람들에게 중요해질까?"라는 질문에 대해 다음과 같이 답하였다.

> 지금 인류가 직면한 문제의 대부분은 직접적으로 관찰할 수 없는 물질적 과정들에 의해 야기되었다. 그 과정들은 대기와 하천과 바다의 완만한 오염이고, 대량생산 과정에서 규격화된 노동의 확산에 따른 인간 기술의 완만한 하락이다. … 우리가 직면하고 있는 물질적인 문제들의 대부분은 직접적인 경험을 벗어나 있는데, 그런 문제들의 긴급성 때문에 리얼리즘이 부활하게 되었을 것이다.[8]

여기에서 말하고자 하는 바는 리얼리즘의 입장과 오염의 문제가 관련되어 있다는 점이다. 즉 인간이 살고 있는 곳을 마음과는 독립된 물질적 현실로서 사유하는 리얼리즘의 입장이 인간이 살고 있는 곳에 발생되는 오염 문제를 생각하는 것과 연동되어 있다는 것이다. 그렇다고 해도 인간이 살고 있는 곳은 인간이 전혀 존재하지 않는 바다나 강, 대지 그 자체와는 다르다. 인간이 살아가기 위해서는 인간이 살고 있는 곳을 바다나 강, 대지를 토대로 하면서 공동체, 촌락, 도시와 같이 바다나 강과는 다른 실재성(reality)을 지니는 것으로 만들어갈 필요가 있다.

데란다는 2013년의 논고 「존재론적 관여(Ontological Commitments)」에서 "마음과 독립되어 있다"는 것이 무엇을 의미하는지에 대해 깊은 주의를 기울일 필요가 있다고 하였다. 즉 생태계(ecosystem), 기후 패턴, 산과 바다, 행성과 항성이 마음과 독립되어 있다고 할 때와, 공동체나 도시가 마음과 독립되어 있다고 할 때는 그 의미가 다르다는 것이다. 어려운 것은 후자이다. 왜냐하면 공동체나 도시와 같은 실체는 "공동적으로 상호행위하고 지시를 내려서 그것을 지키거나, 건물과 도로를 건설해 나가는 마음이 없이는 존재하지 않기" 때문이다. 그런 한에서는 공동체와 도시는 마음으로부터 완전히 독립되어 있다고 할 수 없다.

그럼에도 불구하고 데란다는 인간이 만들어 내는 공동체나 도시와 같은 것에 마음으로부터 독립된 실재성을 인정하고자 한다. 그것은 바로 "객관적이지만 인간의 마음으로는 잘 이해되지 않는 내적 역학(力學)"이라는 의미에서의 실재성이다. 즉 공동체나 도시는 인간의 제작물로 정해져 있는 한, 인간의 마음으로부터 독립되어 있고, 인간의 마음으로는 이해하기 어려운 역학(力學)을 갖추고 있다. 하지만 동시에 그것은 인간이 자신의 마음

작용을 통해 만들어 내는 과정을 거쳐 생긴 것이기도 하다. 따라서 산이나 행성과 같은 형태로 인간의 마음과 독립해서 생긴 것과는 다르다.[9]

　이처럼 공동체나 도시를 인간의 마음과는 독립된 것으로 파악한다는 점에서 데란다의 사유는 독자적이다. 하지만 공동체나 도시가 산이나 행성과 어떻게 다른지에 대해서는 언급이 없다. 공동체나 도시는 인공물이고 산이나 행성은 자연물이라고 생각할 수도 있는데, 그것들의 차이, 다시 말해 인공과 자연의 차이가 어떻게 형성되는지에 대해서 데란다는 충분히 고찰하고 있지 않다.

유체적(流體的) 사고에 대한 비판

　2017년에 간행된 그레이엄 하먼(Graham Harman)과의 대담집에서 데란다는 1991년에 『기계들의 전쟁』을 간행한 후 자신의 입장이 "무엇이 실재(real)인가?"를 묻는 데에 있었음을 명확히 자각하게 되었다고 밝혔다.

　　전쟁터라는 공간은 설령 그곳이 분명히 문화적 공간이라 할지라도, 금속제 탄환과 유산탄(榴散彈), 충격파와 포화로 채워져 있다. 이러한 치명적 물체들은, 병사가 그것의 존재 여부를 믿든 안 믿든 간에, 사람들의 신체에 영향을 주며, 그들에게 시체와 손상된 신체를 남긴다. 그리고 이와 비슷한 이유로, 천년의 역사에 관한 나의 저서는 물질과 에너지의 흐름, 기근과 역병에 주목한 것이지만, 이 또한 분명히 리얼리스트의 것이었다. 한 가지 예를 들면, 박테리아와 바이러스는 우리가 그것들에 대한 신념체계를 형성하기 몇 세기 전부터 우리의 신체에 객관적으로 영향을 주고 있었다.[10]

즉 데란다는 인간의 마음과는 독립해 있다고 생각되는 실재적인(real) 것이 총알이 발사되고 유산탄이 폭발하는 물질적인 과정과 연관된 것으로 생각한다. 그리고 이 물질적인 과정에 대한 주목은 이후의 저서에서도 이어지고 있는데, 특히 들뢰즈에 관한 저서에서 두드러진다. 데란다는 들뢰즈의 사고에서 역동적인 과정이 중시되고 있다고 하면서 다음과 같이 주장한다.

> 이들 과정 중에서 어떤 것은 물질적이고 에너지적이지만 어떤 것은 그렇지 않다. 하지만 그렇지 않은 것조차도 물질과 에너지의 세계에 내재해 있다.[11]

분명히 온난화, 지표(地表)의 변화, 인구증가, 석유 소비량 증대라는 사건들은 인간이 그것에 대해 어떤 관념이나 환상을 갖든 간에, 혹은 그 존재를 믿든 안 믿든 간에, 발생하고 있다. 즉 관념이나 환상이나 신념의 유무에 상관없이 그것들과는 독립적으로 현실로서 일어나고 있다. 그런데 데란다는 그러한 신념의 유무에 관계없이 존재하는 현실의 배후에는 그것을 발생시키는 어떠한 과정이 있다고 보고 있다. 즉 인간의 신념으로부터 독립된 물질적 현실의 배후에 존재한다고 가정되는 역동적인 과정까지 사고를 진행하고자 한다. 그렇다면 크뤼천 등이 제시하는 현실은 과연 데란다가 말하는 '역동적인 과정,' 다시 말해 의식으로부터 독립된 에너지적인 과정이라고 생각할 수 있을까?

데란다는 인간 생활이 인간의 의식으로부터 독립된 곳에 존재하는 현실 속에서 영위되고 있음을 논하고자 하였다. 그 점에서는 이 책의 관심사와 겹친다. 하지만 데란다는 의식과는 독립적으로 존재하는 현실이 일상적인 인간 생활의 배후에서, 즉 일상적인 생활 의식이 미치지 못하는 곳에서 발생되는 것이라고 생각한다. 그것도 인간 생활의 일상성에 사로잡힌 의식의 바깥에서 일상적인 생활에서 경험되는 것보다 훨씬 현실적인 것으로 일어나고 있다고 생각한다.

이처럼 데란다의 사고는 일상적인 생활 영역의 바깥에 펼쳐지는 것으로서 현실 세계의 실재성을 생각하려는 것이다. 그런 점에서 데란다의 사유는 데이터로 제시되는 현실상의 실재성에 접근하려는 것이라고 생각할 수도 있다. 하지만 그것은 인간이 실제로 살고 있는 곳의 사물성에서 생기고 있을 현실적인 것에 다가가려는 입장은 아니다. 그 이유는 데란다의 사유 근간에는 들뢰즈와 가타리에 대한 유체론적 독해가 있기 때문이다.

이에 대해 모튼은 데란다가 근거하고 있는 들뢰즈와 가타리의 사유에서는 "에너지의 '탈영토화된' 흐름이 영토적이고 '몰(mol)적'인 힘들보다 더 현실적"으로 간주된다고 비판하였다.[12] 게다가 일상 세계를 넘어선 곳에서 전개된다고 상정되는 흐름이나 과정 같은 것들이 일상 세계에서 경험되는 것보다도 리얼하기 때문에 진실이라고 생각한다면, 실제로 인간 생활이 영위되고 있는 장소인 영토적 세계 그 자체에 특유한 현실성을 생각할 수 없게 된다고 주장하였다.

크뤼천 등이 제시하는 현실상은 인간의 의식으로부터 독립된 곳에서 일어나는 사태를 정보 형태의 수치로 제시한 것이었다. 따라서 이 현실상이 무엇을 가리키는지를 사유하기 위해서는 데란다와 같이 '인간의 마음이 형성하는 관념으로부터 독립된 현실이 있다'는 입장에서 사변적 실험을 시도하는 것이 중요하다. 왜냐하면 데이터적인 현실상은 일상성에 매몰된 곳에서 느껴지는 소박한 실감이나 공통감각 같은 것과 동떨어진 곳에서 객관적으로 전개되는 사태를 묘사하는 것이기 때문이다.

그렇다고 이 데이터적인 현실이야말로 진정한 현실이고, 이 현실은 인간이 일상적으로 영위하는 생활과는 무관한 곳에서 존재하고 있다고 생각하는 것도 바람직하지 않다. 왜냐하면 일상적인 생활에서의 인간의 활동이 인간의 의식과는 독립된 현실에 어떤 영향을 받으며, 반대로 인간의 활동이 그러한 현실에 어떠한 영향을 미치고 있는가에 대해 현실적으로 생각하는 것이 어렵게 되기 때문이다.

구체적으로 말하면, 데란다의 사고에서는 인간 생활의 조건인 사물성이 사유되고 있지 않다. 설령 '물질'이라는 용어가 사용된다고 해도 에너지의 흐름이라는 유체(流體)적인 것 내지는 과정적인 것으로 간주될 뿐, 일상세계에서는 사물성이 있는 것으로 생각되지 않는다. 다시 말해, 인간에 의해 만들어진 것으로서, 일시적이기는 하지만 일정하게 존재하고, 더 나아가서 인간 생활의 버팀목이 되는 것으로 물질을 생각하고 있지 않다.

모튼이 서술하고 있듯이, 이러한 사고는 "일정하게 정해진 존재를 유체(flux)로 치환하는 것"으로 이해할 수 있다. 그 바탕에는 "유체 안에 있는 어떠한 사실보다도 한층 더 리얼한 유체가 존재"한다는 가정이 있다.[13] 이것은 일상적으로 영위되는 인간 생활에서 정해지지 않은 것들을 실재적인 것으로 생각하려는 것이 아니라, 일상 세계의 저편에 유체(流體)라고밖에 말할 수 없는 무언가가 일상 세계의 그 어떤 것보다도 실재적이라고 한결같이 주장하려는 입장이다.

3. 생태적 세계를 수용하다

인간은 자연 속에 살아 있다

크뤼천 등은 자신들이 제시하는 현실상이 일상적인 생활을 영위하는 사람들에게 수용되지 않는 현실을 문제 삼는다. 대부분의 사람들은 인간의 일상생활이 자연의 존재 방식을 바꾸고 있는 현실을 받아들이지 않고, 자신과는 무관한 일, 먼 곳에서 일어나는 사태로 치부하고 있다는 것이다. 따라서 문제는 다음과 같이 정리될 수 있다.

> 데이터를 근거로 제시된 현실상을 인간 생활이 영위되고 있는 일상적 영역과 관련된 것으로 받아들이려면 어떻게 해야 할까?
> 나아가서 이 현실상과의 관계 속에서 자신들의 생활 영역의 존재 방식을 이론적으로 다시 그린다면 무엇이 보이게 될까?

앞에서 서술한 바와 같이, 여기에서 우리는 기묘한 사태와 마주하게 된다. 아렌트가 지적한 대로, 인간 생활은 인간이 만든 인간적 세계 속에서 영위되고 있다고 생각할 수도 있지만, 사실 이 인간적 세계는 자연세계와의 접점에서 자연세계 위에 쌓아 올라가는 형태로 형성된 것이다. 즉 자연세계에서 유래하는 사물을 인간 생활을 위한 재료로 활용하는 곳에서 인간적인 세계가 형성된다고 아렌트는 생각하였다. 다시 말하면, 인간의 활동은 자연에 개입하여 그것을 이용하고, 자연과의 접점에서 자신들의 생활 조건을 만들어간다. 반면에 자연은 어디까지나 인간적 세계를 위한 재료와 배경에 지나지 않는다는 것이다.

이에 대해 크뤼천 등은 인간이 자연의 모습을 개변하고 있다는 사실을 밝히고 있다. 즉 인간의 힘은 자신들의 생활 조건을 인공물로 만들어 낼 뿐만 아니라 자연의 존재 방식에도 영향을 미치고 있다는 것이다. 이처럼 인간은 자연의 존재 방식에 영향을 끼치는 형태를 통해서 자연과 실천적으로 관계 맺고 있다.

게다가 인간에 의한 자연의 개변, 나아가서 인간의 생활 조건의 개변은 데이터적인 현실상을 통해 객관화되어야 비로소 알 수 있게 되었다. 모튼이 말하듯이, 자연의 개변은 인간이 "맹목적으로 행동하는" 곳에서 진행되었다고 할 수 있다. 이러한 맹목성 때문에 자연이 개변되는 현실상은 인간의 일상적인 의식의 범위에 들어오는 일이 없다. 그럼에도 불구하고 크뤼천 등의 논문은 개변되고 있는 지구의 현실상을 데이터를 통해 제시하고 있다.

아렌트는 인간의 조건을 사물성(事物性)이 있는 것으로 보았다. 그리고 사물을 두 가지 상태로 구분하였다. 하나는 인간적 세계의 구성 요소가 된 상태이고, 다른 하나는 그 바깥으로 내몰려 서로 무관한 것들이 퇴적되어 있는 상태이다. 인간 존재를 조건 지우는 상태에 있는 사물은, 인간 생활이 영위되는 인간적 세계의 영역 안에 확실히 존재하는 것으로 지각되고, 인간 생활을 현실에서 뒷받침하는 것으로 감지되며 인식되고 있다. 이에 반해 인간적 세계의 외부에 있는 것으로 간주되는 사물은 명확히 '세계 아닌 것'(non-world)으로 불리고 있다. '세계 아닌 것'이란 인간 생활과 무관하고,

인간 생활이 영향을 미치지 않는 것, 인간 생활로부터 방치되고 있는 것을 의미한다.

이와 같이 사물의 상태를 두 가지로 구분하는 것은, 마거릿 캐노번(Margaret Canovan)이 지적하듯이, 인간주의적인 대비에 근거하고 있다. 하나는 인간이 자신의 손으로 만들어내는 인공적 세계이고, 다른 하나는 인간이 단지 생물학적인 생물로 속해 있는 자연 환경이다. 아렌트는 이 중에서 후자의 자연 환경을 인간세계를 위협하는 사나운 것으로 간주하여 기피한다. 자연은 야만적이고 불안정하며 인간 생활의 안정적 기반을 위협하고 붕괴시킨다고 보기 때문이다.

그러나 이러한 관점에서는 인간 생활이 인공물로서의 인간의 조건에서 영위되고 있을 뿐만 아니라, 그 조건 자체를 뒷받침하고 둘러싸고 있는 자연에서도 현실적으로 영위되고 있다는 생각은 못하게 된다. 하지만 인간은 인간적인 세계뿐만 아니라 야만적이고 불안정하며 불길한 자연에서도 살아가고 있다. 다만 이 사실을 현실로 인정하지 못하게 하고, 자연을 단지 야만적인 것으로 간주하여 기피하도록 만드는 무언가가 인간에게 작동하고 있을 뿐이다. 아렌트의 사유도 그 '무엇'에 사로잡혀 있다.

인간적인 것과 생태적인 것의 사이

모튼은 다음과 같이 말한다.

> 내 머리 위로 떨어지는 빗물들과, 눈에는 보이지 않지만 고차원의 위상
> 공간에서 진행되는 대규모로 분포된 존재의 현실적인 행위들, 즉 기후변화

사이에 현실에서의 간극이 벌어지고 있다.[14]

이 주장이 흥미로운 것은 나라는 인간의 머리 위에 빗물이 떨어지는 사건이 일어나는 영역이, 그보다 더 광대한 영역의 일부로서 성립되고 있다는 사실을 보여주기 때문이다. 즉 인간이 생활하고 인간과 관계된 일로서 사건이 발생하고 인간이 받아들일 수 있는 영역이 있음을 인정하면서도, 여전히 현실 세계에서는 이 인간적인 영역을 둘러싸면서 지탱하고 있는 광대한 영역이 존재하고 있고, 이 광대한 영역은 기후변동과 같이 인간의 지각이나 감각만으로는 전체상을 파악할 수 없으며, 따라서 그것의 실재성을 증명하기 위해서는 데이터에 기초한 과학적 지식에 의존할 수밖에 없음을 보여주고 있기 때문이다.

이처럼 모튼은 인간적인 영역과 그것을 감싸고 있는 광대한 영역 중에서 그 어느 쪽도 부정하지 않는다. 단지 그 사이에 간극이 있다고 말할 뿐이다. 인간적인 영역의 내부만이 실재한다고 생각하고, 그 내부에서의 사건으로만 느끼고 받아들인다면, 그것을 둘러싼 광대한 영역은 전혀 인지할 수 없을 뿐만 아니라 실재하지 않는다고 여기게 될 것이다. 이와는 정반대로 만약에 인간적인 영역의 배후나 외부에 일상적인 생활 영역보다도 현실적인 세계가 있다고 생각한다면, 일상적인 영역에서의 생활 경험은 거짓된 것, 즉 일종의 허구로 간주되어 부정될 수 있다. 그래서 모튼은 인간적인 영역과 그것을 포함하고 있는 광대한 영역은 단지 간극으로 가로막혀 있을 뿐이라고 생각한다.

그런데 광대한 영역에 대한 사유는 단지 머릿속에서만 일어나는 것이 아니다. 그것은 인간의 영역에서 실제로 생활하는 가운데 가능해진다. 이 광대한 영역에서 일어나고 있는 사태를 모튼은 "인간의 활동에 의해 물리적으로 영향 받아 온 비인간(nonhuman)의 현실"이라고 표현하였다.[15] 문제는 이 사태가 인간의 영역과 전혀 무관하지 않은 곳에서 일어나고 있음에도 불구하고 사람들이 그것을 실제로 일어나고 있다고 받아들이지 않는다는 점이다. 자신들이 하는 일이 광대한 영역에 영향력을 미치며, 그것이 다시 자신들과도 관계되는 것임을 느끼지 못한다.

크뤼천 등의 논문은 인간 활동의 영향이 지구에 미치는 현실을 데이터 즉 과학적인 언명으로 제시한다. 메이야수처럼 생각하면, 이 데이터적인 현실은 인간의 생활 의식에 앞서서 제시되고 있다고 할 수 있다. 메이야수는 이렇게 질문하였다.

세계의 데이터와 명백히 관련되어 있는 과학적 명제의 의미를 어떻게 파악해야 하는가?[16]

과학적 명제는 인간의 공동주관적(共同主觀的)인 의식, 간주관성(間主觀性)과는 상관없는 곳에서 무언가가 일어나고 있고, 그 무언가가 인간 생활에 영향을 미치고 있음을 제시하였다. 이것이 도대체 무엇을 의미하는지를 메이야수는 물은 것이다.

이에 반해 모튼은 다음과 같이 물었다.

인간의 활동이 비인간의 영역에 현실적으로 영향을 끼치고 있음에도 불구하고, 그것이 인간의 영역에 없는 것으로 간주되는 기묘함을 어떻게 생각해야 하는가?

실제로 데이터에 기초한 과학적 명제의 의미는 그것을 제대로 숙독하면 머리로 이해는 가능하다. 그것이 인간의 공동주관성이 아니라 컴퓨터의 데이터 처리 능력에 유래하는 현실상이라고 하더라도, 인간의 머리로 이해할 수 있다. 그럼에도 불구하고 인간이 지구를 개변하고 있다는 데이터적인 현실상은 인간 생활이 일상적으로 영위되는 인간 세계에서는 중대한 문제로 드러나지 않는다. 거기에 관심을 기울이는 일은 없다. 즉, 데이터에 근거한 과학적 명제가 있다고 해서 지구 개변이라는 현실에 대한 관심이 높아지지는 않는다는 것이다. 더욱 요구되는 점은 이 데이터적 현실상을 실재적인 것으로 받아들이고 이것이 인간적인 세계에 의미있는 사태라는 것-공동주관성으로부터 유래하는 상(像)이 아니어도 의미가 있다는 것-을 언어로 논의하기 위한 인문학적 사고이다.

취약성의 현실성

아렌트는 사물에 대해 다음과 같이 말하였다.

> 만약 사물이 인간 존재를 조건 짓는 것이 아니라면, 사물은 서로 무관한 것들의 퇴적이 되고 세계 아닌 것이 될 것이다.[17]

여기서 "사물이 세계 아닌 것이 된다"는 말은 사물이 인간의 세계이기를 그만둠을 의미한다. 구체적으로는 잔해나 폐기물로 받아들여지게 되는 것이다.

설령 잔해나 폐기물이라 할지라도 그것들은 사물이다. 인간세계를 구성하고 성립시키는 요소와는 존재 방식이 다르지만, 그것들은 여전히 사물이다. 그럼에도 불구하고 아렌트의 사유를 충실하게 따라가면, 잔해니 폐기물은 세계가 아닌 것으로서 추방된 무용지물이 될 수밖에 없다.

인간적인 구성 요소가 될 수 없고, 인간세계로부터 배제되고 버려지는 무용지물이자 폐기물로 취급되는 사물은, 확실히 인간세계의 내부에서 안정적으로 살아가는 것을 자명한 이치로 생각하는 사람들의 입장에서 보면, "서로 무관한 것들의 퇴적"이자 잡다한 무더기이자 불필요한 것에 불과할지 모른다.

하지만 잔해 혹은 버려진 것은 단지 잡다한 무더기에 지나지 않는 것일까? 유용하고 쓸모있는 것으로 채워져 있는 인간의 영역 바깥에 위치한 부서진 사물이나 잔해가 쌓여 있는 영역을, 인간과는 무관한 단지 잡다하게 쌓여 있는 영역에 지나지 않는다고 말해도 좋은 것일까? 모튼은 다음과 같이 주장한다.

> 존재하기 위해서 사물은 취약하지 않으면 안 된다. 이것은 당연한 이야기처럼 들리지만, 그 심원한 존재론적 이유에 대해 생각해 보면 매우 기묘하다. 사물은 우리 주변에서 늘 죽어 가고 있다. 심지어는 다른 사물에 생명을 부여할 때조차도 그렇다. 사물이 느끼게 하는 것은 그것이 사라져 가는 것에 대한 애가(哀歌)이다.[18]

여기에서 모튼은 아렌트와 상반되는 주장을 하고 있다. 우선 사물은 설령 그것이 인간세계에 있다고 할지라도 '무너져가는 것'으로서 받아들이고 생각할 수 있다는 것이다. 오히려 취약하지 않은 사물은 없다. 모든 사물은 항상 붕괴되어 가는 과정에 있다. 아렌트 식으로 말하면 세계가 아닌 사물이 단지 퇴적되는 곳이라고 생각되는 영역으로 이동하는 과정 속에 있다. '인간이 만들어 내는 세계'와 '세계가 아닌 것'을 구분하는 사유 방식과는 상관없이, 사물은 단지 취약한 것으로서 무너져 가는 과정 속에 존재하고 있다.

다만 모튼이 사물의 영역을 말할 때에는 거기에 단지 인간적인 것과 인간적이지 않은 것이 평면적으로 연관되어 있다고 말하려는 것은 아니다. 그는 사물이 불변하는, 늘 그렇게 나타나 있는 상태로 존재하지 않고, 부서지고 사라지는 과정, 즉 소멸하는 과정에서 우연히 존재하는 것에 지나지 않는다고 생각한다. 그리고 이런 '우연'이라는 존재 방식은, 인간적인 영역과 간극을 둔 상태로 접해 있으면서, 인간적인 영역 안에 완전히 포함되지 않고, 오히려 그것을 감싸고 있는 광대한 영역에 속해 있다고 하는, 사물의 기묘한 성질 때문이라는 것이다.

또한 모튼은 인간이 떠올리는 공간이나 세계와 같은 표상과는 상관없이, 사물이 존재한다고 생각한다. 게다가 사물에 구비된 성질이 공간이나 시간을 생성한다고 말한다.[19]

아렌트는 인간이 만들어내는 세계를 공적 세계라고 생각한다. 그리고 이 공적 세계라고 하는 고대 그리스에서 유래하는 이념적 구축물 속에 사물이 담겨지기 때문에, 사물은 인간에게 의미있는 것이자 폐기물이 아닌 것으로 존재할 수 있다고 보았다. 이 점에서도 모튼의 사고는 아렌트와는 정반대이다.

그런데 모튼은 『생태적 사고(The Ecological Thought)』에서 '사물의 연관과 얽힘'에 대해 이렇게 말했다.

실제로 존재하는 (독립적이고 단단한) 사물은 포함되지 않는다.[20]

다시 말해, 사물은 완전히 독립적이지 않고, 다른 사물과 연관되어 얽힘을 형성하는 가운데 존재한다. 다만 고정되고 불변하는, 늘 그렇게 나타나 있는 것과는 다르다는 의미에서 '부재(不在)하는 가운데 존재하는' 형태로 존재한다는 것이다. 모튼은 자신의 감각과 사유를 통해 '사물이 어떠한지' 이해하고 있었겠지만, 『생태적 사고』에서는 아직 논의 자체가 성숙되지 않아서 서술이 불충분했다.

모튼은 이후의 저서인 『실재주의자의 마술(Realist Magic)』에서 사물에 있는 "있는 듯 없는 듯"한 성질을 '취약성' 혹은 '사라져 가는 것'으로 생각하고 있다. 바꿔 말하면 그의 논의는, 사물의 실재성을 '취약성' 혹은 '사라져 가는 것'으로 감지하고, 그것을 찾아내고자 하는 논의로 이해할 수 있다.

아마도 모튼은 단단하고 안정된 장소는 예외적이고, 오히려 취약하고 무너질 수 있으며 사라질 수 있는 덧없음에 현실성이 있다고 보았기 때문일 것이다. 그리고 이렇게 생각할 때 비로소 우리가 살고 있는 현실 세계의 실재성을, 섬세한 이성에 의해 안내되듯이, 포착할 수가 있다고 생각했다.

지진이 일어났을 때처럼, 우리가 살던 세계가 현실적으로 무너져서 잔해가 되더라도, 붕괴와 잔해를 현실로 받아들이지 못하고 비현실적인 광경으로만 볼 수 있을 뿐이다. 그렇지만 가와우치 린코는 잔해더미가 쌓여 있는 장소를 '단지 고요한 것'으로 느끼고, 그 고요함에 두려움을 느끼면서, 거기에서 자신이 존재한다는 현실성을 실감했다고 하였다. 그녀는 잔해더미의 세계를 비현실적이지 않은 광경으로 포착하여 카메라에 담을 수 있었던 것이다.

그녀의 사진에는 여기저기 흩어져 있는 사물들이 촬영되어 있다. 우리가 그 사물들을 잔해로 변하기 이전의 안정된 세계에 더 이상 속하지 않는다고 보게 되면, 그것들은 단지 잔해, 폐기물, 무용지물에 불과하다.

하지만 "사물이 고정되어 있지 않고 취약하여 사라져 가는 과정 가운데 존재한다"는 모튼의 주장을 믿는다면, "여기저기 흩어져 있는 사물이야말로 사물이 본래 갖추고 있는 성질을 느끼게 해주는 방식으로 존재한다"고 생각할 수 있다. 여기저기 흩어져 있는 사물은, 아렌트가 말하는 세계 아닌 영역으로 추방된 것이 아니라, 인간적인 세계로부터 해방되어 그것을 둘러싼 생태적 영역에서 존재하고 있음을 적나라하게 보여주고 있다.

그리고 모튼은 "현실적으로 사물이 존재한다고 생각한다"고 말한 적은 없다. 하지만 사물에는 미스테리가 있고, 이 미스테리 때문에 인간의 지각으로 환원될 수 없는 "물러남(withdrawn)"의 성질이 있다고 하였다.[21] 그리고 이 미스테리, 즉 '지각으로 환원할 수 없는 성질'은 분명히 존재했지만 어느새 사라져 버린 사물들이 마치 잔향(殘香)처럼 풍기는 흔적 혹은 발자국과 같다고 하였다. 이 잔향과 흔적 그리고 발자국은 우리가 완전히 알 수도 말할 수도 없는 것들로 존재한다. 즉 그것들은 우리가 알거나 말하는 것을 벗어나고 넘어서 있으면서도, 여전히 완전한 무(無)는 되지 않은 채, 거기에 있는 인간의 주변을 맴도는 것으로서 존재한다.[22]

제5장

사물의 세계와
시적 언어의 가능성

Philosophy in the Anthropocene

인간의 조건이 인간이 만들어 내는 '공적 공간'뿐만 아니라 그 공간 외부에서 펼쳐지는 인간 아닌 것을 포함하는 '생태적 공간'에 의해서도 지탱되고 있다고 한다면, 이 생태적 공간에 대해서도 논의할 수 있도록 우리의 사고는 물론이고 언어와 사상까지도 확장시킬 필요가 있다.

그 점에서 모튼의 『자연 없는 생태학(Ecology without Nature)』의 시도는 중요하다. 이 책은 인간을 둘러싼 세계를 유기체론적 자연 관념으로부터 해방시켜, 그 사물성을 의식화하고, 거기에 기초한 사고·감각·행동 원리를 확립하려는 시도이다.

모튼 자신도 말하듯이, 이러한 시도의 근간에는 아우라의 붕괴를 둘러싼 발터 벤야민의 고찰이 깔려 있다. 벤야민에 의하면, 고도의 공업 발달을 조건으로 하는 기술복제시대에는 감성·사고·언어의 존재 방식이 '아우라'라고 하는 영적인 것과는 무관하게 되었다.

현대 세계에서 아우라의 붕괴는 인터넷의 침투와 맞물려 더욱 심해지고 있다. 그렇기 때문에 인간은 아우라로부터 해방된 사물과 관계하며 그 현실성을 느끼면서 자신의 감성·사고·언어를 만들어내는 것이 더욱 필요하다. 이것은 인간 조건의 사물성을 솔직하게 인정하는 것과 연관되어 있다. 우리가 살고 있는 곳의 현실성을 파악할 수 있는 언어는 이러한 사물성을 언급하는 데에서 나오게 될 것이다.

1. 사물의 현실성과 시적 언어

사물과의 상호교섭

후지타 쇼조(藤田省三, 1927~2003)가 논하고 있듯이, 일본은 고도성장 이후로 사물과의 현실적인 상호 교섭의 경험에 입각한 사고와 감성이 쇠퇴하였다. 후지타는 거기에서 진행되는 사태를 '신품문화(新品文化)'라고 표현하였다. 즉, 고도성장 하에서는 상품들이 잇달아 새로운 제품으로 제공되고, 고장나면 바로 폐기되는 과정이 반복된다는 것이다. 이 신품문화에서는 인간의 능동적 작용(수선, 옛 것과 새 것을 연관시켜 오래도록 사용하는 것 등)은 불필요한 것으로 간주된다. 그리하여 인간은 경험을 동반하는 능동적 작용이 결여된 상태에서 기성품을 사용하게 된다.

그리고 기성품은 "자연적 재질과의 연결을 완전히 빼앗긴 것"으로 제공된다. 그 때문에 사물은 "완결된 현재형으로서만 존재"할 뿐이다. 그렇게 되면 사물에 포함되어 있을 과거의 모습이나 장차 일어날 수 있는 미래의 모습 등을 상상할 여지가 사물에서 사라지고, 우리는 단지 사물의 현재형에만 관심을 갖게 된다.[1] 이 또한 일종의 '시야 협착'이라고 할 수 있다.

앞장에서 말했듯이, 모튼은 '지금'이라는 시간을 완결된 현재형이 아닌 "과거와 미래 사이의 기묘한 상대적 운동"으로 해석한다. 즉 "모든 것은 과거와 미래가 서로 접촉하지 않고 스쳐 지나가는, 마치 철도의 분기점과 같은 것"으로 파악한다. 지금 여기에 있는 수많은 사물들의 집적(集積)인 이 세계는, 과거에서부터 사용된 사물들이 미래에도 다시 사용되면서 새로운 생명이 주입되는 과정에서 성립하는 우연한 것에 지나지 않는다. 그런데 기성품은 그 자기완결성으로 인해 시간적인 연관이, 즉 과거와 미래의 우연적인 연관이 단절되어 있다.

모튼이나 하먼이 제창하는 철학은, '우리가 사물의 세계에 살고 있다'는 사실을 다시 사유하려는 시도이다. 다만 그들의 철학을 받아들이기 위해서는 사물과의 상호교섭을 다시 시작하고자 하는 주체적 활동이 뒷받침되어야 한다. 고도성장을 거치면서 쇠미해지고 중단되었던 사고를, 즉 '사물에 대한 관심에서 출발하는 사고'를 다시 시작해야 한다는 것이다. 사물과의 교섭 과정에서 발화되는 언어가 아니면 인간의 조건을 포착하는 의미 있는 표현이라고 말할 수 없기 때문이다.

과학기술화 과정에서의 주체성 상실

후지타의 논의는 전후 고도성장기에 인간의 주체성 상실을 문제시하고 있다. 그런데 이러한 문제제기는 후지타에 한정되지 않는다. 많은 과학자들과 인문학자들이 1970년대 이후의 산업공해를 인간세계가 과학기술사회로 변화하는 과정에서 진행된 주체성 상실과 관련된다고 보았기 때문이다. 다만 그 주체성 상실에 관한 논의들은 다양하게 분화되었다.

세토구치 아키히사(瀬戸口明久)는 1970년대의 과학 비판의 쟁점을 두 가지로 정리하였다. 첫째는 군(軍)·산(産)·학(學) 복합체에 대한 비판이다. 제2차 세계대전 이후 국가가 과학을 지원하는 체제가 정비되었는데, 특히 미국과 소련에서 군사 관련 연구에 대한 지원이 시행되었다. 원자력과 우주 개발이 대표적이다.

둘째는 과학자의 주체성 상실이다. "과거의 과학자들은 자신의 관심사에 따라 새로운 지식을 개척하는 자율적 존재였다. 그러나 과학 연구가 대규모화됨에 따라 과학자는 프로젝트 안에 매몰되게 되었다. 그래서 과학자 한 사람 한 사람은 교환 가능한 부품에 지나지 않게 되었다."[2] 주체성을 상실한 과학자들은 자신들을 통합하고 교환 가능한 부품으로 만드는 이 거대한 프로젝트가 인간뿐만 아니라 자연세계에 향후 어떠한 영향을 미칠지에 대해 생각할 여유가 없었다.

이 시대에 특히 심각했던 문제는 과학자라는 인간의 주체성 상실이었다. 과학자들은 자신이 하고 있는 일뿐만 아니라, 그것의 사회적·인간적·행성적 영향이 무엇인지 잘 알지도 못한 상태에서 연구를 지속할 수밖에 없었다. 그 결과로 산업공해가 일어났다고 한다면, 이 주체성 상실 상태가 지속되는 한 산업공해는 계속될 것이다. 따라서 주체성 상실 상태로부터의 회복이 요구되는데, 문제는 주체성이라고 할 때 그것이 무엇인지 더 이상 알 수 없게 되었다는 점이다. 세토구치의 판단에 따르면, 1970년대 이래 수십 년이나 지난 지금까지도, 그 주체성이 무엇인지 여전히 알지 못하고 있는 상태이다.

그래서 세토구치는 과학철학자 사카모토 켄조(坂本賢三)에 주목하였다. 많은 과학 비판, 기술 비판 논자들은 "현대 과학으로 인해 의미를 박탈당하고 인간의 주체성이 상실되고 있음을 고발"해 왔다. 사카모토 역시 "의미가 상실된 세계를 어떻게 마주할 것인가"를 과제로 삼았다. 기술이 자연을 파괴하고 인간으로부터 자유를 빼앗는다는 사실에 위기감을 느꼈기 때문이다.

사카모토는 이러한 기계화의 진전과 과학기술화의 침투에 따른 의미의
소멸을 돌이킬 수 없는 사태로 보았다. 세토구치는 사카모토의 기본 입장
을 다음과 같이 소개하였다.

지금 우리가 해야 할 일은 과학기술이 초래한 현실을 외면하지 않으면서
합리성을 관철해 나가는 것이다.

이러한 입장에서 사카모토는 과학기술의 산물인 기계에 적극적인 주체
성을 부여함으로써 인간 소외의 문제를 극복할 수 있다고 전망했다.

그것은 문자 그대로 인간과 (기계가) 동등해지는 세계이다. 앞으로는 '외
화(外化)'가 진행됨에 따라, 기계는 갈수록 인간으로부터 '자립'해 나갈 것이
다. 그때 기계는 하나의 '생명'이 될 것이다. …… 기계가 '생명'이 될 때, 그
것은 생생하게 작동하기 시작할 것이다. 그때 기계가 감싸고 있는 인간 또
한 생생한 존재가 될 것이다.[3]

세토구치는 사카모토가 오사카대학 이과대학 재학 시절에 오노 토자부
로(小野十三郎, 1903~1996)[4]의 시 모임에 참여했고, 이후에 쓴 『기계의 현상
학』[5]에서도 오노의 시를 인용한 사실을 지적한다. 사카모토는 미나마타병
과 같은 산업공해 문제와 관련하여 과학의 의의를 비판적으로 되물었고,
나아가서 과학자들의 주체성 상실이 문제시된 바로 그 시기에 오노 토자부
로의 시에 주목했던 인물이었다.

또한 세토구치는 사카모토가 기계의 풍경을 묘사한 오노의 시를 인용하였다고 말한다. 그 시는 오사카시 공업지대의 황량한 풍경을 그린 것이다.

바람 가운데
연기가 흩어진다.

내가 풀이라고?
오히려 광물이라 해야지.

땅에 박힌 수억만 개의 유리관

어쩌면
아, 이것은 더 이상 일본이 아니야.[6]

오노의 시는 사물을 응시한 곳에서 발화(發話)하려고 한다는 점에서 독특하다. 단지 자신의 내적인 시적 감정을 토로하는 것에 그치지 않고, 연기나 풀, 광물과 같이 자신의 외부에 펼쳐져 있는 사물들과 관계하고, 그것들을 응시하고 접촉하면서 시적 언어를 발화한다는 점에서 그의 시는 독자적이다. 오노는 사물과의 상호교섭이 결여된 채 사고하고 발화하는 보통의 인간과는 완전히 결이 다른 시인이었다. 이러한 이유에서 사카모토의 감각은 매우 독특하고 정확했다고 할 수 있다. 왜냐하면 1970년대에 '오노'라는 시인의 언어를 발견하였을 뿐만 아니라, 언어를 발하는 주체, 즉 사물과 교섭하는 주체의 존재 방식에 주목했기 때문이다.

시적으로 말하기

갑자기 시적 언어가 등장해서 당혹스러워하는 독자가 있을 것이다. 근대의 과학기술화가 진행되면서 인간 조건의 자연성에 대한 감각은 무뎌지고 사물과의 상호교섭이 사라지게 되었다. 그렇기 때문에 독자들은 인간 언어가 현실에 접근하는 힘을 상실해서 공허해지는 상태에서 벗어나기 위해서는, 시보다도 엄밀한 이론적 언어의 단련이 중요하다고 생각할지 모른다.

이 책은 과도할 정도로 기성화되어 현재 안에 갇혀 버린 인간세계의 외부를 생각하고자 한다. 그런 점에서 가라타니 고진(柄谷行人)이 『내성과 소행(內省と遡行)』에서 시도한 작업의 연장선에 있다고 할 수도 있다. 그렇다고 한다면 인간세계의 외부를 '시적으로 말하는 것'은 금지되어 있다고 생각하는 사람들도 있을 것이다. 반면에 '시적으로 말하는 것'은 최후의 수단이고, '흔해 빠진 값싼 수단'이며, 엄밀함을 결여한 도피처라고 생각하는 사람도 있을 수 있다.[7]

이와 같은 생각에 대해 나는 이렇게 말하고 싶다. 우선, 시적으로 말하는 것이 결코 엄밀함의 결여가 아니라는 것이다. 사카베 메구미(坂部惠)가 로만 야콥슨(Roman Jakobson)의 「시와 언어학」에 근거하여 서술한 것처럼, 시는 "저자와 독자 모두에게 새로운 세계를 보는 방법의 발견으로 이어지는 패러다임"을 발견하고 착상하는 데서 시작된다.[8] 다시 말해 시는, 일상의 습성에 따라 수평적으로 공유되는 언어 사용에 사로잡히는 한 보이지 않는 세계의 현실성에 수직적으로 도달하기 위해 고안된 새로운 언어의 패러다임으로 제시된 것이다. 시의 배후에는 언어의 효과를 극대화하기 위한 치밀한 지적 활동이 작동한다.

시적 언어는 이론적 언어와 이질적이지만, 반드시 대립 관계에 있는 것은 아니다. 오히려 이론적 사고로는 도달할 수 없는 영역을 선구적으로 시시함으로써 이론적 언어를 보완하는 것으로 시적 언어를 이해할 수 있다.

모튼이 시사하듯이, 시적 언어는 이론적 언어나 일상적 언어의 여백 혹은 틈새에 도달하는 것으로 생각할 수 있다. 모튼은 '주변의 시학(ambient poetics)'을 다음과 같이 정식화하였다.

> 문장을, 즉 (만일 그러한 것이 있다면) 그 문장이 기록되어 있는 문자의 공간을, 다시 말해 언어 사이의 공간, 페이지의 여백, 그리고 독자의 물리적·사회적 공간을 어떻게 기록하는지에 주목하면서 독해하는 유물론적 방법이다.[9]

모튼이 말하는 '주변의 시학'은 단지 쓰여진 문장만으로 시가 완결되어 있다고 생각하지 않고, 그 쓰여진 문장들을 둘러싸고 있는 공간 세계, 즉 글을 쓰고 있는 사람은 물론이고 그 사람이 살고 있는 집, 거리, 가족과 친구, 직장의 인간관계, 자연세계와의 관계까지도 포함하고 있는 공간 세계 안에 시가 있는 것으로 독해할 수 있도록 하는 시학이다.

이러한 시학적 방법론을 이용하면 단지 시뿐만 아니라 소설, 철학, 경제학의 문장도 자기 완결시키지 않는 형태로 독해하고, 현실 세계에서 쓰이고 생성되는 것으로 다시 읽으며, 현실 세계의 다양한 문장이나 사건들과 연관시킬 수 있을 것이다. 이것이 이론적 사고를 보완하는 '주변의 시학'의 방법이다. 다만 이 시학의 방법을 체득하기 위해서는 실제로 시를 읽으면서 배워야 한다.

2. 물화(物化)에 대한 시적 실험

사물의 응시

2010년대의 오노의 시는 기계화보다 더 진전된 '물화(物化)'의 상황에서 읽히게 된다.

오노는 자신을 둘러싼 사물을 응시하고 묘사함으로써, 그곳을 일본이라는 닫힌 전체성으로 통합되지 않는 드넓게 펼쳐진 세계로 파악하고 있었다. 그런 입장이 사카모토가 인용한 〈갈대 지방(葦の地方)〉[10]이라는 작품에도 일관되게 나타나고 있다.

〈갈대 지방〉은 오사카 남부에 펼쳐진 공장지대를 의미한다. 이 공업화된 갈대 지방은 일본의 국토 내에 자리하고 있다. 하지만 오노는 이 갈대 지방이 일본이라는 국가정체성에 의해 닫혀 버린 상상력 밖으로 펼쳐지는 세계성을 띤 장소가 될 것임을 감지한다. 그곳은 일본 국토의 일부이지만, "세계에서 465번째로 큰 공장지대"[11]이기 때문에 세계에 속하는 것이기도 하다.

사카이 다카시(酒井隆史)에 따르면, 오노는 도쿄에서 오사카로 돌아온 1934년 이후에, 오사카시 남부에 펼쳐진 공업지대 탐방을 일과로 삼게 되었다. 이 경험이 오노의 시 형식을 서정성이 없는 즉물적인 것으로 만들었다. 그것은 "사물에 대한 어떠한 정서적 휘감김도 허락하지 않고, 그 중량과 질감을 있는 그대로 드러냄으로써 정신을 자극한다"[12]는 과제에 대응하기 위함이었다.

사물을 향한 즉물적 자세는 1930년대에 진행된 내규모 공업화에 따른 인간 생활 영역의 변화에 의한 것이라고 할 수 있다. 즉, 전시하(戰時下)의 기계화 과정에서 진행된 인간 소외(=기계에 종속되어 인간성을 상실해 가는 현상)가 문제가 되어, 이 소외를 정신주의적으로 극복하는 것의 중요성(기계화의 근저에 있는 서구적 정신을 극복하는 것, 즉 '근대의 초극')이 당시에 한창 논의되었는데, 이때 오노는 당시의 논의와는 반대로 기계화 하에서 여전히 존속하는 사물의 확실성에서 현실감각의 근거를 추구하고, 인간의 주체성을 되찾는 실마리를 찾고자 하였다.

1945년에 전쟁은 끝났지만 생활양식의 기계화와 공업화는 여전히 진행되었다. 후지타가 지적했듯이, 기계화와 공업화 하에서 인간은 사물과의 상호교섭을 게을리하였고, 이에 따라 사물의 확실성에 대한 감각이 쇠퇴되었다고 한다면, 기계화와 공업화 하에서 사물을 응시했던 오노의 시도는 이러한 감각의 쇠퇴에 대항할 수 있는 방법일 뿐만 아니라, 이 감각이 철저히 쇠퇴한 끝에 새롭게 고안된 사고의 선구였다고 생각할 수 있다. 그것은 자신이 현실적으로 살고 있고 변하고 있는 생활 영역과의 관계 속에서 자신의 감각·사고·언어를 재창조해 나가는 시도였다.

이러한 점에서 데라시마 타마오(寺島珠雄, 1925~1999)[13]는 오노의 시도를 다음과 같이 평가한다.

> 계몽하고 호령하는 대시사 직정시(大時事直情詩)에서 응시하고 묘사하는 소시사 구성시(小時事構成詩)로, 즉 확산에서 농축으로 나아갔다.[14]

다시 말해, 시사적인 문제를 조감하는 방식으로 이해하기 쉽게 도식화하여 해설하지 않고, 자신의 생활 영역을 걸어 다니며 사람이나 사물을 실제로 만났을 때 감지되는 변화를 응시하면서, 거기에서 시대의 모습을 느낀 것이다. 데라시마에 따르면, 오노는 도쿄에 있을 때부터 이러한 시도의 중요성을 인식하고 있었다고 말한다. 하지만 이러한 스타일이 확립될 수 있었던 결정적 요인은 도쿄에서 오사카로 이동한 뒤 공업지대를 거닐면서 사물을 응시한 경험이었다.

정신의 극복

공업

개천을 메우고
습지의 갈대를 베고
메마른 논밭을 덮고
주택을 무너뜨리고

미래의 공장지대는 바다를 따라 끝없이 펼쳐져 있다.
공업의 악(惡)은 아직 새롭고
그들의 낡아빠진 꿈보다도 훨씬 믿을 만한 장대한 불안이다.

나는 보았다.
거무스레한 노을 속에 서서

더 이상 인간도 새들도 살 수 없게 된 세계는

이 또한 좋다.[15]

　이 시는 1941년에 나온 『풍경시초(風景詩抄)』에 처음 수록되었다. 대략 1939년부터 1941년 사이에 쓰여졌다고 알려져 있다. 따라서 총력전(總力戰) 체제 하에서 쓴 작품이다. 이 시는 공업화 하에서 진행되는 생활 영역의 변화 양상을 노래하고 있다. 공업화가 진행되어 생활 영역이 개변되어 가는 궁극에서 발견되는 모습은 인간뿐만 아니라 새조차도 더 이상 살 수 없게 된 세계이다. 오노는 이러한 변모를 '악'이라고 불안해하지만, 그럼에도 불구하고 "이 또한 좋다"라며 긍정한다. 왜 그럴까?

　'공업화'란 자연에서 원료를 채취하고 폐기물을 다시 자연에 처분하는 물질순환의 과정이다. 그것은 공장을 건설하고 기계를 설치하고, 그것을 작동시켜 원자재를 가공하고 생산물을 산출하는 일련의 과정으로, 여기에는 인간도 개입한다. 인간은 하천을 매립하고 갈대를 베며 논밭과 주택을 공장부지로 개조한다. 오노는 여기에서 '악'을 느꼈고 극심하게 불안해한다. 실제로 이 시가 쓰인 지 30여 년이 지난 1970년대에 이르면 공해가 심각한 문제로 대두되었고, 그로부터 다시 40년 후인 2011년에는 공업화의 극치라고 할 수 있는 원자력발전소가 폭발하게 된다. 오노의 예견은 틀리지 않았다.

　이와 같이 오노는 인간도 새도 거주할 수 없는 세계의 도래를 예견하면서도 공업을 긍정하고 있다. '인간 소외 극복'이나 '자연보호'와 같이 관념적이고 이해하기 쉬운 슬로건을 내세우지 않고, 공업의 '악'을 응시하면서 이를 긍정해 버린다. 여기에서 묻고 싶은 것은 다음과 같은 물음이다.

이러한 긍정은 어떠한 긍정인가?

왜 오노는 심각한 불안을 느끼면서도 공업을 긍정하였을까?

아유카와 노부오(鮎川信夫, 1920~1986)[16]는 이렇게 말하였다.

'낡아빠진 꿈'보다는 새로운 '공업의 악'을 취하겠다는 태도는 리얼리스트다운 엄격함을 내면에 간직한 채, 현대에 대한 적극성을 보여주고 있다. 그러한 메마른 감촉을 선호하는 곳에서 단가적(短歌的) 서정을 부정한 근대주의자다운 오노의 정서적 바탕을 엿볼 수 있다.[17]

여기서 '낡아빠진 꿈'은 '그들'이 꾸는 꿈을 말하는데, 당시가 '전시 상황'이었고, 오노가 단가적 서정을 거부했다는 사실을 토대로 추론해볼 때, 그 꿈은 유기체론적인 전(前)근대적인 공동체주의일 것이다. 오노는 공업화하에서 진행되는 유기체론적인 것의 해체와 전근대적 공동성(共同性)의 붕괴, 서정적 감성의 희박화와 무미건조한 감각의 발생을 받아들이고, 그 앞을 생각하기로 선택한 것이다. 확실히 오노는 자서전에서 고백하였듯이, 어린 시절부터 분명하게 "자연을 싫어하였다."[18] 따라서 아유카와가 지적하였듯이, 오노가 원래부터 무미건조한 것을 좋아하는 기질의 소유자였기에 공업을 긍정하였던 것이라고 생각할 수도 있다.

하지만 설령 오노가 메마른 기질의 소유자였다고 할지라도, '전시 상황'이라는 근대적 공업화의 진전과 전근대적인 정신주의적 풍조의 고양이라는 상호대립적 경향이 동시에 진행되는 상황에서, 굳이 공업을 긍정하는 선택을 하리라는 보장은 없다. 그렇다면 오노의 선택에는 그의 독특한 시대 감각이 있었던 것이 아닐까? 다시 말해 자기 나름대로 시대를 독해한 상태에서 가장 효과적인 표현 행위가 무엇인지를 계산할 수 있었던 오노의 감각이 작용했던 것이 아닐까? 이 점에 대해서 사카이는 다음과 같이 말한다.

> 오노가 전시체제의 구축과 운동에 대한 탄압, 전향 현상, 그리고 '민중의 변모'와 같은 흐름 속에서 선택할 수밖에 없었던 것은 '행동가'이기에 앞서 '응시자'가 되는 일이었다. 적극적인 행동의 계기를 박탈당하고, 더 이상 상상 속에서도 조작 불가능한 현실의 급류 속에서 응시하는 일이 강요된 것이다.[19]

만주사변 이후에 일본은 사노(鍋山)·나베야마(佐野)의 전향 선언,[20] 가키가와 사건(滝川事件),[21] 자유주의자의 탄압에 의해 먼저 좌파가 진압당하고, 2·26사건[22] 이후에 육군황도파(陸軍皇道派)가 몰락한 뒤로는 극우가 진압되어, 좌익과 우익의 정치적 반대파가 모두 숙청된다. 이러한 사전 준비작업을 발판으로, 육군통제파(陸軍統制派)가 주도하여 기획한 고도국방(高度国防) 방침이 수립되고, 총력전 체제가 구축된다. 그리고 히로시게 데츠(廣重徹, 1928~1975)[23]가 지적하였듯이, 과학 진흥이 본격화된 것은 1937년 이후이지만, 고도국방국가의 방침은 과학의 전시 동원을 필수불가결한 조건으로 삼았다.[24] 생산력과 군사력의 증강을 위해서는 과학의 동원이 불가피하였다. 당시의 과학 동원과 육성이 전후 일본이 고도 성장할 수 있는 토대가 되었다는 히로시게의 지적은 흥미롭다.

전시체제는 '과학의 동원'이라는 물질적 강제력의 행사를 조건으로 하면서, '사상의 통제'를 통해 자발적 행동의 여지를 철저히 박탈하는 체제이다.

거기에서는 생산력의 증강을 원활하고 효율적으로 진행하는 데 방해가 되는 인간적 요소, 가령 공산주의적 혁명의 전망이나 군부 주도의 쿠데타 등은 교묘히 제거되어 간다. 오노는 행동의 여지가 박탈되어 가는 상황에서 그래도 할 수 있는 일이 무엇인지를 모색하다가 '응시하기'를 선택하였다. 즉 "상상 속에서도 조작 불가능한 현실의 급류 속에서 응시하는 것이 강요된" 결과, 그의 시선은 공업지대로, 그것도 공업지대의 사물성으로 향하였으며, 그곳에서 미래를 환시(幻視)하고자 하였다.

다만 '응시자'로의 변신은 도시 주변부로의 신체적 이동을 수반한다. 사카이에 따르면, 응시자로서의 오노는 오사카의 난바(難波)나 도톤보리(道頓堀)와 같은 번화가를 벗어나, 도시 주변부에 갈대가 무성한 지방으로 향하고, 거기에서 인간 생활의 현실성을 목도하고자 하였다.

왜 오노는 도시의 중심인 번화가에서 도망쳤는가? 그 이유는 번화가가 '정신의 소란스러움'으로 가득 차 있었기 때문이었다.

총동원체제 시대에 사람과 사물을 감싸기 시작한 상품의 환영은 계속해서 미끄러져 사라져갔지만, 이내 '정신'의 환영이 뒤덮이면서 너나 할 것 없이 군인이 되거나 아니면 공허한 생활인이 되기를 강요하고 있다.[25]

오노는 전시 동원을 촉구하는 '정신'을 거부하였다. 그 '정신'을 거부하기 위해서도 공업을 "이 또한 좋다"라고 긍정하지 않을 수 없었다. 공업은 총동원체제 하에서의 과학 동원과는 반대로, 점점 더 소란스러워지는 공허한 '정신'에 대한 안티테제, 즉 일본적 정서에 대한 안티테제였다.

지금까지 살펴본 것처럼, 오노가 갈대밭으로 향한 것은 총력전 체제라는 꼼짝도 할 수 없는 상황에서, 그래도 할 수 있는 일이 무엇인가를 냉정하게 생각하고 있었기 때문이었을 것이다. 겹코 무미건조한 것을 선호하는 오노의 기질이 자연스럽게 그를 갈대밭으로 향하게 한 것은 아니다. 나아가서 오노는 진짜 문제는 '정신'이 아니라 그 소란스러움의 뒤편에서 기분 나쁘게 진행되는 과학의 동원, 즉 공업화라는 사실을 응시하고 있었을 것이다.

오노는 〈부당하게 '사물'이 부정당했을 때(不当に'物'が否定されたとき)〉[26]라는 작품에서, "나는 '정신'에 분노를 느꼈다"고 썼다.[27] 하지만 오노는 반정신적(反精神的) 입장에서 정신의 토착성, 즉 전근대성을 비판한 것이 아니다. 그는 정신이 '사물'을 부정하는 것, 즉 사물에 대한 감각을 무디게 하는 것을 비판하고, 그 위에서 사물에 대한 철저한 응시를 통해 [정신 동원을 촉구하는-역자주] 정신을 극복하고자 하였다.

사물이 만나고 모이는 장소

오노는 도시의 중심부에 가득한 정신의 소란스러움에서 벗어나, 도시 주변에 있는 갈대밭의 정적 속에서 공업과 그 공업이 가져오는 황폐함과 고독에 맞섰다.

> 잡박한[28]
> 협박하는 듯한 정신들이 떠난 뒤부터
> 나는 물질을 소환하고 싶다.
> 그 혹독한 형상으로
> 온 지평선을 메우고 싶다.[29]

오노의 태도는 공업을 오염과 소음의 원흉으로 간주하여 부정하고, 순수하고 청정한 장소를 희구하는 태도와는 확연히 다르다. 확실히 오노는 '공업의 악'을 인식하고 있다. 하천이 메워지고 논밭이 파괴되며 주택이 철거되는 것에 불안을 느끼고 있다. 그럼에도 불구하고 오노는 공업이 "사물의 위치를 믿을 수 있는" 영역을 만들어낸다고, 즉 정신과 대치하는 지점을 만들어내기도 한다고 생각하였다.

내가 풀이라고?
오히려 광물이야.

땅에 박힌 수억만 개의 유리관.

자본주의 하에서는, 추상화된 시공간에서 생산되는 균질 공간의 확장으로 인해, 유기적이고 전통적인 것에 뒷받침되었던 장소가 해체되어 가리라고 예상되었다. 예컨대, 인간의 만남과 모임을 촉진하고 지탱해 주는 본래적인 장소가 해체되는 방식으로 말이다.

하지만 오노가 공업화된 영역에서 발견한 것은, 유리관이라는 인공물이 풀 혹은 광물이라는 사물과 만나 대화를 주고받는 이미지이다. 그것은 인간이 만들어 낸 공업화된 영역이 갈대밭이라는 자연의 영역을 해체하는 이미지가 아니다. 갈대밭으로 들어가서, 거기에 존재하는 풀과 광물을 발견하고, 유리관이라는 인공물이 풀이나 광물과 같은 자연물과 비슷해진 것이다. 인공물의 영역이 확장되어 갈대밭으로 들어가는 바로 그 경계에서 유리관과 풀, 광물이 만나 뒤섞여진 것이다.[30]

오노의 시는 공업화된 장소를 사물성에서 포착하고자 하였다. 그것은 균질 공간의 확장과 그 확장에 대한 대항이라는 관념적 도식과는 완전히 다른 곳에 있다고 생각되고 있다. 모튼의 표현을 빌리면, 오노의 시는 "인간이 구축한 장소보다 훨씬 더 거대한 장소에 우리가 있음을 발견한"[31] 시로 읽을 수 있다. 거대한 장소에 있을 때 인간은 바람과 연기를 느끼며, 풀과 광물의 현실성을 느낀다. 이 드넓은 펼쳐짐 속에 들어감으로써, 인간이 문화적으로 건강한 생활을 영위하기 위해 만들어 낸 장소가 협소하고 제한적임을 느끼게 된다. 하지만 이를 위해서는 환영이나 정신으로 가득 찬 번화가와는 다른 '갈대밭'이라고 하는 변경의 정적 속에 몸을 두는 것이 요청된다.

오노는 물질의 형상으로 "온 지평을 메우고 싶다"고 하였다. 그의 시는 우리 자신의 '물질에 대한 감도(感度)'를 높이기 위해서, 즉 우리가 사물의 세계를 살고 있다는 감도를 높이기 위한 목적으로 쓰인 시이다. 장소의 사물성은 정신의 덮개가 벗겨진 곳에서 감지된다. 우리는 걷고 듣고 냄새 맡는 것과 같은 신체 활동을 통해 장소의 사물성을 감지한다. 오노의 시어(詩語)는 신체적 활동과 직결되어 있다. 그의 시는 장소의 사물성에 대한 신체의 감도를 자극하고 일깨운다.

그리고 사물성이 감지되는 장소는 인간의 생활과 조화된다고 여겨지는 유기체론의 전체(全體)와는 다르다. 장소에는 정신으로 표상되는 유기체론적 전체로는 파악하기 어려운 '막연함'이 있기 때문이다. 오노는 이 막연함을 '혹독함'이라는 말로 표현하였다. '혹독함'은 온화하지도 조화롭지도 않으며 마음대로 되지 않는다는 의미이다. 그래서 이 말은 인간이 자연을 향해 행사해 온 '악'에 아랑곳하지 않고, 한순간에 인간세계를 붕괴시키고 소멸시키는 무언가가, 자연이라고밖에는 달리 표현할 수 없는 어떤 광대한 공간 속에 있음을 직관한 데서 나온 언어이다. 우리는 '혹독'하다는 말을 이와 같이 이해해야 한다.

과대 도시화와 공업화의 결말

오노의 시어와 사유는 도시인의 생활 감각에서 나온 것이다. 1947년에 간행된 『시론(詩論)』에서 오노는 특유의 도시적 사유를 명확하게 서술하고 있다. 당시에 농촌 찬미적인 시풍(詩風)이 고조되는 가운데 "도시를 곧바로 '소비'와 연결시켜 생각하는 것이 일반적"이었다. 그래서 오노는 "대도시 주변에 집중되는 공업 생산력 같은 것을 조금도 문제시하지 않는" 풍조를 비판하였다.[32]

한편 오노는 공업적 생산력의 고조와 함께 인간의 생활 영역도 재편되는 것이 불가피하다고 보고, 이러한 현실을 파악할 수 없는 언어와 사고는 유효성을 상실하고 있다고 주장한다. 예컨대 다운타운과 같은 도시의 개성 넘치는 정서가 사라지는 것에 대해 다음과 같이 말한다.

우리 생활의 물질적 조건이 국제화되고, 국민 생활의 내용이 복잡해짐에 따라 점차 사라지게 된 것은 어쩔 수 없다.

나아가 오노는 정서 혹은 벤야민의 '아우라'와 같은 것이 상실되는 과정에서 나타나는 일본 도시의 '참되지 않은 모습'을 인정하고, 거기에 미래가 있다고 말한 시인이자 소설가인 올더스 헉슬리(Aldous Huxley, 1894~1963)[33]를 높게 평가하였다. 그는 이렇게 말한다.

아직도 매년 40~50만 명씩 인구가 집중되는 과대도시에서 나는 생활하고 있다. 이것은 도시 안에서의 농촌이나 전원으로는 도저히 따라잡을 수 없는 것이다.[34]

여기에도 '농촌'이나 '전원'에 대한 향수에 뿌리내리고 있는 언어와 사고, 나아가서는 그것의 구체화인 '전원도시'를 넘어선 곳에서 전개되는, 도시 과대화의 현실을 냉철하게 인정하는 것이 좋다는 오노의 독특한 리얼리즘이 반영되어 있다고 볼 수 있다.

오노는 공업화에서 힘의 존재를 감지한다. 그것은 다음과 같은 역설적 견해에서 드러난다. 일본 정부가 4대 공업지대, 즉 게이힌(京浜), 나고야(名古屋), 한신(阪神), 시모노세키(下関)·기타큐슈(北九州)를 대상으로 '공업 규제 지역 및 공업 건설 지정 지역에 관한 잠정 조치'를 내리고, 공업 도시화의 발전을 국가 강제력으로 억제하려고 하자, 오노는 '정신의 어떤 비정함'을 느꼈다면서 다음과 같이 말하였다.

(이 결정은) 경관 환경 그 자체를 멋지게 재단하고 갱신하는, 어떤 압도적인 힘의 존재에 관한 것이다.[35]

인간 생활의 조건의 변화는 과대도시화에서 찾을 수 있다. 여기에 초점을 맞추었다는 점에서 정부의 인식은 옳았다고 오노는 평가한다.

그러나 오노가 시에서 꿈꾼 것은, 공업화와 과대도시화에 의해 인간 생활의 영역 자체가 어떤 극한에 도달하고, 국가의 강제적인 통제마저 벗어나서 그 너머로 이행하는 곳에서 발견될 수 있는 신세계이다. 이 점은 "역시

갈 수 있는 데까지 가서, 더 이상 어떻게 해 볼 도리가 없는 상태가 되지 않으면 안 된다"는 그의 견해에서 확인할 수 있다.

오노의 독자성은 공업화와 과대도시화를 전원이나 농촌, 다운타운이나 소비도시라는 모종의 정서와 함께 이야기되고 묘사되는 도시와는 다른 수준에서, 즉 공업화와 과대도시화를 '압도적인 힘'에 의해 촉구되듯이 진전되는 사태로 생각하려고 한 점에 있다. 게다가 그는 이 힘에 의해 촉구되는 상황이 어쩌면 인간의 인위적인 통제마저도 넘어서는 것으로 판단하고 있다.

지금까지 고찰한 『시론』의 관점에서 앞의 시를 다시 읽어 보자.

> 잡박한
> 협박하는 듯한 정신들이 떠난 뒤부터
> 나는 물질을 소환하고 싶다.
> 그 혹독한 형상으로
> 온 지평선을 메우고 싶다.

철저하게 진행된 공업화 끝에 정신은 사라진다. 우리는 공업화가 인간의 정신 작용으로는 수렴할 수 없는 압도적 힘에 의해 초래되었다는 현실에 직면해 있다. 그리고 여기에서 물질과의 만남이 일어나고, 우리가 사는 곳이 가득채워질 것인데, 그렇다면 여기서 도대체 무슨 일이 일어나고 있는가? 그리고 물질이란 과연 어떤 것인가?

그것은 우선 정신이 사라진 후에 드러나는 발가벗겨진 인간 생활의 물질성이다. 공업지대는 공장뿐만 아니라 매립, 도로 건설, 주택 건설과 같은 대량 사물의 축조와 조성이 함께 진행되며, 그곳에 대규모의 인간들도 이주한다. 그것은 인간 생활 영역의 확장이고, 그렇기 때문에 자연환경의 파괴와 함께 진행된다고 생각할 수 있다. 하지만 관점을 달리 하면, 인간은 공업화 속에서 정신성이라는 인간다움의 일부를 상실하면서, 자신을 둘러싼 자연이라는 세계 속으로 더욱 깊게 들어가게 되었다고 할 수 있다. 그것은 향토적인 언어로 그려지는 온화한 자연과는 전혀 다른 혹독한 자연과의 만남이자, 그 혹독함속에서 자연의 물질성과의 만남이다.

제6장

생태적 공존

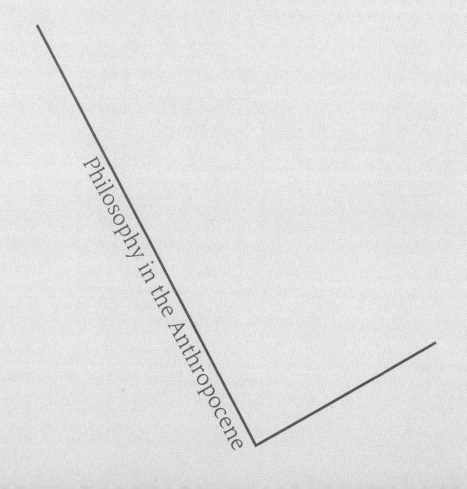

Philosophy in the Anthropocene

20세기 중엽 이후 이른바 사상의 관심이 '인간의 공존'으로 향하게 되었다는 사실은 두 말할 필요도 없다. "인간은 개체적 존재로는 완결되지 못하고, 자신과는 다른 타자와 공존하고 있다는 사실을 어떻게 생각하면 좋은가?"라는 물음과 함께 공동환상, 공동주관성, 간주관성, 사이, 상호주체성 같은 개념들이 오랫동안 논의되어 왔다.

이 책도 이러한 성과들을 존중하면서 썼다. 다만 함께 살고 있는 조건이 사람의 의식이나 주관성의 영역에 한정되는 것이 아니라, 인간을 둘러싼 넓은 영역, 즉 생태적 영역 속에서 공존의 조건이 모색될 수밖에 없다고 생각한다는 점에서 지금까지의 사상과는 약간 다르다.

거듭 말하지만, 이 책은 메이야수가 개척하고 모튼이 전개한 생태 사상,[1] 그중에서도 객체지향적 생태 사상의 성과를 흡수하여 고찰을 진행해 왔다.

모튼은 말한다.

> 생태학에는 우리가 어떻게 공존할 것인가를 상상하는 모든 방법이 들어 있다. 생태학은 철저하게 공존(coexistence)에 관한 것이다. 존재한다는 것은 항상 공존하는 것이다.[2]

모튼이 말하는 생태학은 함께 있는 것, 그것도 인간뿐만 아니라 인간 아닌 존재를 포함한 다양한 것들과 함께 공존하는 것에 관한 사고이자 실천을 의미한다.

그런데 '생태학'이라는 용어가 사용되고 있다고 해서 그것이 인간을 넘어선 곳에 존재한다고 가정되는 자연과 일치하는 삶을 사는 것을 의미하지는 않는다. 즉, 인간이 자연과 조화되고 자연과 통합되어, 하나인 것 속에 포괄되면서 함께 되어 가는 것을 의미하는 것은 아니다. 생태학이라는 용어에 무언가 자연적인 함축이 있다고 해도, 그것은 '순수무구한 자연'과 같은 관념이 아니다. 그것은 무리가 없는 느슨하고 온유한 것 같은 분위기와 관계된 것이다.

무리 없음은 경직성이나 폐쇄성과는 다른 존재 방식으로, 공존의 장이 유지됨으로써 형성된다. 모튼은 생태적 공존을 사유하기 위해서는 '전체성(totality)' 개념을 무시할 수 없다고 말하면서도, "만약에 전체성이 닫힌 것, 우리가 확신할 수 있는 것, 동일한 상태로 그대로 있는 것을 의미한다면, 우리는 전체성 그 자체보다 더 큰 것을 생각할 필요가 있을 것이다."[3]고 말한다. 즉 닫혀 있고 경직되어 있고 동일한 그대로의 전체성과는 다른, 드넓게 펼쳐진 전체성 같은 것을 생각해 볼 필요가 있다. 덧붙여 말하면 모튼은 생태적 공존을 드넓게 펼쳐진 전체성과의 관련 속에서 생각하는 아이디어를 레비나스와 이리가라이의 사상에서 얻었다고 밝히고 있다.[4] 드넓게 펼쳐진 전체성의 감촉이 어떤 것인지는 철학적 사고뿐만 아니라, 문학, 음악, 예술이 만드는 작품과 만나는 가운데 이해되고 느껴지게 된다고, 모튼은 곳곳에서 말하고 있다.

이 주장이 지금 당장 받아들여질 수는 없을 것이다. 여전히 동류의 인간만으로 자기 완결적으로 살 수 있다는 통념이 우세하고, 자신들과는 다른 존재를 배제함으로써 형성되는 동일성에 뿌리를 둔 집단의 부흥이 고조되고 있기 때문이다. 설령 이 통념과는 무관하게 세계가 존재하고 있음을 보여주는 사건, 가령 원전 사고가 발생해서 이 통념의 근거의 취약함을 조금씩 알아차리게 되었지만, 그 취약함은 지나가 버려서 다시 없던 것이 되고, 이 통념에 기초한 세계상 및 인간상은 변함없이 유지되어 버린다.

그래서 이 논의는 인간만으로 자기 완결적으로 살 수 있다는 통념이 반드시 절대적으로 확실한 것은 아니라는 생각과 연동된다. 다만 인간만으로 자기 완결된 세계를 사악한 것으로 간주하여, 그것이 존재하는 것 자체를 반대하고 전적으로 부정하려는 생각과는 다르다.

1. 자기 완결적 세계의 논리와 무리

현전(現前)의 공간과 그곳으로부터의 제거

우리가 살고 있는 곳은 인간만으로 자기완결된 세계만은 아니다. 인간을 포함한 다양한 존재자가 연관된 자연세계에도 우리는 살고 있다. 그럼에도 불구하고 인간만으로 자기 완결된 세계에서 살고 있다는 생각이 통념이 되고 있다. 이런 통념이 붕괴되는 지진과 같은 사태가 발생해도, 상황이 다시 회복되면 이 통념도 이전으로 회복된다. 이 통념은 인간 사고의 전제를 규정하는 무언가로 존재하고 있다. 따라서 이 통념은 단지 현실적으로 무언가가 일어나면 저절로 바뀌는 것이 아니다. 그렇기 때문에 통념의 근저에 있는 사고의 전제가 무엇인지를 물을 필요가 있다.

인간만으로 자기 완결된 세계에 살고 있다는 통념은 무엇을 전제로 하는가? 모튼은 그것을 '농경사회의 성립'이라고 주장한다. 즉 고대 메소포타미아의 비옥한 초승달 지역에서 시작되어 봉건제, 자본주의, 소비에트 경제에 이르기까지 지속되어 온 하나의 생활 방식이다. 그것은 수렵인들의 이동식 생활양식과는 달리, 농지(農地)라는 공간을 만들고 인간이 살아가기 위한 작물을 심어서 수확할 수 있는 상태를 안정적으로 유지하는 것에 기반한 정주적(定住的) 생활방식이다. 이 생활 방식의 전제에는 어떤 사고 양식이 있는가? 모튼은 다음과 같이 말한다.

나는 이 농지에 보리나 밀 같은 무언가를 심을 수 있다. 그리고 소를 기를 수도 있고, 농지를 휴경 상태로 둘 수도 있다. 이런 작업의 수면하에서는 농지는 동일한 농지이고 나의 농지이다. 거기에서 무슨 일이 일어나든 그것은 항상 눈 앞에 있는(現前) 그 상태로 있다. '항상 눈 앞에 있다'는 사상은 절대적인 공리주의와 합치되고, 이에 따라 나는 나와 같은 생명체가 좀 더 많이 존재하고 좀 더 오래 존재하는 것이 다른 무엇보다도 바람직하다고 생각한다.[5]

모튼의 서술에서 다음과 같은 견해를 도출해 낼 수 있다.

● 농지는 특정 인간 내지는 인간 집단에 한정된 영역으로 존재한다. 거기에는 현재의 특정한 나 내지는 우리로서 눈 앞에 있는 것만이 존재한다고 생각되고 있다. '나' 내지는 '우리' 이외의 것, 과거로부터 존재하는 것, 미래에도 존재하는 것, 인간 아닌 것이 포함될 여지는 없다고 생각되고 있다.
● 나 내지는 우리가 하는 것만이 눈 앞에 있을 수 있다. 그 외의 일이 현실적으로 일어난다고 해도 존재하지 않는 것, 일어나지 않았던 것으로 간주한다.
● 나 내지는 우리가 하는 일만이 눈 앞에 있을 수 있다고 여겨지는 한정된 공간은 불변한 채로 유지되고 있다. 이 상태에 변화를 가하려는 것은 교묘하게 제거된다.

모튼이 문제시하는 것은 '나' 내지는 '우리'만이 눈 앞에 있을 수 있는, 즉 현전 가능한 곳으로서 경계가 확정되고, 정지되어 있는 공간이 생겼다는 점이다. 이것의 발단은 농지이지만, 근대형 도시를 구성하는 것도 주택지, 공장지대, 유원지, 쇼핑몰과 같이, 주위가 둘러싸여 정지된 공간으로 생각할 수 있다.[6] 이 공간의 성립은 '나', '우리', '우리와 같은 인간'과 같이, 한정된 집단의 동일성 형성과 연동되어 있다. 그것은 '나', '우리'라는 한정된 집단이 일정한 범위의 공간을 점유하는 것이기도 하기 때문이다.

'나', '우리', '우리와 같은 인간'이 안정적으로 현전할 수 있고 안락하게 살 수 있으려면, 이 현전의 공간에서는 '나 아닌 것', '우리 아닌 것', '인간이 아닌 것'의 존재의 여지가 제거되어야 한다. 뿐만 아니라, 이 현전의 공간은 현재에 고정되어 있기 때문에 과거와 미래의 여지도 제거되고 있다. 그럼에도 불구하고 이 현전의 공간에 나타날 여지를 빼앗긴 인간 내지는 사물들도 이 현전의 공간과는 무관한 상태에서 현실적으로 존재하고 있다. 즉 현전하지 않는 것으로 존재하고 있다. 그럼에도 불구하고 현전의 공간의 논리에 사로잡혀 있는 인간들은 현전하지 않는 것은 원래부터 존재하지 않는다고 생각한다.

모튼은 여기에 문제가 있다고 보고 있다. '나', '우리', '우리와 같은 인간'만으로 자기 완결적으로 살고 있다는 생각, 나아가서 이 생각과 상관 있는 공간이 형성되고 있다는 것이 문제라는 것이다. 하지만 이 공간 내부와는 무관한, 거기에서는 나타나지 않는 존재 방식으로 존재하는 것이 실은 있다. 그래서 여기에서 발생되고 있는 무시, 제거, 분리에 '무언가 문제가 있는 것이 아닌가'라고 모튼은 묻는다.

비인간 존재의 힘들과의 접촉

인간이 외부와의 관계 속에서, 인간 이외의 것과의 관계 속에서 구성되고 있다고 생각하는 시도 자체는 지금 시작된 것은 아니다. 모튼은 데리다를 독해하면서 데리다에 잠재되어 있는 것을 끄집어내면서 자신의 논의를 전개하고 있다.

그렇다면 이와 같은 작업을 데리다와 동시대의 철학자인 질 들뢰즈를 통해서도 할 수 있지 않을까? 들뢰즈가 1983년에 쓴 『푸코』의 다음과 같은 구절도 인간의 자기완결성의 환상을 되묻는 것으로 독해할 수 있다.

> 인간이 특이한 구성물로 드러나기 위해서는 그 다양한 구성력이 표상의 힘에서 벗어나, 표상의 힘을 해체하는 새로운 힘과 결부되어야 한다. 이 새로운 힘이란 생명, 노동, 언어의 힘이다. 생명은 '조직'을, 노동은 '생산'을, 언어는 '계보'를 발견하고, 그것들은 새로운 힘을 표상 외부에 두기 때문이다. 이러한 유한성의 이해할 수 없는 힘은 처음에는 인간적인 것이 아니었다. 그러나 그것들은 인간의 힘과 관계되면서, 인간에게 고유한 유한성으로 인간을 하강시켜, 인간이 나중에 자신의 것으로 삼는 역사를 인간에게 전달한다.[7]

표상의 힘에서 벗어나, 그 균열에서 보이는 심층의 꿈틀거림에 착안한 것은, 1968년에 나온 『차이와 반복』 이래로 들뢰즈의 사고에 일관되게 나타나고 있다. 『차이와 반복』에서는 표상에서 벗어나는 것은 "비인칭적인 개체화와 전(前)개체적 특이성"이나 "만남과 공명이 만들어 가는 세계"와 같은 용어로 제시되고 있다. 하지만 15년 뒤에 쓴 『푸코』에서는 표상에서 벗어나는 것을 '인간적이지 않은' 힘으로 서술하고 있다.

들뢰즈는 인간이 여러 힘들로 구성되어 있다고 주장한다. 19세기에는 생명, 노동, 언어의 힘이었지만, 20세기에는 정보의 힘, 기계의 힘과 같이 인간이 아닌 것의 힘의 범위가 확장된다. 이것을 들뢰즈는 "인간의 힘은 이미 다른 힘, 가령 정보의 힘이나 제3종 기계들의 힘과 관계되어 있고, 이 힘들은 인간의 힘과 함께 인간이 아닌 다른 무엇인가를, 즉 '인간-기계'라는 분리불가능한 시스템을 구성하고 있다."고 말했다.[8] 이러한 힘들과 결합되는 가운데 인간이 구성되어 간다는 것이 들뢰즈의 주장인데, 들뢰즈의 사고가 중요한 것은 여러 힘들이 표상의 힘과 결부되어 있는 상태로부터 그것들을 해방시키려 하기 때문이다.

여러 힘들이 표상의 힘과 결합될 때 거기에는 "무한으로까지 상승 가능한 것"이 끄집어내어지게 된다. 그때 "힘의 총체는 인간이 아니라 신을 구성하고, 인간은 무한히 다양한 질서 사이에서만 나타날 수 있다."[9] 즉 표상의 힘 아래 여러 힘들은 인간과 직접 만나고 연관되는 것이 아니라, 신을 비롯한 무한한 질서를 구성하는 부분으로 생각된다. 그리고 인간은 무한한 질서 안에서 존재할 뿐만 아니라, 이 질서를 구성하고 안정적으로 유지하는 것으로 생각되고 있다. 나아가서 들뢰즈는 메를로 퐁티의 논의를 참조하면서, 이런 사고에서는 "무한이 유한에 선행한다"고 생각되고 있다고 지적한다. "무한이 유한에 선행한다"는 것은 무한한 것이 절대적인 것으로 상정된다는 것이자, 유한한 것이 무한한 것에 종속된다는 것이다. 따라서 거기에서 여러 힘들은 단지 그 자체로서, 유한한 것으로서 파악되지 않고, "무한으로까지 상승 가능한 것," 즉 무한한 것이 요구하는 요청에 철저하게 따

르려고 하는 것으로 간주되고 있다.[10]

인간적인 힘들이 무한한 질서로서의 표상에 종속되어 있는 상태에 대해서 들뢰즈는 먼저 인간적인 힘들이 표상의 외부에서 잠재적으로 생기는 다른 힘들과의 관계로 들어가는 것이 중요하다고 주장한다. 들뢰즈는 외부의 힘들과의 관계로 들어감으로써 인간적인 힘들은 무한한 표상에 대한 종속상태에서 '벗어나서,' 예속상태를 '해체하는' 것이 가능해진다고 전망한다. 나아가 들뢰즈는 표상을 벗어나는 힘들을 "유한성의 불가해한 힘"이라고 표현한다. '불가해(不可解)'의 원어는 'obscure'이기 때문에 '불명료'나 '애매'라고 번역할 수 있는데, 이 불가해하고 불명료한 힘이 인간을 구성한다. 그것은 인간이 아니면서 인간의 힘들과 관계하고, 인간을 무한한 질서에 대한 종속상태에서 해방시켜, 인간에게 고유한 유한성으로 하강시켜 간다.

인간 이외의 힘들이 인간을 유한성으로 하강시킨다는 것이다. 표상으로부터 해방되고 불가해하고 불명료한 상태에 있는 힘이 인간과 만나고 접촉하고 관계맺으면서, 인간을 무한이라는 표상으로부터 해방시킨다. 이렇게 무한에서 해방된 인간은 자신의 유한성으로 끌어 내려진다. 무한으로부터의 해방은 "무한으로까지 상승 가능한 것"으로 자신을 묘사하기를 멈추고, 솔직하게 자신의 유한성을 인정하는 것을 의미한다. 들뢰즈가 독자적인 것은 유한성의 자각이 인간 이외의 힘들과의 접촉에 의해 발생한다고 보았기 때문이다.

인간의 유한성

인간은 인간 이외의 힘들과 접촉함으로써 유한성으로 하강해 나간다. 들뢰즈가 제시한 견해는, 최근에 온난화를 비롯한 인류사적 사건으로 볼 수 있는 행성 규모의 변동을 둘러싼 역사나 사상에 관한 논의에서 중심 문제로 다루어지게 되었다.[11]

차크라바르티의 「역사의 기후: 네 가지 테제」가 대표적인 예이다. 이 논문에서 차크라바르티는 앨런 와이즈만의 『인간 없는 세상(The World Without Us)』을 인용한다.

> 최악의 사태가 일어났다고 가정하는 것이다. 인류의 멸종을 기정사실이라고 생각해 보자. … 우리 모두가 갑자기 사라진 세계를 상상해 보는 것이다. … 희미하게나마 영원히 남는 흔적을 우리가 이 우주에 남기는 일이 있을까? 우리가 없는 세계가, 생물학적으로 보아서 커다란 안도의 한숨을 쉬기는커녕, 우리의 부재를 쓸쓸하게 생각하는 일 따위가 있을까?[12]

차크라바르티는 와이즈만의 견해에 대해서, 현재가 과거와 미래를 분리시키고, 그것을 역사적인 감성이 미치지 않는 곳으로 방치해 버리는 감각을 전달하는 것이라고 말한다. 그것은 미래가 과거와 무관하게 되고, 현재의 우리에게는 이해할 수도 상상할 수도 없는 것이 되는 것이다. SF적이라고도 할 수 있는 와이즈만의 사고실험이 제시하는 것은 결국 "인간의 유한성을 불안하게 생각하고 걱정하는 최근의 풍조"라고 주장한다.[13] 차크라바르티는 지구 온난화라는, 인간 이외의 존재의 영역과 관계되는 사태를, 인간의 유한성에 대한 물음을 촉구하는 것이라고 생각한다. 즉 "세계를 경험하는 우리의 능력을 벗어나는" 것이 있다는 것이다.[14]

차크라바르티는 말한다.

행성의 온난화가 위협하고 있는 것은 지질학적인 행성 그 자체가 아니라, 홀로세의 시기에 발전한, 인간 생활의 생존이 의존하는, 생물학적이자 지질학적이기도 한 조건 그 자체이다.[15]

여기에서 주목하고자 하는 것은 인간이 일으켰다고 하는 지질학적 변동이 인간을 포함한 다양한 존재가 공생하는 장으로서의 행성과 관계되는 사태일 뿐만 아니라, 홀로세의 성립과 함께 형성된 농경적=정주적 생활양식으로부터 산업혁명 이후에 이르는 인간적인 생활양식의 조건과 관계된 것으로 이해되고 있다는 것이다. 정주적 생활양식에 기반한 농업과 공업적 생산양식이 일으키는 행성 규모의 변화가 인간 생활의 생존 조건을 붕괴시키는 것처럼-.

차크라바르티도 인간 이외의 다른 생물종과의 공존 문제를 논하고 있다. 그것은 인간이 인간 이외의 존재의 멸종 요인이 되고 있기 때문이다. 하지만 그의 논의는 어디까지나 현재의 인간 생활의 생존조건 문제가 중심이다. 다른 종들을 멸종시킬 정도로 심각한 온난화가 언젠가는 인간마저 위협하게 되는 사태를 문제시하고 있다.

기후변화의 위기는 자본주의적 산업화가 창출하고 촉진시킨 대량의 에너지를 소비하는 사회 모델의 필연적 결과이다. 하지만 현재의 위기는 인간이라는 형태로 존재하기 위한 생명의 조건들이 무엇인지를 보여주고 있다. 즉 자본주의적인 아이덴티티, 민족주의적인 아이덴티티, 사회주의적인 아이덴티티의 논리와는 내적으로 결부되지 않는 여러 조건들을 드러내 주고 있다. 그것들은 이 행성에서의 생명의 역사, 상이한 생명의 형식들이 서로

결부되는 방식, 하나의 종의 멸종이 다른 종에 미치는 위기와 관련되어 있다.[16]

차크라바르티는 인간이 농업과 공업의 생활양식을 형성함으로써 행성의 존재 방식에 영향을 미치는 존재가 되었음을 인정하고 있다. 그것은 지질학적 행위자(geological agent)로서의 인간이다.

만약 들뢰즈라면, 지질학적 행위자로서의 인간은 자본주의나 사회주의, 민족주의와 같은 표상의 힘을 벗어난, 인간 이외의 힘들에 열려 있고, 이 힘들과의 만남과 연관 속에서 구성되어 가는 것이라고 생각할 것이다.

하지만 차크라바르티의 논의에서는 인간은 인간이 아닌 종과의 관계에서 인간이 아닌 종의 존재를 위협하는 것으로 이해되고 있다. 따라서 인간의 유한성의 의미에 대해서도 들뢰즈와 차크라바르티의 견해는 서로 다르다. 들뢰즈는 다른 존재와의 관계 속에 있고, 그것으로 열려 나가는 가운데 자각되는 것으로 유한성을 생각한다. 반면에 차크라바르티는 인간이 스스로 형성하고 발전시킨 생활양식 자체를 유지·존속시킬 수 없다는 곤란 내지는 한계라는 의미에서 유한성을 생각하고 있다.

2. 공존공간이란 무엇인가?

혼돈공간의 발생

인간을 인간이 아닌 것과의 연관 속에서, 그것들과 공존하는 것으로서 다시 생각할 것이 요청되고 있다. 인간 주체를 생각하는 전제로서 늘 있어 왔던 사고설정을 갱신하는 것이다.

2017년 2월 12일 교토대학에서 개최된 〈환경사연구회〉에서 세토구치 아키히사(瀬戸口明久)가 발표한 「사람의 시간, 인간의 시간」은 이 사고설정의 갱신과 관련된다. 나의 관점에서 발표 내용을 돌이켜보면 다음과 같다. 세토구치는 먼저 환경사 연구에는 두 가지 접근이 있다고 말한다.

하나는 자연의 역사를 대상으로 하여, 인간도 그 일부라고 간주하는 접근이다. 다른 하나는 자연에 대한 인간의 태도나 활동을 대상으로 하는 접근이다.

이어서 세토구치는 '인류세'를 이 두 가지 접근의 "경계를 뒤흔드는 개념"으로 파악한다. "인간이 지구를 파괴하고 있다는 도식"에 매료된 사고로부터의 해방을 촉구하고, "오히려 사람은 동적으로 변화하는 지구 시스템의 일부이다"라는 생각을 가능하게 하는 개념으로 파악한다.

세토구치의 사고는 「역사의 기후: 네 가지 테제」에서 제시된 차크라바르티의 사고와는 다르다. 차크라바르티도 인간이 지구 시스템의 일부임을 인정한다. 지질학적 행위자로서 지구 시스템의 일부가 되고 있다는 것이다. 하지만 차크라바르티의 경우, 인간은 지구를 능동적으로 개변하고 파괴해 가는 행위자로 자리매김되고 있다. 그것도 파괴의 귀결의 하나로서 지구 온난화를 인간의 생존 유지를 곤란하게 하는 것으로 생각한다는 점에서는 결국은 인간을, 그것도 다른 존재에 열린 적이 없는 인간을 중시하는 논의가 되고 있다. 차크라바르티가 기후변화와의 연관 속에서 인간의 집단성 문제를 논할 때에도, 결국에는 개개 인간의 생산이나 소비와 같은 경제활동을 원인으로 하는 '의도하지 않은 결과'로서의 온난화가 인간세계를 파국으로 이르게 하지 않도록 저지해야 한다는 입장이다. 이것은 세토구치가 말하는 "인간의 태도나 활동을 대상으로 하는 접근"의 하나이다.

세토구치가 인간을 "자연현상의 하나로서의 사람"으로 간주하는 근저에는 "인간적인 의미를 넘어선 자연의 물질성, 절대적 시간은 엄연하게 존재한다"는 견해가 깔려 있다. 이 견해는 다음과 같이 다시 서술할 수 있다. 먼저 자연의 물질성이 인간적인 의미를 넘어서고 있다는 것은 곧 인간에게 통제할 수 없고 인식할 수 없는 자연의 물질성이 있다는 것이다.

또한 "인간을 지구 시스템의 일부로 간주한다"는 말도, 이와 같은 견해의 연장선상에서 읽을 필요가 있다. 왜냐하면 자칫하면 이 말은 "인간과 자연은 간격 없이 일치될 수 있다"는 것으로 해석되고, "인간이 자연으로부터 분리되고 소외된 상태"로부터의 회복을 바람직한 해결이라고 주장하는 것으로 읽힐 수 있기 때문이다. 따라서 세토구치의 인식의 독자성을 파악하기 위해서는, 인간과 자연의 일치가 아니라 분리를, 그것도 자연에는 인간에 의한 의미 부여를 거부하는 타자성이 있다는 생각을 이해해 둘 필요가 있다. 요컨대 자연이 인간의 능력을 넘어서 있음을 솔직하게 인정해야 한다는 것이다.

그런데 세토구치는 이러한 인식이 2011년 3월 11일 이후 원전 사고를 둘러싼 정세를 거치면서 명확해졌다고 밝혔다. 그는 원전 사고가 제기한 문제는 과학기술 시스템의 통제 불능이라고 주장한다. 그런데 이 문제는 일반적으로 기술의 실패로 이해되어 왔다.[17]

이에 대해 세토구치는 인간을 자연의 일부로 간주하는, "인공물과 자연의 운동, 휘말리는 인간"이라는 관점에서 사태를 바라볼 것을 제안한다. 원전 사고에서는 인공물과 자연의 경계가 무너지고, 양자가 혼재된 혼돈의 공간이 열리기 때문이다. 그리고 인간은 이 혼돈의 공간 속에 휘말리고 있다. 인공물 쪽에, 즉 자연을 제어하는 쪽에 있어야 할 인간은, 인간만으로 자기완결된 공간 밖으로 나가 버린다. 게다가 그곳은 이른바 '자연' 그 자체가 아니다. 인공과 자연을 분리시키는 경계의 균열에서 분출되는 혼돈공간이다.

원전 사고와 함께 현세화(現勢化)한 혼돈공간은 인간이 인간 아닌 것과 공존한다는 것이 어떤 것인지 생각하는 하나의 계기였다. 거기에 휩쓸릴 때의 인간은, 인간만으로 자기완결된 생활공간과는 다른 공간으로 나오게 되었다. 모튼이 서술하고 있듯이, "인간의 사회공간, 심적 공간, 철학적 공간에서 인간 아닌 것(nonhuman)이 명백하게 나타나고 있음"을, 거기에서 경험했다고 말할 수도 있다. 즉 인간 아닌 것이 인간의 생활공간의 경계를 넘어서 드러난다는 것이다.

확산에서의 연관

이 책이 제창하고자 하는 '공존공간'은 인간의 생활공간이 '나' 내지 '우리'를 위해 안정적으로 확정되어 있는 상태 그 자체의 한계를 부수는 곳에서 나타날 수 있는 공간으로 구상되어 있다.

공존공간이란 무엇인가? 들뢰즈와 가타리의 『천 개의 고원』에서는 정주형(定住型) 생활공간의 형성과 그것에 대응하는 사고의 성립보다 앞서는 것으로 존재했을 뿐만 아니라, 정주형의 성립 후에도 인간 존재의 잠재적인 수준에서 사라지지 않고 잔존해 있는 노마드, 즉 유목적 생활공간의 형성과 거기에 수반되는 사고를 논하고 있다.

유목적 생활공간에서는 먼저 "모든 지점은 중단점(中斷點)이고, 중단점으로밖에 존재하지 않는다. 여정은 항상 두 지점 사이에 있는데, 유목민에게는 '두 점 사이' 자체가 존립성을 획득한 결과, 자립성과 독자성을 갖추기에 이르렀다."[18] '우리'를 위한 것으로 확정된 정주형 공간은, 그것과는 다른 공간과는 별도의 것으로 존재하고 있다. 이에 반해 유목적 공간은 '우리를 위한 것'으로 확정되는 것에 앞서는 곳, 즉 하나의 공간 영역으로 둘러싸인 것에 앞서 산재된 상태로 있는, 각각 다른 여러 점들의 '사이'에서 존재한다.

그리고 유목적 사고와 실천에서 공간은 열려 있고 무한한 것으로 존재한다. 정주적인 사고와 상관되는 곳에서의 공간 실천은 "인간들에게 닫힌 공간을 배분하고, 각자에게 각각의 몫으로서 부분적 공간을 지정하며, 그 부분들 사이의 교통을 규제하는 것"인데, 유목민에게는 "인간들(혹은 짐승들)을 열린 공간에 배분하는 것으로, 열린 공간은 무한하고, 부분 사이의 교통도 존재하지 않는다."[19] '나', '우리', '우리와 같은 인간들'을 위해 한정되고 배분되어 가는 것과는 무관하게, 유목민들은 스스로의 생활공간을 한정될 수 없는 것으로, 인간뿐만 아니라 인간 아닌 수많은 짐승들을 둘러싼 광대하고 무한한 텅 빈 것으로, 인간 및 인간 아닌 것의 배분이 일어나는 곳으로 보고 있다.

존 프로테비(John Protevi)는 여기에 제시되고 있는 들뢰즈와 가타리 사상의 함의를 다음과 같이 말한다.

> 그들은 좀처럼 사라지지 않는 휴머니스트적 환상으로부터 우리를 해방시키고, 인간사(human affairs)를 직접적으로 자연으로, 창조적인 '지구'의 일부로 편입시켜 간다.[20]

열린 공간 속에서 인간도 배분되어 간다. 그것은 인간이 인간 아닌 것과 하나가 되어 배분되어 가는 것으로, 이 배분 과정에서 다양한 것과 연관되어 간다. 이 배분과 연관은 '나', '우리', '우리와 같은 인간'으로 한정된 공간 속에서의 배분이나 연관과는 다르다. 그것은 '하나'되는 것으로 응집되고 계층 서열적으로 통합되어 가는 상관적인 연관이 아니라, 응축도 통합도 결여된, 확산에서의 연관이다.

확산에서의 연관은 '나', '우리', '우리와 같은 인간'의 범위를 단순히 넓혀서, 나 아닌 것을 병합하고 포섭하면서 다양한 것과 연관되는 것은 아니다. 거기에서는 '나'라는 것의 동일성의 해체가 요구되기 때문이다.

파편과 함께 있다는 것

확산에서의 연관 이미지는, '나' 내지는 '우리'와 관계되는 것 이외의 현전의 여지를 무(無)로 하는 공간에서는 지워지고 없는 것으로 간주되는 존재쪽에 서는 것으로 제시되어야 한다. '지워지는 쪽에 선다'는 점에서, 아마도이 사고는 죽음에 가까운 것, 나아가서는 트라우마적인 경험과 밀접한 관계를 지닌다. 모튼은 프로이트의 「자아와 이드」 논의를 참고하면서 다음과같이 말한다.

> 멜랑콜리는 그것과의 접근이 트라우마로 경험되는 또 다른 존재의 발자국이다. 프로이트적인 죽음 충동의 논리는 유기체 안에 있는 주기적인 과정이 외적 자극을 취하여 평형을 유지하려 한다는 것이다. 프로이트는 자아그 자체는 "버려진 대상에 대한 심적 에너지의 공급"의 기록 이외에 아무것도 아니라고 하였다. 자아란 감각되는 대상이다. 멜랑콜리는 그 정의상 공존을 함축하는데, 그렇기 때문에 생태적 사고에서 중요하다. 왜냐하면 생태학은 가능한 한 넓게 그리고 깊게 사고된 공존과 관계되는 것이기 때문이다.[21]

'나'나 '우리'가 현전하는 공간에 나타날 수 없게 된 것들은 이 공간이 형성되고 성립됨에 따라 지워지고 버려져 갔다. 그러나 지워지고 버려져 간것들을 버림으로써 이 공간들은 실은 알지 못하는 사이에 트라우마에 시달리게 된다.[22] 여기에서 모튼이 말하고자 하는 것은, 트라우마적 상태 그 자체도 다시 버려지고 없는 것으로 간주되어, 인간의 생활공간이 그 무엇에도 시달리는 일 없이 원활하게 작동할 수 있게 된 상태가 문제라는 것이다.

　재난 후에 회복된 일상에서의 표면적인 마찰 없음에 익숙해지면서, 사람들은 이 버려진 것, 지워진 것, 죽은 이들, 부서진 집, 심신이 부서진 사람들, 이별한 사람들을 망각하게 된다. 아니 망각했다는 사실조차 잊고 있다. 모튼은 프로이트를 언급하면서 버려진 것들의 집적(集積)이야말로 자아를 형성한다고 말하고 있는데, 여기에 담긴 의미는 버려진 것의 존재를 잊지 않고, 함께하려는 것의 소중함이자 곤란함이다.

　차크라바르티는 말한다.

　　가령 지진과 같은 지구적 규모의 현상은 확실히 때때로 우리의 이야기 속에 등장했지만, 대부분의 경우 그것들은 우리의 행위를 위한 배경을 제공하는 것이었다. 하지만 우리는 살아가면서 배경이 더 이상 단순한 배경이 아님을 자각하게 되었다. 즉 우리는 그 일부이다.[23]

　건강하고 문화적인 인간생활 영역 안에 몸을 둘 수 있을 때, 사람은 이 영역이 무언가에 지탱되고 있음을 인식하지 못한다. 다시 말해 무언가를 배경으로 해서 자신의 생활 영역이 존립하고 있음을 인식하지 못한다. 경제적·문화적 근대화와 함께 형성된 생활 영역을, 그것만으로 자족적으로 성립한 것으로 이미지 되는 사고와 감성의 관습이 동요되지 않고 유지되는 한, 거기에서 사람은 이 영역까지 포함하면서 드넓게 펼쳐진 세계를 생각하지도 않고, 그것을 그리워하지도 않으면서 평소와 다름 없이 살 수 있다.

　그럼에도 불구하고 어떤 사정으로 안정적인 생활 영역의 취약함을 알게 된 사람은 안정적인 생활 영역의 협소함, 이 영역을 둘러싼 세계의 넓이와 허망함을 느끼고 생각한다.

가와우치 린코가 지진 이후의 장소에서 적막감을 느낀 것은 일상 세계를 성립시키고 있던 경계가 붕괴되어, 거기에서 침입해 들어온 배경과 만났기 때문이다. 가와우치는 "단지 과거에 기능했던 인간 활동의 파편이 지면(地面)에 축적되어 있어 하늘이 매우 넓다고 느꼈습니다."라고 말하였다. 안정적인 생활 영역의 일부가 되어 원활하게 기능했던 사물들은 지진과 쓰나미로 인해 생활 영역 자체가 무너졌을 때에는 단순한 파편이 된다.

사물들은 경제적·문화적 근대화 과정에서 형성된 생활 영역에서는 도움이 되지 않고, 그런 점에서 쓰레기이자 잔해이자 폐기물로 의미를 부여할 수 있는데, 가와우치는 단지 '파편'이라고 말한다. 게다가 이 파편 더미 속에서 적막과 함께 자신도 존재하고 있음을 실감할 수 있다고 말하고 있다.

> 자신이 바람에 날아가 버릴 정도로 작은 존재라고 생각해 왔습니다만, 확실히 육체를 지니고 지금 여기에 서 있다는 실감도 있었습니다.

자신이라는 인간이 작은 존재라는 것은 주위에 있는 파편과 함께 거기에 있다는 것, 그것도 자신이 그 일부인 드넓게 펼쳐진 영역에서 파편과 함께 있다는 자각에서 얻은 자기상(自己像)이다.

가와우치는 이 자각에서 자신을 둘러싼 세계가 조용하게 느껴지고, 그 정적은 공포를 동반한다고 말한다. 공포란 무엇인가? 가와우치의 사진에는 부서진 뒤에 사물의 파편들이 흩어져 있는 모습이 찍혀 있다. 이 파편들은 제거되지도 폐기되지도 않은 채 단지 흩어져 있다. 거기에는 과거에 유지되던 집, 동네, 도로, 일상생활이 한순간에 붕괴되어 버리는 이행(移行)의 순간이 간신히 멈춰 있다.

따라서 그녀의 사진은 생활 영역이 확실히 유지되고 있던 상태가 무너져 버린 상태로 이행하는 그 경계, 즉 경계란 과연 무엇인가를 생각하게 한다. 사진이 포착한 상태는 부서지기 이전과 부서진 이후 사이에 그어진 경계 상에 있다고 할 수 있다. 여기에는 붕괴되기 이전 세계와 붕괴된 이후의 세계가 완전히 나누어지지 않고, 사물들이 파편으로 흩어진 채 정적이 감돌고, 그곳에 있는 사람에게 공포를 느끼게 하는 상황이다.

다만 근대적인 문화생활의 논리에 충실한 감성과 사고의 소유자는 무너진 뒤의 세계에 공포를 느끼지 않는다. 파편들은 단지 폐기물일 뿐이고, 철거되고 원상복구되어 문화적인 생활공간을 다시 만드는 것이 옳다고 생각할 것이다. 가와우치가 느낀 적막과 공포 같은 것은 없었던 일로 간주된다.

빛과 어둠의 경계

가와우치가 느낀 적막과 공포는 부서지기 전과 부서진 후를 나누는 경계의 영역에서 생기고 있다. 그렇다면 경계의 영역을 어떤 것으로 생각하면 좋은가?

트린 민하(Trinh T. Minh-ha, 1952~)는 아시아와 아프리카의 생활 경험을 서술한 아마도우 함파테 바(Amadou Hampâté Bâ, 1901~1991)의 말을 인용하면서 다음과 같이 말한다.

(경계의 영역은) 반(半) 암흑의 나라(the country of semi-darkness)이다. 이 나

라는 눈에 보이는 모든 종이 살아 있는 '빛의 나라'와 죽은 자의 혼, 나아가서
는 인간과 동물 그리고 식물의 세계로부터 장차 태어날 자들의 혼을 발견할
수 있는 '심야의 나라' 사이에 있는 중간적인 것으로 존재하고 있다.[24]

근대적인 생활양식에 익숙한 사람들은 빛의 나라에서만 살고 있다고 착
각한다. 이 착각과 관련되는 것이 빛의 나라 외부에 별도의 세계가 존재한
다는 생각은 비과학적이고 미신적인 관념이다. 그런데 트린이 서술하고 있
듯이, 여기에는 일상적인 것과 초월적인 것(supernatural)을 명확히 구분하는
경계가 성립하고 있다. 늘 보던 것, 익숙한 것, 그래서 쾌적한 것으로 둘러싸
인 일상적 생활 영역과, 그것을 위협하는 재앙적인 것, 악마적인 것의 영역
이 명확히 구분되고 있다. 이에 반해 반(半) 암흑으로서의 경계적인 영역은
빛의 나라와 밤의 나라를 왕복하는 이행에서 존재한다. 빛의 나라에서 추방
되든가, 아니면 빛의 나라가 무너져 더 이상 거기에서 살 수 없게 되어도 살
아가지 않으면 안 될 때, '밤의 나라'라고밖에는 달리 말할 수 없는 것이 존재
한다는 사실을 깨닫게 된다.

죽은 자의 혼, 태어날 자의 혼, 그것도 인간뿐만 아니라 동물이나 식물에
서 태어나는 것의 혼이 있다고 생각하지 않으면 도저히 설명할 수 없는 영
역이 존재하고, 게다가 이 영역 안에 감싸이듯이 그 일부로서, 건강하고 문
화적인 생활이 성립하는 빛의 나라가 존재한다. 다만 사람은 밤의 나라에
서 무매개(無媒介)적으로 살아갈 수 없다. '밤의 나라'의 펼쳐진 공간 속에
빛의 나라를 만들어 냄으로써 살아갈 수 있다. 빛의 나라가 완성된 이후에
는 자칫하면 이 나라가 그것만으로도 충분히 존재할 수 있다고 점점 착각
하게 된다. 그렇게 되지 않기 위해서는 빛의 나라는 밤의 나라와의 사이에

위치하는 반(半) 암흑의 경계적인 영역과 접하고 만나는 가운데 존재한다고, 지속적으로 생각하는 것이 중요하다.

가와우치의 서술에 근거해서 말하면, 정적이 반드시 소리가 없는 것을 의미하는 것은 아니다. 그것은 잡념과 같은 불필요한 사상이나 버블 건축과 같이 쓸데없는 장식, 꾸며진 허식(虛飾)이 벗겨져 떨어지는 곳에서 발견되는 것이다. 정적은 완전한 무음(無音), 완전한 공백, 백지(白紙)와는 다르다. 또한 정적은 저절로 생기지 않는다. 불필요한 것의 술렁거림을 제거하고, 심신을 공(空)으로 만들어야 느껴진다.

정적은 어떤 때에 그리고 어떤 곳에서 생기게 될까? 지진이라는 사건으로 인간이 만들어 낸 세계와 자연세계를 구별하는 경계가 붕괴될 때, 그 사이에 경계의 영역이 생긴다. 그래서 인간세계에 자연세계가 들어오고, 상황이 진정될 때 가와우치의 신체에서 정적이 경험된다. 즉 경계가 무너진 직후의 혼돈 그 자체가 아니라, 혼돈이 사라지고 혼돈의 잔해처럼 파편들이 흩어져 있는 가운데, 그런 상황에서도 일단 걸어서 사진을 촬영할 수 있을 정도로는 인간이 살아갈 수 있는 세계가 나타나는 곳에서 정적이 생긴다.

인간세계를 삼켜 버린 자연이 일단 물러난 뒤에 다시 나타나는 세계에서 정적이 생긴다. 다시 말하면 자연의 맹위가 멈추고, 여전히 남아 있는 맹위의 흔적 같은 것으로 가득 찬 세계에서 정적이 생긴다. 그것은 인간세계에 새겨진 상처이지만, 그때까지 객체화되고 지배의 대상으로 간주되어 온 자연이 그 주체성을 회복했다는 증거이기도 하다. 즉 인간과 자연 사이에 있는 지배-피지배, 분리-내던짐의 관계성의 존속이 파괴되고 무너졌다는 증거이다.

정적에 몸을 맡김으로써, 혹은 정적을 마음에 품음으로써 보이는 것이 있다. 그것은 우리가 두 세계에 살고 있다는 것이다. 즉 인간이 만들어 내는 세계와 인간 세계를 둘러싼 자연세계, 생태적 세계이다. 인간이 만들어 내는 세계는 대단히 취약하다. 그 취약함은 지진이나 허리케인과 같은 자연세계에서 발생된 사건에 삼켜질 때 더욱 명확해진다. 인간은 거기에 의욕을 잃는다. 그것은 단지 자신들이 만들어낸 세계뿐만 아니라 자신들의 사고, 그리고 언어가, 자신들이 살아온 세계에서 얼마나 무력하고 공허한 것인지 깨닫게 해주는 순간이기 때문이다.

분리되지 않지만 구별된다

두 개의 세계라고 해도 안과 밖과 같이 명확한 경계로 구별되는 것은 아니다. 자연세계, 생태적 세계가 인간세계 밖에, 그것과는 무관하게 있는 것이 아니기 때문이다. 인간세계는 생태적 세계에 포함되면서, 생태적 세계 위에 축적되는 방식으로 성립하고 있다.

사카베 메구미(坂部惠, 1936~2009)는 인간의 문화가 자연에 대립한다는 규정 방식은 근대과학적인 자연의 객체화, 자연 지배의 사고에 영향 받은 것이라고 지적하면서, 이것을 대신하기 위해 문화와 자연을 "자연에 뿌리를 두면서 자연을 넘어서는 이중 관계"로 생각해야 한다고 주장하였다.[25] 이 책도 인간세계와 자연세계를 대립시키는 사고를 비판적으로 생각한다는 점에서 사카베와 같은 입장이다.

다만 이 책에서 생각한 것은 다음과 같다. 한편으로는 인간세계의 자기 완결성의 표상 하에서, 자연을 객체화하고 지배하고 있다는 자각이 상실되어 자연적인 것이 존재하지 않는다고까지 사유되고 있는 반면에, 인간세계가 자연에 깊숙이 관여하면서 자연의 존재 방식에 영향을 미치고 있는 한에서는 "자연에 뿌리 내리면서 자연을 넘어서는" 것이 사카베의 생각과는 다른 방식으로 실현되고 있는 것은 아닌가 하는 것이다. 인간은 지질학적 행위자가 됨으로써 자연에 뿌리를 두고, 자연으로부터 분리되어 자기 완결적이 됨으로써 자연을 넘어서기 때문이다.

사카베가 말하고자 하는 것을 현대적으로 바꿔 말하면, "인간세계는 자연으로부터 완전히 분리된 적은 없지만, 그럼에도 불구하고 자연과 구별되는 관계에 있다"는 것이다.

트린은 일본의 건축가 구로카와 기쇼(黑川紀章, 1934~2007)의 "도쿄(東京), 그리고 모든 전통적인 일본의 거리는 황혼 무렵의 회색빛에서 각별한 아름다움을 띤다"는 견해에 착안한다.

슬레이트색의 기와와 하얀색의 회반죽의 벽이 잿빛으로 융해되고, 거리와 크기의 모든 감각이 평탄하게 됨에 따라 다양한 원근감이 용해되어 간다.

여기에서 구로카와는 "회색 공간"이 있다고 말하고 있다. 그런데 트린의 해석에 의하면, 그것은 다양한 색의 만남과 혼합이 일으키는 공간을 의미하지 않는다. 그것은 "안과 밖 사이의 경계의 영역, 안과 밖이 서로 몰입되어 가는 영역"이다. 그렇다면 구로카와는 황혼이라고 하는 빛의 세계가 어둠의 세계로 전환되어 가는 순간에 회색 공간이 나타나고 있음을 느꼈다는 의미로 볼 수 있다.

그곳은 하나의 세계가 끝나고 다른 세계가 시작되는 곳이다. 끝과 시작의 경계이다. 그리고 구로카와는 끝과 시작의 경계를 완전한 무(無)로 생

각하지 않고, "시간에 있어서의 회색존"으로 생각하였다. 여기에서 참고가 될 수 있는 것이 제아미(世阿弥, 1363~1443)의 '세누히마(せぬひま)' 개념이다. '하는' 것이 아니라 '하지 않는다,' 즉 '한다'는 것을 멈추고 '하지 않는' 곳에서 생기는 '간극'이라고 말하면 어떨까?

그렇다면 '한다'와 '하지 않는다'의 차이는 무엇인가? 그것은 정지하지 않고 지속되고 있던 것이, 계속해서 지속되는 것을 멈추는 것이다.

벤야민의 독자라면 그것을 정지이자 연속성의 타파라고 생각할 수도 있다. 즉 "정지하는 것은 인류의 무한한 진보이다"라는 생각을 떠올릴지도 모른다. "역사가 균질하고 공허한 시간을 더듬어 찾아가며 연속적으로 진행된다는 관념"[26]과 함께 진행된다고 간주되는 인류 진보의 정지이다, 라는 식으로─.

구로카와가 말하는 회색 공간, 세누히마(せぬひま)의 공간은 정지가 일어나는 공간이라고도 할 수 있고, 정지에서 생기는 공간이라고도 할 수 있다. 그것은 하나의 공간세계가 끝나려는 곳, 즉 더 이상 지속되기를 그만두는 곳에서 생기는 공간이다.

다만 벤야민이 정지를 공허한 연속성을 타파하는 유일무이한 현재와 같은 순간, 공허가 아니라 충만해 있는 순간으로 개념화하는 데 반해, 구로카와는 정지의 공간을 충만이라기보다는 텅빈 공(空)으로서, 즉 연속되어 있던 하나의 공간세계가 지속되기를 그만둔 곳에서 다시 별개의 공간세계와 만나고, 그럼에도 불구하고 거기에서 충만해지지 않고 텅빈 공(空)이 되어 있는 곳으로 생각한다. 즉 트린은 그것을 "검정도 아니고 흰색도 아닌, 그 사이(in-between)의 어딘가에 있는 것, 모든 가능성이 한계지워지지 않는 '중간(middle)'의 어딘가에 있는 것"이라고 해석한다.

인간세계가 그 자기완결성을 완화하고, 생태적 세계와 만나는 것은 실로 이 사이, 중간적인 곳이다. 인간적인 세계가 원활한 작동을 멈추고 확장을 멈출 때, 거기에서 생성되는 것은 자신의 존재의 확실함을 깨닫게 해주는 공간, 즉 자연세계에서 다양한 것과 관련되어 있기 때문에 얻어지는 확실함을 알 수 있게 해주는 정적, 세누히마(せぬひま)의 공간이다. 그리고 그곳은 인간세계가 자연세계와 접하고 만나는 곳으로, 그래서 자연 그 자체에 삼켜지거나 자연과 일체화되는 곳과는 다르다. 자연과도 구별되면서, 그럼에도 불구하고 인간적인 세계의 자기완결성이 삐져나오는 곳으로 생각할 수 있을 것이다.

결론

1.

　'인류세'란 인간의 역사와 지질학적 시간이 교차된 이후의 지구 역사에 대한 시대 구분이다. 중요한 것은 이산화탄소의 증가, 비료생산을 위한 인공 질소의 증가, 플라스틱이나 알루미늄과 같은 물질의 증가, 댐 건설에 의한 자연스런 물 흐름의 변화, 매립에 의한 해안선의 변화와 같은 사실을 근거로 "전례 없는 속도로 지구적 범위에서 새로운 환경이 인간에 의해 만들어져 간다"는 학설이 전문가들 사이에서 공유되고 있다는 사실이다. 그런데 이 학설은 과학 전문가가 아닌 사람들에게도 중요하다. "인간이 생활하는 조건을 어떻게 생각해야 하는가?" 하는 문제와 밀접하게 관련되어 있기 때문이다.

　모튼은 "인류세는 (인간의) 역사를 위한, 안정되어 있으면서 인간이 아닌 (nonhuman) 배경이라는 의미에서의 '자연' 개념을 끝내려고 한다."고 말한다.[1] 인간의 활동이 자연을 개변함에 따라 인간 생활의 조건이 자연의 존재방식과 연관되고 연동되어 간다. 그래서 인간에게 요구되는 것은 현실을 느끼는 방식, 생각하는 방식을 이 변동에 맞춰서 재창조하는 것이다. 이것은 인간세계가 자연세계와 명확히 분리되어 존재할 수 있다는 통념을 재고하는 것을 의미한다.

자연이 배경이 아니라는 것은 무슨 의미인가? 인간이 자연을 스스로의 생활을 위해 개변함으로써 자연에 관여해 왔다는 뜻이다. 자연의 개변은 자연에 대한 폭력이었다. 제2차 세계대전 이래로 진행된 고도성장 이후에, 1960년대에서 1970년대에 걸쳐서 자연에 대한 폭력성이 비판되었다.

　그 후 2000년대에 들어서면서 알게 된 것은 인간 활동에 의해 변화된 자연이 인간 생활에 영향을 끼친다는 사실이다. 인간세계의 바깥에 있으면서 배경에 지나지 않는다고 생각되었던 자연이 현실적으로 인간세계에 영향을 주고 있다는 것이다. 자연은 더 이상 폭력을 당하는 객체가 아니라 인간에게 반격을 가하는 주체이기도 하다. 그렇다면 인간의 존재 방식, 인간세계의 존재 방식에 대한 재고가 요구되는 것이 아닌가? 이런 소박한 의문에서 이 책을 쓰게 되었다.

　2.

　이 책은 아렌트로부터 논의를 시작했지만 아렌트론은 아니다. 아렌트의 사상에 충실하게 현대 세계를 논한 것도 아니다. 인류세의 철학의 일단(一端)을 언급했지만 사고를 철저하게 하지 못한 인물로 아렌트를 자리매김했다.

　아렌트는 인간 자신의 세계를 형성하는 것이 자연의 파괴이자 자연에 대한 폭력임을 인정하면서도, 자연 그 자체와의 조화로운 생활을 영위하는 것은 "자연 과정과의 대사(代謝)"로서 인간 존재를 찬양하는 것에 지나지 않는다는 입장에서, 자연 보호적인 사상으로 나아가지는 않았다. "자신의 육체와 가축의 도움을 빌려서 생명에 양분을 공급한다"고 하는 자연 친화적인 존재 방식은 "노동하는 동물"에 지나지 않는다.

아렌트는 인간이 자신의 세계를 만들어 내는 것이 중요하다고 생각했다. 파시즘 시대에서 인간이 자신의 거주지 감각을 상실하고 고립되고 기댈 곳 없는 존재가 되자, 인간의 내면적 자연성이 돌변하여 야만화되고 폭력적이 되는 공포를 몸소 경험했기 때문이다. 그것을 생각하면 인간세계를 안정적인 것으로 만들고 유지하여, 자기보존을 위해 노력하는 것이 중요하게 될 것이다. 정치철학자로서 아렌트는 설령 인간세계의 형성이 자연에 대한 폭력의 행사를 동반한다고 하더라도, 인간이 고립되고 퇴행하고 야만화하는 것에 비하면, 이 폭력은 허용되어도 좋다고 생각했을 것이다.

3.

인간이 자연에 가까워지는 것은 인간이 야만화하는 것이자 폭력적인 존재가 되는 것이다. 그렇게 되지 않기 위해서는 어떻게 하면 좋은가? 이것이 아렌트가 제기한 문제이다.

성실한 아렌트 독자라면 다음과 같이 생각할 것이다. 설령 자연에 대한 논의가 있다고 해도 정치철학 안에서 논할 수 있는 문제가 아니다. 만약에 아렌트의 저서에 어렴풋하게나마 제시되는 자연을 어떠한 형태로든 논한다고 한다면, 그것은 아렌트론으로서가 아니라 인간과 자연의 관계, '인간에 있어서의 자연' 내지는 '자연에 있어서의 인간'을 둘러싼 논고 속에서 논해져야 한다는 말이 될 것이다.

1970년대에 인간과 자연의 관계는 과학 비판, 경제학 비판 등에서 논의되고, 공해 비판이나 환경보호 운동에서 실천적으로 문제시되었다. 1980년대에는 뉴에이지적인 자연의 신비화와 같이, 문명화된 인간 생활의 일상성의 바깥에 있는 비(非) 일상생활의 세계로서 자연이 언급되었다. 그리고 이후의 사상 세계에서는 자연에 대한 의식이 희미해졌다.

2000년에 간행되어 2003년에 일본어로 번역된 마이클 하트(Michael Hardt)와 안토니오 네그리(Antonio Negri)의 『제국』에 나오는 다음과 같은 문장이 그 전형이다.

> 과연 확실히 우리의 세계 속에는 변함없이 숲이나 귀뚜라미나 번개가 존재하고 있고, 우리는 지금도 자신들의 정신구조가 자연적인 본능과 정념에 의해 움직이고 있다고 이해하고 있다. 하지만 자연의 여러 힘들과 현상이 더 이상 외부로서 받아들여지지 않게 되었다는 의미에서, 다시 말하면 더 이상 그것들이 시민적 질서의 인위적 궁리와는 독립된 원초적 모습 그대로 존재하는 것으로 지각되지 않게 되었다는 의미에서, 우리는 이미 자연을 갖고 있지 않다. 포스트모던 세계에서는 모든 현상과 힘은 인위적인 것이다. 즉 일부 사람들이 말하는 것처럼 역사에 속하는 것이다.[2]

세계가 이미 근대화 이후가 되고 있다는 생각에 익숙한 사람에게는 숲도 귀뚜라미도 번개도, 주택이 무너진 집터에 생겨난 잡초도, 하나같이 인공 세계의 일부로 인식되고 있다. 인위성과는 독립된 자연성 같은 것은 결국 소멸되어 간다고 생각하고 있다.

그런데 『제국』이 간행된 시기와 거의 동시기에 나온 크뤼천 등의 논문은 인간세계, 즉 시민적 질서의 인위적 궁리까지 포함한 세계가 자연과 깊이 관계되고 있음을 논하고 있다.

인류세의 가설은 인간이 자연을 개변하고 대기를 오염시키고 물을 오염시키고, 다양한 동식물들을 멸종시키는 문제를 '순수 무구한 자연의 모독'이라는 관점에서 논하는 것이 아니다. 오히려 인간이 자연의 존재 방식에 영향을 끼치고, 그것을 변화시킬 정도의 힘을 갖게 된 사실의 제시에 주안점이 놓여 있다. 즉 자연은 인간으로부터 고립되어 있는 것도 아니고, 인간이 자연을 갖고 있지 않은 것도 아니다. 역으로 양자는 깊게 관계되어 있음을 논하는 것이다.

4.

하트와 네글리는 '제국', 즉 아메리카를 중심으로 하는 글로벌한 정치질서와 자본주의 하에서 가장 영토화되고, 부자유와 고립이 진행되는 인간세계로부터의 탈출을 촉구하였다. 이른바 '탈영토화'이다. 제국의 질서로부터 벗어나는 곳에서 발견될 수 있는 것은 장소성도 없고 신체성도 없는, 다양한 사람들의 '공동성 없는 공동체'이다. 그 앞에 무엇이 있을지는 알 수 없지만, 적어도 그들이 제시하는 비전은 근대적인 진보주의를 배경으로 하는 유토피아주의의 변형임을 알 수 있다.

인류세가 제기하는 것은 유토피아주의 그 자체의 전제가 붕괴되고 있는 것은 아닌가 하는 것이다. 클라이브 해밀턴은 다음과 같이 말한다.

유토피아적인 정치 이념은 구원에 대한 그리스도교적 약속의 물질화된 형태라고 종종 언급되었다. 모든 유토피아 사상에서 진보 관념이 법칙으로, 즉 역사의 법칙으로 굳어지기까지는 그리 오랜 시간이 걸리지 않았다. 진보의 법칙은 그것을 이해한 사람들에게 미래를 알 수 있게 하였다. 정치적 행위자가 된다는 것은 곧 불가피한 것을 가능한 한 빨리 도래시키려고 일을 하는 것을 의미하였다. 이념이 법칙이 될 때 사회 변혁의 모든 투사, 즉 민주주의자, 마르크시스트, 모든 유의 해방 운동가들은 역사가 자신들 편에 있다고 믿을 수 있었다. '진보'가 의미하는 것은 그것이다.[3]

이어서 해밀턴은 '진보' 관념은 인간 사회를 성립시키고 있는 배경으로서의 자연이 온화하고 안정적이었기 때문에 가능했다고 주장한다. 그렇다면 자연이 온화하지도 않고 안정적이지도 않을 뿐만 아니라, 인간 생활에 미치는 영향을 무시할 수 없게 되는 상황이 앞으로도 지속된다고 하면, 진보를, 나아가서는 진보에 기초한 모든 이념을 여전히 존속시키려는 노력은 이 인류세적 상황에 대한 불감증을 동반하는 것이 될 것이다.

5.

인간세계가 숲과 귀뚜라미가 있고 번개가 치는 세계 안의 부분으로 존재한다는 점을 깨끗이 인정해 버리면 무엇이 보이게 될까? 그것은 숲과 귀뚜라미를 포함한 드넓게 펼쳐진 세계 속에서 부분으로서의 인간세계가 폐쇄공간이 되고 있다는 사실이다.

다만 폐쇄성을 자각했다고 해서, 인간세계를 자연으로 개방하고, 자연과의 일치의 회복을 지향하며 조화로운 생활을 영위하는 것을 요구하는 것은 아니다. 자연은 인간에게 불안정화(不安定化)의 요인이다. 따라서 요구되는 것은 자연의 생생한 교란력을 인정하고, 그 가운데에서 인간세계의 토대를 재설정하는 것이다.

자연은 인간세계와는 별개의 존재이지만, 인간세계 현실의 토대이기도 하기 때문이다. 자연은 인간세계에 접해 있다. 따라서 우리에게 요구되는 것은 이러한 현실을 인정하면서도 자연 상태로 퇴행하지 않고, 무너지지 않는 인간세계를 만들고 유지하고 존속시키려는 노력이다.

구체적으로 무엇이 가능할까? 해밀턴은 『저항하는 지구: 인류세 시대의 인간의 운명(Defiant Earth: The Fate of Humans in the Anthropocene)』(2017)에서 세 가지 시나리오를 제시한다.[4] 하나는 이산화탄소의 감소이다. 그가 보기에 지구가 산업혁명 이전으로 되돌아갈 수 있을지는 미지수이다. 이산화탄소 감소를 목표로 하는 '파리협정'도 미국이 탈퇴한 시점에서 무의미하게 되었다. 또 하나는 지구공학(geoengineering)이다. 지구로 내리쬐는 태양광의 양을 줄이기 위해서 우주를 향해 수많은 거울을 비추는 것이 본격적으로 검토되고 있다고 한다. 참고로 해밀턴은 지구공학에는 부정적이지 않다.

마지막은 우주선을 만들어서 지구에서 벗어나 우주식민지를 개척하는 것이다.[5] 이것도 본격적으로 기획되고 있다고 하는데, 이에 대해 해밀턴은 회의적이다. 이 계획은 '페르세포네 프로젝트(Project Persephone)'라는 이름으로 알려져 있는데, 글로벌 커뮤니티로 운영되고 있다. 이것은 "생활용 우주선," 즉 "복수의 인공위성 내부에 폐쇄된 에코시스템"을 건설하려는 프로젝트이다.[6] 거기에서 운영되는 생활을 해밀턴은 다음과 같이 상상한다. 그것은 "이송된 자연이 인간의 생존을 위한 도구가 되는 자기 완결적 세계," "밤도 낮도 없고, 계절도 산도 없고, 강물도 바다도 없고… 바람도 하늘도 태양도 없는 세계," "지구에 원래 있었던 생활 습관을 모조(模造)하여 연명하려는 닫힌 세계"이다.[7]

해밀턴은 이 닫힌 세계가 자신들을 살게 해준 자연 조건을 지킨다는 책무의 완전한 포기를 전제로 한다고 비난한다. 자연과의 접촉을 힌층 기부한다는 점에서는 자기 완결적인 인간세계를 자연으로부터 분리시키고, 뿌리 없는 풀처럼 된다고 하는 근대의 연장선상에 있다고 생각할 수 있지 않을까?

6.

자기 완결화는 불가능하다. 하지만 자연과 일치될 수도 없다. 이와 같은 현실에 대한 자각은 어떻게 하면 가능할까?

이 책에서 주목한 것은 가와우치 린코의 사진이었다. 그 사진에 있는 부서진 인간세계가 인간세계의 자기 완결화의 불가능성을 보여주고 있기 때문이다. 즉 인간세계는 그것을 둘러싼 세계 속에서 우연히 성립하고 있는 것에 지나지 않음을 보여주고 있다.

사진은 세계가 실은 인간과는 무관하고, 인간도 세계에 우연히 살고 있으면서 단지 자신들의 세계를 만들고 있는 존재임을 보여주고 있다. 그런 점에서 세계는 인간에 대해 소원하다. 그리고 사진은 인간과 세계가 소원하다는 사실을 인간에게 알려주고 있다.

인간 부재의 도시 세계에 대해서 벤야민은 다음과 같이 말한다.

모든 장소가 쓸쓸한 장소라는 말이 아니다. 기분이라는 것이 결여되어 있는 것이다. 도시는 이 사진들 위에서는 아직 새로운 세입자를 찾지 못한 집처럼 깨끗하고 텅 비어 있다. 실로 이런 작업에서 초현실주의 사진은 환경과 인간의 소원화(疏遠化), 치유적 효과를 가져오는 소원화를 준비한다. 이런 소원화에 의해서 정치적 훈련을 쌓은 눈에는 어떤 시야가 열리게 된다. 거기에서는 세부를 선명하게 파악하기 위해서 희미한 분위기는 모두 제거된다.[8]

환경은 인간과는 소원하였다. 인간이 무언가를 한다는 것과는 무관하게 소원한 것으로 존재하고 있었다. 카메라라는 기계장치가 지각을 확장시킨 덕분에 사람은 그것을 알 수 있게 되었다. 카메라는 인간의 주관이 만들어내는 "희미한 분위기"라는 아우라적인 덮개를 벗겨내고, 단지 '공(空)'한 세계의 실상을 드러낸다.

곰곰히 생각해 보면, 19세기 중반에 정해진 기본 설정에 기초한 카메라도 산업혁명 이후 과학기술사회의 산물이다. 이 카메라가 인간과 환경이 소원하다는 현실을 깨닫게 해주었다는 것이 벤야민의 주장이다. 앞에서도 언급했듯이, 지구가 하나의 지구이고, 거기에 인간도 살고 있다는 현실을 알려준 것도 인공위성에서 촬영한 사진이었다. 해밀턴은 신학자 폴 틸리히 역시 "지구를 우주에서 본다"는 시점이 가져온 최대의 귀결이 "인간과 지구 사이의 소원화"이자 "인간에 있어서의 지구의 객체화"로 생각하고 있었다는 에피소드를 소개한다.[9]

즉 인간은 인간이 있든지 없든지 간에 존재해 온 지구에서 살고 있다. 인간 출현 이전에 형성된 지구에서 살고 있다. 게다가 지구는 인간에게 소원하다. 인간에게 소원하면서도 인간 생활의 필수불가결한 토대로서 인간과 접해 있고 관계 맺고 있다. 이 토대는 12,000년 동안이나 지속된 홀로세 시대에는 안정적이었다. 그 덕분에 인간은 지구를 의식하지 않고서 살 수 있었다. 무의식중에 행한 행위들이 축적되는 가운데, 자신도 모르는 사이에 끼친 영향 때문에, 지구의 존재 방식은 홀로세에서 인류세로 이행하려 하고 있다.

이 책은 이 이행기의 시작에서 가능한 사고가 어떤 것인지를 손으로 더듬어 가면서 그려보고자 하는 시도였다. 새로운 시대에 돌입한다면, 그 이행기 이전에 유지되어 온 사고들은 모두 무의미해질지 모른다. 하지만 인간세계가 그것과는 소원한 지구에서 우연히 성립했다는 어렴풋한 사고는 아마도 20세기 중엽 무렵부터 시작되고 있었을 것이다. 이 감춰진 사고의 수맥을 없었던 것으로 치부할 수는 없다. 이것이 있었기에 2010년대 중반부터 인류세의 철학이 과학적 식견과 연동되면서 새롭게 생성되려 하고 있기 때문이다.

저자 후기
역자 후기
주석

이 책은 20세기 중반 이후에 한나 아렌트의 철학에서 시도된 '인간의 조건'에 관한 고찰을 이어받아서 현대적인 전개를 시도한 것이다. 인간의 조건을 사물로, 그것도 만들어진 사물로 이해하는 것은 실은 건축의 동향을 의식한 것이다. 2016년에 개최된 〈베니스 비엔날레 국제건축전〉의 디렉터인 알레한드로 아라베나(Alejandro Aravena)는 행사의 공식 성명서에서 인간 생활의 질을 향상시키기 위해서는 건축 환경의 정비가 중요하다고 하였다. 달리 말하면 인간 생활의 조건을 생각하기 위해서는 그것이 건축 환경이자 건축성이 있는 것으로 만들어지고 있음을 의식하는 것도 요구된다는 뜻이다.

이 책은 또한 인류세를 둘러싼 지구과학의 성과로서의 과학 논문을 독해하고, 그것과의 접점에서 인간의 조건에 관한 고찰을 시도했는데, 여기에서 묻고 있는 인간의 조건은 단순한 추상적 이념이 아니라 지구에 뿌리내린 곳에서 만들어지는 구체물이라는 사실을 어떻게 생각할 것인가라는 문제였다.

이 책은 내가 쓴 다음의 두 논고를 토대로 하고 있다.

「생태적 사고로의 전회」, 『현대사상』 41권 14호, 2013년.
「공존공간론」, 『현대사상』 45권 12호, 2017년.

이 논문을 쓰면서 청목사(靑木社)의 『현대사상』 편집부의 오시카와 준(押川淳) 씨에게 신세를 졌다. 그리고 이 책을 집필하는 데 교토대학 인문과학연구소의 세토구치 아키히사(瀨戸口明久) 씨와의 대화에서 많은 시사를 얻었다. 인류세의 문제를 어떻게 생각할 것인가에 대해서는 티모시 모튼의 논문에서 많은 것을 배웠다. 이전에 펴낸 『복수성의 생태학』(2016)에도 썼듯이, 2016년 여름에 모튼과 주고받은 대화에서 많은 시사를 얻었다.

아렌트의 사물의 사고에 대해서는 존 베아드 씨로부터 배웠다. 네델란드의 델푸트 공과대학(Delft University of Technology)에서 2016년 3월에 있었던 연속강연 이벤트《Constrcting the Commons》에 초대된 적이 있는데, 거기에 참석한 베아드 씨로부터 아렌트의 사상에 심취해 있었던 일, 실제로 만난 적도 있었다는 이야기를 들었다. 일본어 책에서 사의를 표하는 것도 묘한 이야기지만 감사의 말을 적어 둔다. 강연이벤트 등단의 준비를 해준 츠카모토 오시하루(塚本由晴) 씨, 델푸트와 베니스에서 여러 이야기를 할 수 있었던 카이지마 모모요(具島桃代) 씨에게도 감사드린다. 노사쿠 후미노리(能作文德) 씨, 츠네야마 미오(常山未央) 씨, 마스다 신고(增田信吾) 씨, 나카무라 다카유키(中村隆之) 씨, 히노 나오히코(日埜直彦) 씨, 후이하라 다츠시(藤原辰史) 씨, 마쓰시마 다케시(松嶋健) 씨와의 대화에서도 시사를 얻었다. 미하라 요시아키(三原芳秋) 씨로부터 받은 장문의 메일은 큰 힘이 되었다. 후지츠연구소(富士通總研)의 요시다 노리코(吉田倫子) 씨와 닉 오고넥 씨에 의한 인터뷰(富士通總研, 『ER』 6호) 덕분에 생각이 정리되었다. 모두에게 감사드린다.

그리고 이 책은 생활의 곤궁 속에서 쓴 것이다. 곤궁하니까 쓸 수도 있다는 역설적인 생각과 함께 써 나갔다. 비트 다케시에게 "무엇이 곤궁인가, 역설인가, 결국 자업자득이다, 이 바보야!"라는 말을 들을지도 모르는 상황에 빠져 있어도, 나를 버리지 않고 함께해 준 인문서원(人文書院)의 마쓰오카 다카히로(松岡隆浩) 씨에게 감사드린다. 하지만 '바보'라거나 하는 의미 부여와는 상관없이 곤궁은 구체적인 것으로 존재하고 있고, 그 가운데 나는 살고 있다. 곤궁 속에서도 내가 여전히 살 수 있는 것은 아내 나미코(凡子)와 함께 있기 때문이다. 그래서 이 책을 나미코에게 바친다.

시노하라 마사타케

인류세 철학의 입문서

이 책의 저자인 시노하라 마사타케(篠原雅武, 1975~)는 아직 국내에는 생소한 철학자이다. 최근에 『다시개벽』에 짧은 글이 소개된 정도이다. 그러나 일본에서는 인류세 철학 분야의 최고 전문가로 알려져 있다. 최근에 국내에 번역되어 유명해진,『지속불가능한 자본주의』와『마르크스의 생태사회주의』의 저자 사이토 코헤이(斎藤幸平)와 대담을 하였고(「ポスト資本主義と人新世」,『現代思想』, 2020년 1월호), 티모시 모튼과의 인터뷰도 저자의 책『복수성의 생태학(複数性のエコロジー)』(2016)에 수록되어 있다.

《다시개벽》에 실린 글은 2022년 4월 23일에 원광대학교 원불교사상연구원 주최로 열린 지구인문학 국제학술대회 〈인류세 시대의 지구와 문명-인간의 조건에 대한 성찰〉에서 있었던 저자의 강연 내용을 번역하고 정리한 것이다(시노하라 마사타케, 「인류세 시대의 인간과 자연-폐허 이후의 세계를 어떻게 볼 것인가?」, 조성환 번역,《다시개벽》7호, 2022년 여름호, 61-83쪽). 이 글의 맨 앞에 '역자주'가 달려 있는데, 거기에 저자에 대한 상세한 소개가 실려 있다. 그것을 약간 수정하여 옮기면 다음과 같다.

저자는 현재 일본에서 '인류세 철학'을 선도하고 있는 소장학자이다. 교토대학에서 한나 아렌트 연구로 박사학위를 받았고, 최근에는 티모시 모튼

의 생태학과 인류세 철학을 연구하고 있다. 그의 초기 저서를 소개하면 다음과 같다;『공공공간의 정치이론(公共空間の政治理論)』(2007);『공간을 위하여(空間のために)』(2011);『전일생활론(全－生活論)』(2012);『살아진 뉴타운(生きられたニュータウン)』(2015)

이상의 연구를 바탕으로 2016년부터는 생태학과 인류세 연구로 전환하였다;『복수성의 생태학 : 인간 아닌 존재의 환경철학(複数性のエコロジー : 人間ならざるものの環境哲学)』(2016);『인류세의 철학 : 사변적 실재론 이후의 ‘인간의 조건’(人新世の哲学 : 思弁的実在論以後の‘人間の条件’)』(2018);『인간 이후의 철학 : 인류세를 산다(「人間以後」の哲学 : 人新世を生きる)』(2020)

이 외에도 티모시 모튼(Timothy Morton)의『자연없는 생태학(Ecology Without Nature)』을 일본어로 번역하였다(『自然なきエコロジー : 来たるべき環境哲学に向けて』, 以文社, 2018).

영어 논문으로는 Masatake Shinohara, "Rethinking the Human Condition in the Ecological Collapse," *CR: The New Centennial Review* 20(2): 177-204(November, 2020)이 있다.

이상의 저작으로부터 알 수 있듯이, 저자가 생태철학, 인류세 철학을 연구하기 시작한 것은 최근 5년 남짓이다. 2021년부터는 한국과의 학술교류도 시작하였다. 2021년 10월에는 공주교대 글로컬인문학연구소와 원광대학교 원불교사상연구원이 공동으로 기획한 콜로키움〈인류세 시대의 철학과 교육〉에서 강연을 하였고, 2021년 12월에는 건국대학교 몸문화연구소에서 개최한 국제학술대회에서 발표를 하였다. 2022년 4월에는 원광대학교 원불교사상연구원이 주관한 지구인문학 국제학술대회〈인류세 시대의 지구와 문명-인간의 조건에 대한 성찰〉에서 〈일상의 균열/균열의 미래〉라는 내용으로 기조 강연을 하였다.

이 중에서 2021년 10월 온라인 콜로키움의 내용은 이 책의 「프롤로그」로 수록하였고, 2022년 4월 학술대회 기조 강연 내용은 《다시개벽》 7호에 수록되었다. 이 두 글은 이 책의 내용을 이해하는 데 많은 도움이 되리라 생각한다.

번역자들이 이 책을 처음 접한 것은 2020년 말에서 2021년 초 무렵이었던 것 같다. 당시에 우리는 '지구인문학'이라는 이름으로 1980년대 후반부터 2000년대 초반에 이르는 서양인문학의 흐름을 추적하고 있었다. 그러다가 점점 '인류세 철학'으로 관심이 좁혀졌고, 그 과정에서 우연히 일본 아마존(Amazon)에서 이 책을 발견하였다. 그리고 놀랐다. 1년 동안 우리가 공부하였던 서양의 지구인문학자들의 이름이 망라되어 있었기 때문이다. 무엇보다도 이 책이 2018년에 나왔다는 사실에 충격을 받았다. 서양에서도 최근 들어 '인류세'에 관한 논의가 활발해지고 있지만, '인류세 철학'이라는 이름의 책은 아직 낯설기 때문이다. 2016년에 덴마크의 철학자 Sverre Raffnsøe가 『인류세의 철학(Philosophy of the Anthropocene) : 인간적 전환(The Human Turn)』(Hampshire: Palgrave Macmillan)을 내긴 했지만, 비서구 지역의 사건에 초점을 맞춘 인류세 철학은 저자의 『인류세 철학』이 유일하다(서양에서의 인류세 철학의 대두와 흐름에 대해서는 허남진・이원진・조성환의 「인류세 시대의 지구인문학」, 『文学史学哲学』 제68호, 2022년 1월, 266~280쪽을 참고하기 바란다).

우리는 이 책을 읽으면서 한나 아렌트를 지구철학자로서 재발견하였고, 티모시 모튼의 존재를 처음 알았으며, 일본에도 차크라바르티에 주목하는 연구자가 있다는 사실에 기뻤다. 그래서 곧장 저자에게 메일을 보내 번역 의사를 알렸고, 내친김에 콜로키움과 학술대회 강연자로 모시기로 했다. 두 차례의 저자 강연은, 비록 온라인으로 이루어졌지만, 이 책을 번역하는 데 커다란 도움이 되었다. 강연 내용은 알기 쉬웠고 논리적이었으며 진솔하였다. 그 뒤로 번역 작업에 가속도가 붙었다. 그전까지만 해도 생소한 학자들과 개념들, 그리고 논의들이 버겁게 느껴졌는데, 두 차례의 강연을 통해 저자의 문제의식이 명확하게 이해되었고, 이에 따라 자신감이 붙었으며, 글이 쉽게 다가왔다.

번역을 마치고 깨달은 것이 있다. 그것은 번역하는 과정에서 나도 모르게 저자의 '철학하는 법'을 습득했다는 사실이다. 이 책의 번역자들은 모두 한국학 연구자들이다. 그래서 한문 고전이나 사료 분석에는 능해도 서구적 사고나 개념으로 철학하는 법은 서툴다. 그런데 이 책을 번역하면서 그 점이 많이 보완된 것 같다. 아울러 사유의 시야가 넓어지는 경험을 했다.

또한 저자가 동일본 대지진, 후쿠시마 원전 사고와 같은 최근의 체험들을 '인류세적 사건'으로 파악하고, 그것을 일본의 시선에서 분석하여 일본의 인류세 철학을 모색하고 있는 점도 인상적이었다. 그의 방법론은 장차 한국에서의 인류세 철학을 모색하는 데 하나의 실마리를 제공하리라 생각한다.

번역 용어에 대해서 한 가지만 설명하고자 한다. 일본어 원서에는 'リアリティー(리얼리티)'라는 말이 자주 등장한다. 이 말을 어떻게 번역해야 할지 고민을 많이 했다. 그런데 다른 곳에는 '현실성'이라는 말도 쓰이고 있다. 그리고 문맥을 보면 '리얼리티'의 번역어로 쓰고 있는 것 같다. 가령 티모시 모튼의 『자연없는 생태학』을 인용할 때 원문의 'real'을 '現實的'이라는

한자어로 번역하고 있다(1장 2절 "자연 이해의 어려움"). 그래서 번역서에서도 reality를 '현실성'으로 번역하였다. 다만 문맥상 '실재성'이 디 적합하다고 판단되는 경우에는 부득이하게 '실재성'으로 번역한 곳도 있다.

번역서에는 일본어 원서에는 없는 글이 하나 추가되어 있다. 〈프롤로그〉에 실린 「『인류세의 철학』은 어떻게 탄생했나?」이다. 이 글은 앞에서 소개한 대로, 2021년 가을에 저자가 한국의 연구자를 대상으로 행한 온라인 강연 내용을 녹취한 것이다. 녹취를 하면서 저자가 인용한 원문의 출전과 한글 번역 등을 각주에 넣었다. 아울러 소제목도 만드는 등, 한 편의 가독성 있는 글이 될 수 있도록 노력을 기울였다.

이 외에도 본문에서 저자가 영어문헌을 이용한 경우에는, 미주를 활용하여 원서에는 없는 영어 원문도 찾아 넣었다. 저자가 일본어 번역으로 인용한 영어 원문을 가능한 한 모두 찾아서 추가하였고, 한글 번역서가 있는 경우에는 번역서의 출전이나 쪽수까지 밝혔다.

마지막으로 이 책의 장점은 쉽게 읽힌다는 점이다. 평이한 언어로 서양 현대철학의 주요 흐름을 일본의 사례와 함께 알기 쉽게 설명하고 있다. 그래서 메이야수나 모튼, 또는 하먼과 같이 아직 우리에게는 생소한 현대철학자들의 생각을 따라갈 수 있다. 그것이 한국학을 전공하는 연구자들이 이 책의 번역에 도전할 수 있었던 이유이기도 하다. 부디 이 번역서를 통해서 독자들도 비슷한 경험을 할 수 있기를 바란다.

2022년 7월 24일
역자를 대표해서 조성환이 씀

주석

서론

1) [『유한성 이후』의 원제는 *Apres la Finitude : Essai sur la Necessite de la Contingence*이고, 한국어로는 2010년에 번역되었다. 퀑탱 메이야수 지음, 정지은 옮김, 『유한성 이후 - 우연성의 필연성에 관한 시론』, 도서출판b, 2010. 이하 "퀑탱 메이야수, 『유한성 이후』"로 약칭. 영어 번역은 Quentin Meillassoux, *After Finitude: An Essay on the Necessity of Contingency* translated by Ray Brassier, Continuum, 2010. 이하 "Quentin Meillassoux, *After Finitude*"로 약칭.]

2) カンタン・メイヤスー 著, 千葉雅也・大橋完太郎・星野太 訳, 『有限性の後で - 偶然性の必然性についての試論』, 人文書院, 2016, 2016, 22-23쪽. [퀑탱 메이야수, 『유한성 이후』, 25쪽.]

3) Timothy Morton, *Hyperobjects; Philosophy and Ecology after the End of the World,* Minneapolis; University of Minnesota Press, 2012, p.8. [이하, "Timothy Morton, *Hyperobjects*"로 약칭. 저자가 출전으로 밝힌 8쪽에는 해당 구절을 찾을 수 없었다. 대신 9쪽에 다음과 같은 말이 나온다: Unlike Latour, I do believe that we have "been modern," and that this has had effects on human and nonhuman beings.]

4) By escaping from the earth into the skies, and through enterprises such as nuclear technology, human beings are successfully challenging natural limits…. Hannah Arendt, *The Human Condition*, Chicago; The University of Chicago Press, 1998[1958], x. [한나 아렌트 저, 이진우 역, 『인간의 조건』, 한길사, 2019, 64-65쪽. 이하, "Hannah Arendt, *The Human Condition*"과 "한나 아렌트, 『인간의 조건』"으로 약칭.]

5) 아렌트의 논의를 우주개발론의 선구로 독해하는 이나바 신이치로(稲葉振一郎)도 아렌트의 인간의 조건에 관한 논의를 인간의 본성이 아니라 인간을 살리면서 동시에 제약하고 한계짓는 환경조건을 생각한 것으로 읽고 있는데, 그 점에서는 이 책도 마찬가지다. 다만 이나바의 경우에는 지구로부터 이탈하는 것, 즉 우주개발을 긍정적으로 생각하는 입장에서 아렌트를 독해하고 있는데, 이 점은 나와 입장이 다르다. 稲葉振一郎, 『宇宙倫理学入門』, ナカニシヤ出版, 2016, 171-179쪽.

6) The *vita activa*, human life in so far as it is actively engaged in doing something, is always rooted in a world of men and of man made things which it never leaves or altogether transcends. Hannah Arendt, *The Human Condition*, p. 22. ハンナ・アーレント 著, 志水速雄 訳, 『人間の条件』, 筑摩書房, 1994, 43쪽. [한나 아렌트, 『인간의 조건』, 101쪽.]

7) 이 책은 아렌트를 논하고 있지만 이른바 정통적인 아렌트론과는 다르다. 이 책에서 중시하고 있는 것은 인간의 조건이 어떻게 되고 있는가를 묻고, 인간의 조건이란 어떤 것인가를

생각한 것으로 아렌트의 저서를 새롭게 읽는 것이다. 아렌트가 문제시한 것을 "인간적인 것과 자연적인 것이 구별되면서도 분리되지 않는 것이라는 점을 어떻게 생각하면 좋은가" 라는 관점에서 재구성한다. 그래서 사연 그 자체와는 다른 것으로 인간의 조건이 형성되는 것의 소중함을 말하면서, 그럼에도 불구하고 자연적인 것이 인간의 조건에 따라다니는 것을 둘러싸고 사유하고 있었던 점에서 아렌트 사유의 현대성을 확인해 나간다.

아렌트는 인간은 노동이라는 "자연과의 물질적 대사 과정"[한나 아렌트, 『인간의 조건』 187쪽]을 통해서 자연의 순환 운동의 일부가 되는 존재에 지나지 않는다는 맑스의 생각을 비판하고, 자연과의 대사 과정과는 구별된 영역으로서 인간의 공적 세계를 구상했다. 하지만, 그럼에도 불구하고 인간세계가 자연과는 완전히 분리되지 않고, 자연의 영향을 받고 있음을 인정하는 듯한 견해를 분명하지는 않지만 제시하고 있다.

아렌트에게 있어 자연은 인간의 노동과 관계되는 것이라고 생각되고 있는데, "자연의 산물인 이 나무나 저 개"[한나 아렌트, 『인간의 조건』, 186쪽]와 같은 서술로부터 엿볼 수 있듯이, 때로는 인간의 노동과 무관한 것으로도 자연을 파악하고 있다.

8) For the past three centuries, the effects of humans on the global environment have escalated. Because of these anthropogenic emissions of carbon dioxide, global climate may depart significantly from natural behaviour for many millennia to come. It seems appropriate to assign the term 'Anthropocene' to the present, in many ways human-dominated, geological epoch, supplementing the Holocene — the warm period of the past 10-12 millennia. Paul J. Crutzen, "Geology of mankind", *Nature* vol. 415 no.23, January 2002, p. 23.

9) Dipesh Chakrabarty, "The Climate of History: Four Theses," *Critical Inquiry*, vol.35, no.2, Winter 2009, pp.197~222. [디페시 차크라바르티 저, 김용우 역, 「역사의 기후 : 네 가지 테제」, 조지형·김용우 엮음, 『지구사의 도전 : 어떻게 유럽중심주의를 넘어설 것인가』, 서해문집, 2011, 348-386쪽. 이하 "Dipesh Chakrabarty, The Climate of History"와 "디페시 차크라바르티, 「역사의 기후」"로 약칭.]

10) Timothy Morton, "The Oedipal Logic of Ecological Awareness," *Environmental Humanities*, no 1, 2012, pp.7-21; Timothy Morton, "How I Learned to Stop Worrying and Love the Term Anthropocene," *Journal of Postcolonial Literary Inquiry*, 2014, pp.257-264. 이하 "Timothy Morton, The Oedipal Logic of Ecological Awareness"와 "Timothy Morton, How I Learned to Stop Worrying and Love the Term Anthropocene"로 각각 약칭.

11) Amitav Ghosh, *The Great Derangement: Climate Change and the Unthinkable*, Chicago: The University of Chicago Press, 2016. [우리말 번역은 아미타브 고시 지음, 김홍옥 옮김, 『대혼란의 시대: 기후 위기는 문화의 위기이자 상상력의 위기다』, 에코리브르, 2021. 이하 "Amitav Ghosh, *The Great Derangement*"와 "아미타브 고시, 『대혼란의 시대』"로 약칭]

12) Bruno Latour, *Facing Gaia : Eight Lectures on the New Climatic Regime*, Cambridge; Politiy Press, 2017.

제1장 인간과 자연의 관계

1) [마거릿 캐노번(Margaret Canovan, 1939~2018)은 한나 아렌트 연구자이자 『인민(The People)』(김만권 옮김, 그린비, 2015)의 저자이다. 이 번역서의 저자 소개에 의하면, 1974년에 출간한 『The Political Thought of Hannah Arendt(한나 아렌트의 정치사상)』으로 주목받기 시작하여, 1992년에 쓴 『Hannah Arendt: A Reinterpretation of Her Political Thought(한나 아렌트: 정치사상의 재해석)』으로 아렌트 학계에서 최고의 연구자로 발돋움했다.]

2) According to Arendt, human beings are unlikely to be fully human unless they inhabit a man-made world as well as living on the natural earth. Magaret Canovan, *Hannah Arendt : A Reinterpretation of Her Political Thought*, Cambridge, 1994, p.107.

3) [한나 아렌트, 『인간의 조건』, 186쪽.]

4) Material is already a product of human hands which have removed it from its natural location, either killing a life process, as in the case of the tree which must be destroyed in order to provide wood, or interrupting one of nature's slower processes, as in the case of iron, stone, or marble torn out of the womb of the earth. This element of violation and violence is present in all fabrication, and homo faber, the creator of the human artifice, has always been a destroyer of nature. Hannah Arendt, *The Human Condition*, p.139. [재료는 이미 인간 손의 생산물이다. 목재를 얻기 위해 나무를 파괴하는 경우처럼, 생명 과정을 없애거나 지구의 모태에서 철과 돌과 대리석을 채굴하는 경우처럼, 인간 손은 느린 자연 과정을 중단시킴으로써 원래의 자연환경에서 재료들을 떼놓았다. 이런 침해와 폭력의 요소는 모든 제작행위에 존재한다. 인공세계의 창조자인 호모 파베르는 언제나 자연의 파괴자였다. 한나 아렌트, 『인간의 조건』, 232-233쪽.]

5) 柄谷行人, 『内省と溯行』, 講談社, 1988, 283쪽.

6) 金井美恵子, 『目白雑録5 ; 小さいもの, 大きいこと』, 朝日新聞出版, 2013, 61쪽.

7) 트린 T. 민하(1952~)는 페미니즘이나 포스트콜로니얼 비평에서 자연이 "무인(無人)의 토지(no-man's land)"나 "남성의 상징화가 미치지 않는 곳"으로 표상되고 있다고 말하였다. "여성, 타자성, 자연 개념을 (경제적이고 문화적인) 근대화를 통한 글로벌한 지배 프로젝트와의 관련 속에서 묻는" 것이 그 배경에 있다[questioning the concepts of woman, otherness, and nature in relation to the globalizing projects of domination via (economic and cultural) modernization.] 트린 자신은 자연을 이런 식으로 생각하는 것보다 한 걸음 더 앞으로 나아가려 한다. Trinh T. Minh-ha, *Elsewhere, Within Here: Immigration, Refugeeism and the Boundary Event*, Routledge, 2011, p.61. 이하, "Trinh Minh-ha, *Elsewhere, Within Here*"로 약칭.

8) Friedrich A. Hayek, *Law Legislation and Liberty: Rules and Order*, University of Chicago Press, 1973, pp.20-21. 하이에크의 자연과 인공의 대치와 동일한 것이 크리스토퍼 알렉산더(Christopher Alexander, 1936~)의 "도시는 트리가 아니다(A city is not a tree)"의 근본에

있다(クリストファー アレグザンダー 著, 稲葉武司・押野見邦英 訳, 『形の合成に関するノート；都市はツリーではない』, 鹿島出版会, 2013). 따라서 알렉산더가 '자연'이라고 말할 때 그것은 인간이 시간을 들여서 만들어 온 공간 질서의 자연성을 의미하고, 이 책에서 말하려고 하는 인간적인 공간 질서 밖에 있는 것으로서의 자연세계와는 다르다. [크리스토퍼 알렉산더의 원저는 Christopher Alexander, *Notes on the Synthesis of Form*, Harvard University Press, 1964이다.]

9) [세토구치 아키히사(瀬戸口明久, 1975~)는 교토대학 인문과학연구소 준교수로, 단독 저서로 『害虫の誕生』(筑摩書房, 2009)이 있고, 공저로 『日本の動物観: 人と動物の関係史』(東京大学出版会, 2013)가 있다.]

10) 瀬戸口明久, 「境界と監視のテクノロジー 自然と人工のあいだ」, 『情況』 第4期 2巻 6号, 2013, 45-46쪽.

11) The tool-analysis is unsuccessful if we read it as saying that nothing exists outside the contexture of human meanings and projects. In fact, it establishes just the opposite. The tool-being of the hammer is not a technical or linguistic practice, but a capital X that forever recedes from all contact with human meaningfulness. The tool isn't 'used.'; it is. Graham Harman, *Toward Speculative Realism*, Zero Books, 2010, pp.45-46.

12) 瀬戸口明久, 「境界と監視のテクノロジー；自然と人工のあいだ」, 45쪽.

13) The proliferation of technology across the globe defines the technosphere - the set of large-scale networked technologies that underlie and make possible rapid extraction from the Earth of large quantities of free energy and subsequent power generation, long-distance, nearly instantaneous communication, rapid long-distance energy and mass transport, the existence and operation of modern governmental and other bureaucracies, high-intensity industrial and manufacturing operations including regional, continental and global distribution of food and other goods, and a myriad additional 'artificial' or 'non-natural' processes without which modern civilization and its present 7×10^9 human constituents could not exist.
P. K. Haff, "Technology as a geological phenomena: implications for human well-being," *A Stratigraphical Basis for the Anthropocene*, ed. C. N. Waters et al., *The Geological Society of London, Special Publication* 395, 2014, pp.301-302.

14) [그레고리 베이트슨(Gregory Bateson, 1904~1980)은 영국의 인류학자이자 정신의학자이다. 대표적인 저서로는, 국내에 『마음의 생태학』이라는 제목으로 번역된 *Steps to an Ecology of Mind*(1972)가 있다.]

15) グレゴリ-・ベイトスン 著, 佐藤良明 訳, 『精神の生態学』(개정 제2판), 新思索社, 2000, 650쪽. [그레고리 베이트슨 저, 박대식 역, 『마음의 생태학』, 책세상, 2006, 662쪽.]

16) Hannah Arendt, *The Human Condition*, pp.1-2; アーレント, 『人間の条件』, 9쪽. [한나 아렌트, 『인간의 조건』, 78쪽.]

17) 瀬戸口明久, 「境界と監視のテクノロジー；自然と人工のあいだ」, 44쪽.

18) Timothy Morton, *The Ecological Thought*, Harvard University Press, 2010, p.7. [원서 7쪽에는 이 구절이 안 보인다. 대신 7쪽에 다음과 같은 말이 나온다. "The ecological thought is the thinking of interconnectedness…." 이하, "Timothy Morton, *The Ecological Thought*"로 약칭.]

19) Dipesh Chakrabarty, "The Climate of History."

20) 川内倫子, 『光と影』, シーパーラボ, 2014.

21) 中沢新一 他, 『惑星の風景』, 青土社, 2014, 262쪽.

22) the ecologist David Worster spoke of the "thin film of life" that covered this planet. Dipesh Chakrabarty, "The Human Condition in the Anthropocene," Tanner Lectures in Human Values, February 18-19, 2015, p.155. 이하, "Dipesh Chakrabarty, The Human Condition in the Anthropocene"로 약칭.

23) 武田泰淳, 「富士山」, 『武田泰淳全集(第十六卷)』, 筑摩書房, 1972, 66쪽.

24) [발터 벤야민(Walter Benjamin, 1892~1940)은 유대계 독일인으로 마르크스주의자이자 문학평론가이며 철학자이다.]

25) ヴァルター・ベンヤミン, 「複製技術時代の芸術作品」, ヴァルター・ベンヤミン著, 浅井健二郎編, 久保哲司訳, 『ベンヤミン・コレクション1 近代の意味』, 筑摩書房, 1995, 591쪽. [발터 벤야민 지음, 심철민 옮김, 『기술적 복제시대의 예술작품』, b, 2017, 29-30쪽. 한글 번역본의 번역은 다음과 같다; "자연적 대상들의 아우라를 우리는, '가까이 있더라도 아득히 멀게 느껴지는 것의 일회적인 나타남'으로서 규정한다. 어느 여름날 오후, 고요히 쉬면서 지평에 가로놓인 산맥이나, 휴식하는 자에게 그림자를 드리우는 나뭇가지를 가만히 눈으로 좇는 것 - 그것은 이 산맥의 아우라, 이 나뭇가지의 아우라를 호흡하는 것이다." 이하, "발터 벤야민, 『기술적 복제시대의 예술작품』"으로 약칭.]

26) Benjamin evokes ecological representation. Since we are not living in the mount ains, distracted in them by day-to-day tasks, we can be aesthetically captivated by them, as we can by an auratic work of art. Timothy Morton, *Ecology Without Nature* : Rethinking Environmental Aesthetics, Harvard University Press, 2007, p.162. 이하, "Timothy Morton, *Ecology Without Nature*"로 약칭.

27) ヴァルター・ベンヤミン, 「複製技術時代の芸術作品」, 592-593쪽. [한글 번역본의 번역은 다음과 같다; "현대의 대중은 대상들을 공간적으로 또는 인간적 관심을 끄는 쪽으로 '더 가까이 접근시키는' 것을 매우 열렬한 관심사로서 삼는 동시에, 주어져 있는 모든 것의 복제를 손에 넣음으로써 주어진 것의 유일무이성을 극복하려고 하는 경향을 가지고 있다. 대상을 아주 가까이에서 상(像, Bild)으로, 아니 오히려 모상(模像, Abbild)이나 복제로 소유하고 싶다는 욕구는 거부할 수 없으리만큼 날마다 세력을 얻고 있다. 발터 벤야민, 『기술적 복제시대의 예술작품』, 30-31쪽.]

28) ギー・ドゥボール著, 木下誠 訳, 『スペクタクルの社会』, 筑摩書房, 2003, 21쪽. [기 드보르 지음, 유재홍 옮김, 『스펙타클의 사회』, 울력, 2014. 원제는 Guy Debord, *La Société du Spectacle*, Gallimard, 1992.]

29) ヴァルター・ベンヤミン,「複製技術時代の芸術作品」, 593쪽. [한글 번역본의 번역은 다음과 같다; "대상에서 그 외피를 벗겨내는 것, 아우라를 완전히 파괴하는 것은 '세계 내에서의 평등성에서의 감각'을 크게 진척시키고 있는 현대 지각의 특성으로서, 이 지각은 복제라는 수단을 통해 유일무이한 것으로부터도 평등성을 획득해낸다." 발터 벤야민, 『기술적 복제시대의 예술작품』, 31쪽.]

30) 武田泰淳,「富士山と日本人」, 『武田泰淳全集(第十六卷)』, 筑摩書房, 1972, 335쪽.

31) 위와 같음.

32) The idea of the environment is more or less a way of considering groups and collectives-humans surrounded by nature, or in continuity with other beings such as animals and plants. It is about being-with. Timothy Morton, *Ecology Without Nature*, p.17.

33) Nature wavers in between the divine and the material. Far from being something 'natural' itself, nature hovers over things like a ghost. It slides over the infinite list of things that evoke it. Timothy Morton, *Ecology Without Nature*, p.14.

34) [Later in the modern period, the idea of the nation-state emerged as away of going beyond the authority of the monarch. The nation all too often depends upon the very same list that evokes the idea of nature. Nature and nation are very closely intertwined. I show how ecocritique could examine the ways in which nature does not necessarily take us outside society, but actually forms the bedrock of nationalist enjoyment. Nature, practically a synonym for evil in the Middle Ages, was considered the basis of social good by the Romantic period. According to numerous writers such as Rousseau, the framers of the social contract start out in a state of nature. Timothy Morton, *Ecology Without Nature*, p.15.]

35) [In the Enlightenment, nature became a way of establishing racial and sexual identity, and science became the privileged way of demonstrating it. The normal was set up as different from the pathological along the coordinates of the natural and the unnatural. Timothy Morton, *Ecology Without Nature*, p.16.]

36) A metaphorical use of Thomas Malthus in the work of Charles Darwin, for example, naturalized, and continues to naturalize, the workings of the 'invisible hand' of the free market and the 'survival of the fittest'-which is always taken to mean the competitive war of all (owners) against all (workers). Timothy Morton, *Ecology Without Nature*, pp.15-16.

37) [One of the basic problems with nature is that it could be considered either as a substance, as a squishy thing in itself, or as essence, as an abstract principle that transcends the material realm and even the realm of representation. Edmund Burke considers substance as the stuff of nature in his writing on the sublime. Timothy Morton, *Ecology Without Nature*, p.16.]

38) Substantialism tends to promote a monarchist or authoritarian view that there is an external thing to which the subject should bow. Timothy Morton, *Ecology Without*

Nature, p.16.

39) True, I claim that there is no such 'thing' as nature, if by nature we mean some thing that is single, independent, and lasting. But deluded ideas and ideological fixations do exist. Timothy Morton, *Ecology Without Nature*, pp.19-20.

40) The idea of nature is all too real, and it has an all too real effect upon all too real beliefs, practices, and decisions in the all too real world. Timothy Morton, *Ecology Without Nature*, p.19.

41) Timothy Morton, "The ecological thought, part sixth," https://www.rc.umd.edu/blog_rc/?p=215

42) 이 물음이 환경위기나 과학기술의 일상생활에 대한 침투, 인간과 기계의 경계선의 애매화와 같은 현실적 동향에 의해 촉발된 것이라는 점에 대해서는 Graham Harman, *Towards Speculative Realism: Essays and Lectures*, Zero Books, 2010의 서론에 서술되어 있다. 이하 "Graham Harman, *Towards Speculative Realism*"으로 약칭.

43) But beneath this ceaseless argument, reality is churning. Even as the philosophy of language and its supposedly reactionary opponents both declare victory, the arena of the world is packed with diverse objects, their forces unleashed and mostly unloved. Graham Harman, *Towards Speculative Realism*, p.94.

44) It(=bridge) too has a vastly different reality depending on whether I cross it on the way to a romantic liaison ot as a prisoner underway to execution. In one case it is equipment for rapture, in the other a means toward damnation and misery. Graham Harman, *Towards Speculative Realism*, p.96.

45) All of these objects remain loyal for the moment, performing a subterranean function with which I have no need to trouble myself, unless catastrophe strikes and one of them fails. Graham Harman, *Towards Speculative Realism*, p.97.

46) If the city suddenly loses electrical power, if I should begin to cough uncontrollably, I am rudely reminded of entities previously taken for granted. Graham Harman, *Towards Speculative Realism*, p.97.

47) Graham Harman, *Towards Speculative Realism*, p.94.

48) Graham Harman, *Guerrilla Metaphysics: Phenomenology and the Carpentry of Things* Open Court, 2005, p.1. 이하 "Graham Harman, *Guerrilla Metaphysics*"로 약칭.

49) The time has come to pursue a model of the things as autonomous objects, not just as humanly accessible phenomena. Graham Harman, *Guerrilla Metaphysics*, p.17.

50) It is an atmosphere, a realm in which events have room to happen, a thick, embodied, heightened atmosphere, neither full nor empty. There is a sense of potential; something is 'about' to happen, but there is no label or concept for this yet. Timothy Morton, *Ecology without Nature*, p.93.

51) Small is beautiful. Diet for a small planet. The local is better than the global. These

are some of the slogans of environmental movements since in the late 1960s. I'll be proposing the exact opposite of the sentiments they express. In my formulation, the best environmental thinking is thinking big - as big as possible, and maybe even bigger than that, bigger than we can conceive. Timothy Morton, *The Ecological Thought*, p.20.

52) [The ecological view to come isn't a picture of some bounded object or 'restrictive economy,' a closed system. Timothy Morton, *The Ecological Thought*, p.8.]

53) It is radical intimacy, coexistence with other beings, sentient and otherwise - and how can we so clearly tell the difference? Timothy Morton, *The Ecological Thought*, p.8.

54) The mesh is also made of negative difference, which means it doesn't contain positive, really existing (independent, solid) things. Timothy Morton, *The Ecological Thought*, p.39.

55) Graham Harman, "On the Mesh, the Strange Stranger, and Hyperobjects: Morton's Ecological Ontology," *Tarp Architecture Manual*, Spring 2012, p.19.

56) Related is the popular systems theory idea of "emergence," that systems can organize themselves without much (or any) conscious input. Timothy Morton, *The Ecological Thought*, p.131.

57) If everything is interconnected to everything, what exactly are the things that are connected? In some significant sense, if we already are the things that are connected? In some significant sense, if we already know what they are, if we already have a box in which to put them, they are not truly different beings. If the ecological thought is profound as well as vast, we can't predict or anticipate just who or what - and can we tell between "who" and "what," and how can we tell? - arrives at the intersections in the unimaginably gigantic mesh. Timothy Morton, *The Ecological Thought*, p.38.

제2장 인간세계의 이탈

1) The vita activa, human life in so far as it is actively engaged in doing something, is always rooted in a world of men and of manmade things which it never leaves or altogether transcends. Hannah Arendt, *The Human Condition*, p.22.; アーレント, 『人間の条件』, 43쪽. ['활동적 삶' 즉 어떤 일을 능동적으로 행하는 인간의 삶은 늘 사람들과 그들이 만든 사물세계에 뿌리를 두고 있다. 어떤 인간의 삶도 결코 사물세계에서 벗어나거나 그것을 초월하지 못한다. 한나 아렌트, 『인간의 조건』, 101쪽.]

2) リチャード・セネット 著, 北山克彦, 高階悟 譯, 『公共性の喪失』, 晶文社, 1991 등. [원제는 Richard Sennet, *The Fall of Public Man*, Alfred A. Knopf, 1977이고, 한국어 번역본은 리차드 세네트 저, 김영일 역, 『현대의 침몰; 현대 자본주의의 해부』, 일월서각, 1982.]

3) The impact of the world's reality upon human existence is felt and received as a conditioning force. The objectivity of the world — its object- or thing-character — and the human condition supplement each other; because human existence is conditioned

existence, it would be impossible without things, and things would be a heap of unrelated articles, a non-world, if they were not the conditioners of human existence. Hannah Arendt, *The Human Condition*, p.9.; アーレント, 『人間の条件』, 22쪽. [세계의 사실성이 인간의 실존에 가하는 충격은 제약적인 힘으로 느껴지고 인식된다. 세계의 객관성, 즉 세계의 대상적 또는 사물적 성격과 인간의 조건은 상호보완적이다. 인간의 실존은 조건적 실존이기 때문에 사물이 없으면 불가능하고, 사물이 인간실존의 조건이 되지 못한다면 한낱 아무 상관없는 품목 덩어리, 즉 비-세계일 뿐이다. 한나 아렌트, 『인간의 조건』, 86쪽.]

4) It is only within the human world that nature's cyclical movement manifests itself as growth and decay. Hannah Arendt, *The Human Condition*, p.97.; アーレント, 『人間の条件』, 153쪽. [자연의 순환운동이 성장과 부패로 나타나는 곳은 인간세계뿐이다. 한나 아렌트, 『인간의 조건』, 186쪽.]

5) While nature manifests itself in human existence through the circular movement of our bodily functions, she makes her presence felt in the man-made world through the constant threat of overgrowing or decaying it. Hannah Arendt, *The Human Condition,* p.98.; アーレント, 『人間の条件』, 153-154쪽. [자연이 우리 신체기능의 순환운동을 통해서 인간의 실존에서 모습을 드러내는 반면, 인위적 세계에서 자연을 느끼는 경우는 인간세계를 지나치게 성장시키기도 하고 부패시키기도 하는 자연의 항상적 위협이 있을 때다. 한나 아렌트, 『인간의 조건』, 186쪽.]

6) Numerous philosophical approaches have recently arisen as if in response to the daunting, indeed horrifying, coincidence of human history and terrestrial geology. Speculative realism is the umbrella term for a movement that comprises such scholars as Graham Harman, Jane Bennett, Quentin Meillassoux, Patricia Clough, Iain Hamilton Grant, Levi Bryant, Ian Bogost, Steven Shaviro, Reza Negarestani, Ray Brassier, and an emerging host of others such as Ben Woodard and Paul Ennis. Timothy Morton, *Hyperobjects*, p.9.

7) [마누엘 데란다(Manuel De Landa, 1952~)는 멕시코 출신의 철학자이자 예술가이다. 국내에 소개된 번역서로는 『들뢰즈; 역사와 과학』, 『지능기계 시대의 전쟁』, 『새로운 사회철학; 배치 이론과 사회적 복합성』, 『강도의 과학과 잠재성의 철학; 잠재성에서 현실성으로』가 있다.]

8) Amitav Ghosh, *The Great Derangement*, p.119. [아미타브 고시, 『대혼란의 시대』, 159쪽.]

9) Thus, partaking in the same historical network are both the discourses on nature that have been depicting it in terms of environmental crises and catastrophes, and those that continue to crown it in terms familiar to the tradition of taming and appropriating nature for the productions of culture. The slogan "green and clean," for example, has been readapted, as quoted earlier, to feminized contexts of pleasure, liberation and success, where images of the Garden of Eden, of the lost paradise, or of the forbidden fruit happily flourish. Trinh Minh-ha, *Elsewhere, Within Here*, p.61.

10) [이 글은 인터넷에서 다운로드 할 수 있다; http://www.igbp.net/download/18.31

6f1832132347017758000140l/1376383088452/NL41.pdf#page=17]

11) [이 글은 인터넷에서 다운로드 할 수 있다; https://www.nature.com/articles/415023a.pdf]

12) During the past 3 centuries human population in creased tenfold to 6000 million, accompanied e.g. by a growth in cattle population to 1400 million (6) (about one cow per average size family). Urbanisation has even increased tenfold in the past century. In a few generations mankind is exhausting the fossil fuels that were generated over several hundred million years. The release of SO2, globally about 160 Tg/year to the atmosphere by coal and oil burning, is at least two times larger than the sum of all natural emissions, occurring mainly as marine dimethyl sulfide from the oceans (7); from Vitousek et al. (8) we learn that 30-50% of the land surface has been transformed by human action; more nitrogen is now fixed synthetically and applied as fertilizers in agriculture than fixed naturally in all terrestrial ecosystems; the escape into the atmosphere of NO from fossil fuel and biomass combustion likewise is larger than the natural inputs, giving rise to photochemical ozone ("smog") formation in extensive regions of the world; more than half of all accessible fresh water is used by mankind; human activity has increased the species extinction rate by thousand to ten thousand fold in the tropical rain forests (9) and several climatically important "greenhouse" gases have substantially increased in the atmosphere; CO2 by more than 30% and CH4 by even more than 100%. Paul Crutzen and Eugene Stoermer, "The Anthropocene," *Global Change Newsletter* No.41, 2000, p.17.

13) Colon N. Waters, Jan Zalasiewics, et al. "The Anthropocene is functionally and stratigraphically distinct from the Holocene," *Science* 351; 6269, 8 January 2016.

14) Zalasiewicz, J. et al. "When did the Anthropocene being? A mid-twentieth century boundary level is stratigraphically optimal," *Quaternary International* 385, 5 October 2015, pp.196-203.

15) Paul Crutzen and Eugene Stoermer, "Geology of Mankind," *Nature*, 415. no.23, 3 January 2002, p.23.

16) 2007년의 논문에서는 다음과 같은 해결안이 제창되었다. 하나는 완화조치(mitigation)이다. "지구 자원의 적정(適正)한 사용, 인구와 가축 숫자의 통제, 자연환경을 배려한 활용과 복원"인데, 최종적으로 지향되는 것은 글로벌한 환경이 인간에 의해 개변됨으로 인해 일어날 수 있는 위험하거나 혹은 통제 불가능한 수준의 돌발적 변화를 피하는 것이다. 지구 시스템을 인류세 이전 단계로까지 되돌리는 것을 이상으로 삼는다. 그리고 또 하나가 지구공학(geo-engineering)이다. 이것은 인공적으로 온난화를 억제하는 것인데, 그하나의 방안으로 이산화탄소를 땅속 깊이 묻어버리는 시나리오가 제창되었고, 또 다른 방안은 유산염(젖산)을 성층권으로 방출시킴으로써 지구에 내리쬐는 태양광의 양을 줄인다는 시나리오가 제창되고 있다. Will Steffen, Paul J. Crutzen and John R. McNeill, "The Anthropocene: Are Humans Now Overwhelming the Great Force of Nature?," *Ambio* vol.36, no.8, December 2007, pp.619-620.

17) For, ultimately, what the warming of the planet threatens is not the geological planet itself but the very conditions, both biological and geological, on which the survival of human life as developed in the Holocene period depends. Dipesh Chakrabarty, "The Climate of History," p.213.

18) Dipesh Chakrabarty, "The Human Condition in the Anthropocene," p.142.

19) The whole factual world of human affairs depends for its reality and its continued existence, first, upon the presence of others who have seen and heard and will remember, and, second, on the transformation of the intangible into the tangibility of things. Hannah Arendt, *The Human Condition,* p.95.; アーレント, 『人間の条件』, 149쪽. [인간사의 모든 사실세계가 실재하고 계속 존재하기 위해서는, 첫째로 보고 듣고 기억하는 타인이 있어야 하고, 둘째로 무형의 것을 유형의 사물로 변형시켜야 한다. 한나 아렌트, 『인간의 조건』, 183쪽.]

20) The reality and reliability of the human world rest primarily on the fact that we are surrounded by things more permanent than the activity by which they were produced, and potentially even more permanent than the lives of their authors. Human life, in so far as it is world-building, is engaged in a constant process of reification, and the degree of worldliness of produced things, which all together form the human artifice, depends upon their greater or lesser permanence in the world itself. Hannah Arendt, *The Human Condition*, pp.95-96.; アーレント, 『人間の条件』, 150쪽. [인간세계의 실재성과 신뢰성은 우선 우리를 둘러싼 사물들이 그것들을 산출한 생산활동보다 더 영속적이고, 잠재적으로 제작자의 삶보다 더 영속적이라는 사실에 기인한다. 인간의 삶은, 그것이 세계를 건설하는 동안 부단한 사물화의 과정에 참여한다. 인공세계를 형성하는 생산된 사물들의 세계성의 정도는 세계 속에서 이 사물들이 얼마나 지속하느냐에 달려 있다. 한나 아렌트, 『인간의 조건』, 184쪽.]

21) George Baird, *The Space of Appearance*, MIT Press, 1995, p.22.

22) Christophe Bonneuil, Jean-Baptiste Fressoz, *The Shock of the Anthropocene : The Earth, History and Us*, Verso, 2016, p.61.

23) men, not Man, live on the earth and inhabit the world. Hannah Arendt, *The Human Condition*, p.7.; アーレント, 『人間の条件』, 20쪽. [한나 아렌트, 『인간의 조건』, 83-84쪽.]

24) In other words, whatever our socioeconomic and technological choices, whatever the rights we wish to celebrate as our freedom, we cannot afford to destabilize conditions (such as the temperature zone in which the planet exists) that work like boundary parameters of human existence. These parameters are independent of capitalism or socialism. They have been stable for much longer than the histories of these institutions and have allowed human beings to become the dominant species on earth. Unfortunately, we have now ourselves become a geological agent disturbing these

parametric conditions needed for our own existence. Dipesh Chakrabarty, "The Climate of History," p.218.

25) 片寄俊秀, 『実験都市；千里ニュータウンはいかに造られたか』, 社會思想社, 1981, 21-22쪽. [이 다음 문장부터, 즉 '참고로'로 시작되는 문장부터 그 아래의 인용문까지는 일본어 원서에는 각주에 있는 문장이었다. 하지만 분량이 너무 길고 내용적으로도 본문과 이어진다고 생각해서 번역서에서는 본문에 넣었다.]

26) 위의 책, 24쪽.

제3장 인간세계의 취약함

1) [테주 콜(Teju Cole, 1975~)은 나아지리아계 미국인 작가이자 사진가로, 소설 『열린 도시(Open City)』가 유명하다.]

2) Something terrible has happened far away, a flood, an airstrike. Soon, there's footage of people picking through the wreckage of what used to be their homes. It is easy to pity them, but difficult to imagine that this could be you, suddenly bereft of a solid place in the world. And yet it is precisely this expectation of solidity, this notion that things are probably going to be fine, that I sense falling away from us once again. Teju Cole, "Pictures in the Aftermath", *The New York Times Magazine*, April 11, 2017.

3) alter our experience of the world permanently and require us to find new ways of seeing, and new ways of mourning. Teju Cole, "Pictures in the Aftermath."

4) 古井由吉・佐伯一麦, 『往復書簡 言葉の兆し』 朝日新聞出版, 2012, 67쪽.

5) the transcendental subject is posited as a point of view on the world, and hence as taking *place* at the heart of the world. The subject is transcendental only insofar as it is positioned in the world, (…) *it remains indissociable from its incarnation in a body*; (…) the transcendental is the condition for knowledge of bodies, but it is necessary to add that the body is also the condition for the taking place of the transcendental. Quentin Meillassoux, *After Finitude*, pp.24-25. カンタン・メイヤスー, 『有限性の後で』, 46쪽~49쪽.

6) 인도 출신인 차크라바르티는 독일 출신 사상가에 관심을 보이는데, 그 관심은 같은 인도 출신의 판카지 미슐라(Pankaji Mishra, 1969~)가 현대 세계를 '분노의 시대', 가령 테러리즘의 확산, 내전의 격화, 배외주의의 확대, 아나키즘 사상의 관념적 폭력화 등이라고 생각할 때, 독일 출신 시인이나 철학자의 통찰을 중시한 것과 궤를 같이한다. 미슐라는 독일이 후발 자본주의국이었기에 선진 자본주의 국가인 영국과 미국에서는 있을 수 없는, 역사에서의 정신적 요인을 탐구하는 것이 가능하였다고 생각한다. Pankaji Mishra, *Age of Anger*, Penguin Books, 2017, p.33. [이 책은 한글로도 번역되어 있다. 판카지 미슈라 저, 강주헌 역, 『분노의 시대』, 열린책들, 2018.]

7) Man not only exists but knows that he exists. In full awareness he studies his world and changes it to suit his purposes. He has learned how to interfere with 'natural causation'

. Man not only exists but knows that he exists. In full awareness he studies his world and changes it to suit his purposes. He has learned how to interfere with 'natural causation.' Karl Jaspers, *Man in the Modern Age*, translated by Eden Paul and Cedar Paul, Henry Holt and Company, 1933(독일어 초판은 1931), p.4.; Dipesh Chakrabarty, "The Human Condition in the Anthropocene," p.143에서 재인용.

8) Dipesh Chakrabarty, "The Human Condition in the Anthropocene," p.145.

9) Technicisation is a path along which we have no choice but to advance. Karl Jaspers, *Man in the Modern Age*, p.200.; Dipesh Chakrabarty, "The Human Condition in the Anthropocene," p.148에서 재인용.

10) The historical civilisations and cultures have become detached from their roots, and are merged in the technico-economic world and in a vacant intellectualism. Dipesh Chakrabarty, "The historical civilisations and cultures have become detached from their roots, and are merged in the technico-economic world and in a vacant intellectualism." Karl Jaspers, Man in the Modern Age, p.85.; Dipesh Chakrabarty, "The Human Condition in the Anthropocene," p.148에서 재인용.

11) We human beings meet each other less and less on the ground of our respective faiths, more and more in the common uprooting vortex of our existence. Technology with its consequences is initially ruinous for all age-old traditional ways of life. We human beings meet each other less and less on the ground of our respective faiths, more and more in the common uprooting vortex of our existence. Technology with its consequences is initially ruinous for all age-old traditional ways of life.
Karl Jaspers, *The Atom Bomb and the Future of Man*, translated by E. B. Ashton, University of Chicago Press, 1963(독일어 초판은 1958), p.74; Dipesh Chakrabarty, "The Human Condition in the Anthropocene," pp.148-149에서 재인용.

12) only technology would hold the world together, producing a dull uniformity in world cultures that would leave humans feeling homeless. Dipesh Chakrabarty, "The Human Condition in the Anthropocene," p.147.

13) Dipesh Chakrabarty, "The Human Condition in the Anthropocene," p.151.

14) Dipesh Chakrabarty, "The Human Condition in the Anthropocene," p.151.

15) It is in the nature of the human surveying capacity that it can function only if man disentangles himself from all involvement in and concern with the close at hand and withdraws himself to a distance from everything near him. The greater the distance between himself and his surroundings, world or earth, the more he will be able to survey and to measure and the less will worldly, earth-bound space be left to him. Hannah Arendt, *The Human Condition*, p.251.; アーレント, 『人間の条件』, 407쪽. [우리가 연루된 모든 일과 관심사에서 벗어나서 주변의 모든 것으로부터 거리를 취할 때만 인간의 측정이 제대로 기능할 수 있다는 것은 인간의 측량 능력이 가진 본질이다. 세계 또는 지구

라는 환경과 인간 사이의 거리가 넓으면 넓을수록 인간은 더 잘 측량하고 측정할 수 있지만, 인간에게 남겨진 세계나 지구에 구속되는 공간이 점점 없어질 것이다. 한나 아렌트, 『인간의 조건』, 360쪽.]

16) the general phenomenon that any decrease of terrestrial distance can be won only at the price of putting a decisive distance between man and earth, of alienating man from his immediate earthly surroundings. Hannah Arendt, *The Human Condition*, p.251.; アーレント, 『人間の条件』, 407쪽. [인간이 지구로부터 더욱더 멀어지고, 따라서 인간이 자신의 지구적 거주환경으로부터 결정적으로 소외되는 희생을 치르고서만 지상에서의 모든 거리 축소가 이루어질 수 있다는 일반적 현상이다. 『인간의 조건』, 360쪽.]

17) Dipesh Chakraparty, "The Human Condition in the Anthropocene," p.159.

18) Hannah Arendt, *The Human Condition*, p.252.; アーレント, 『人間の条件』, 409쪽. [한나 아렌트, 『인간의 조건』, 361쪽.]

19) Under modern conditions, not destruction but conservation spells ruin because the very durability of conserved objects is the greatest impediment to the turnover process, whose constant gain in speed is the only constancy left wherever it has taken hold. Hannah Arendt, *The Human Condition*, p.253.; アーレント, 『人間の条件』, 409쪽. [근대의 조건에서 파멸을 야기하는 것은 파괴가 아니라 보존이다. 왜냐하면 보존된 대상이 지니는 바로 그 지속성은 생산과정에 가장 큰 방해요소이기 때문이다. 한나 아렌트, 『인간의 조건』, 362쪽.)

20) [후지타 쇼조(藤田省三, 1927~2003)는 일본의 사상사가이자 정치학자이다. 호세이대학(法政大学) 법학부 명예 교수로, 전후(戰後)의 마루야마학파(丸山学派)를 대표하는 진보적 지식인이다.]

21) 藤田省三, 「'安楽'への全体主義」, 『藤田省三コレクション』, 市村弘正編, 平凡社, 2010.

22) Hannah Arendt, *The Human Condition*, p.257.; アーレント, 『人間の条件』, 415쪽. [공적 세계의 잠식은 결정적으로 고독한 대중을 낳았으며, 근대의 이데올로기적 대중운동이 무세계적인 성향을 가지는 위험을 야기했다. 이러한 공적 세계의 잠식은 세계에서 사적으로 소유한 몫이 구체적으로 더 많이 상실되면서 시작되었다. 한나 아렌트, 『인간의 조건』, 367쪽.]

23) 도시의 스크랩 앤드 빌드(헐고 다시 짓기)적인 개변과 인간의 자리의 감각이 틀리게 되는 것에 대해서는 후루이도 다음과 같이 말한다. "이 스크랩 앤드 빌드의 구상이 도시의 풍경 속에 모두 짜이고 있다는 느낌에는 익숙해진 것 같지만 여전히 익숙하지 않다. 그런 것은 풍경이 아니다! 라고 외치는 것이 우리 몸과 마음의 밑바닥에 있다. 풍경을 풍경으로 느낄 수 없는 것은 이미 병의 조짐이다. 거기까지 안 가도 주변의 풍경을 풍경으로 다 수긍하지 못한 몸과 마음은 그만큼 위기에 몰리게 된다." (古井由吉・佐伯一麦, 『遠くからの声』, 151쪽) 후루이가 시사한 바와 같이 제자리를 상실했을 때 사람은 몸과 마음이 피폐되고 몰렸다고 느낀다. 다시 말하면 몸과 마음의 피폐는 단지 내적인 문제가 아니라 제자리라는 생태적인 현실과 연동된 문제라는 뜻이다. 달리 말하면 제자리라는 것은 단

지 사물로만 존재하는 것을 뛰어넘은 마음의 애착, 안심을 주는 무엇으로 존재한다.

24) The climate crisis thus raises very significant questions about the conditions for life on the planet and invites us to see humans in the context of those questions. (···) the story of the expansion of the human species on the planet up to a point where we became indisputably the most dominant species putting pressures on many other life-forms. Dipesh Chakrabarty, "The Human Condition in Anthropocene," pp.168-169.

25) 石牟礼道子, 『苦海淨土』, 講談社, 1972, 65쪽.

26) F. Antonioli, N. Mourtzas, M. Anzidei, R. Auriemma, E. Galili, E. Kolaiti, V. Lo Presti, G. Mastronuzzi, G. Scicchitano, C. Spampinato, M. Vacchi, A. Vecchio, "Millstone quarries along the Mediterranean coast; Chronology, morphological variability and relationships with past sea levels," *Quaternary International* 439, 2017, pp.102-116.

27) Colin P. Kelleya, Shahrzad Mohtadib, Mark A. Canec, Richard Seagerc, and Yochanan kushnirc, "Climate change in the Fertile Crescent and implications of the recent Syrian drought," *PNAS*, vol. 112 no. 11, 2015. pp.3241-3246, (http://www.pnas.org/content/112/11/3241.full/pdf)

28) An altogether novel situation has been created by the atom bomb. Either all mankind will physically perish or there will be a change in the moral-political condition of man. (···) You could replace 'the atom bomb' with 'global warming' ···. Dipesh Chakrabarty, "The Human Condition in the Anthropocene," p.144.

29) "그들은 자기 자신에 대한 관심이 빼앗겨 버렸을 때, 이미 빈곤과 착취의 사슬보다 훨씬 많은 것을 잃고 있었다. 그들의 물질적 빈곤은 현대 국가의 사회보장 덕분에 대부분 그렇게 심하지 않은 정도였으나, 그것으로 공동(共同)의 세계에 대한 그들의 상실된 관계가 회복된 것은 아니었다. 공동의 세계를 상실함으로 인해 대중화된 개인은 모든 불안과 걱정의 원천까지 잃어버리고 말았다. 불안과 걱정은 이 공동의 세계에서 인간 생활을 번거롭게 할 뿐만 아니라, 인도하고 조절하는 역할도 수행하고 있는 것이다." ハンナ・アーレント 箸, 大久保和郎 譯, 『全体主義の起原(3)』, みすず書房, 1974, 20쪽.

30) The entire system is construed as constantly present, rigidly bounded, separated from nonhuman systems—despite the obvious existence of nonhumans to maintain it (try to ignore the cats). To achieve constant presence, not just in thought but also in social and physical space requires persistent acts of violence, and such an achievement is itself violence. Timothy Morton, "How I learned to Stop Worrying and Love the Term Anthropocene," pp. 259-260.

31) Why? Because it goes against the grain of (ecological) reality, which consists of porous boundaries and interlinked loops ···. Timothy Morton, "How I learned to Stop Worrying and Love the Term Anthropocene," p. 260.

32) we live in a reality that is not constantly present and that is not capable of being pointed to directly, or experienced empirically, but which is fully real nonetheless. Timothy

Morton, "The Oedipal Logic of Ecological Awareness," p.19.

33) a Heideggerian 'thrownness,' the shock of the recognition that the world-earth is not there simply as our place of dwelling, as the astronauts thought looking at the floating sphere from space. This thrownness is about the recognition of the otherness of the planet itself …. Dipesh Chakrabarty, "The Human Condition in the Anthropocene," p.183.

제4장 생태적 세계

1) Will Steffen, Jacques Grinevald, Paul Crutzen and John McNeil, "The Anthropocene; conceptual and historical perspectives," *Philosophical Transactions* 369, 2011, pp.849-850.

2) the Anthropocene will be a very difficult concept for many people to accept. The rise of climate scepticism is increasingly being recognized, not as a scientific debate about evidence and explanation, but rather a normative debate deeply skewed by beliefs and values and occasionally by cynical self-interest. Ibid, pp.861-862.

3) ルチアーノ・フロリディ, 『第四の革命―情報圏が現実をつくりかえる』, 春木良且, 犬束敦史 監譯, 新曜社, 2017, 66쪽.

4) Ecological culture is supposed to be soft and organic, old-fashioned and kitschy, while technoculture is hard, cool, and electronic. But there are surprising connections between the imminent ecological catastrophe and the emergence of virtual reality. The connections concern not content but form, and they open up questions of epistemology-how can we know that we know, and how can we verify what we know? Both virtual reality and the ecological panic are about immersive experiences in which our usual reference point, or illusion of one, has been lost. Old ways of thinking, we tell ourselves, are not to be trusted. They helped to get us into this mess in the first place. In virtual reality it becomes impossible to count on an idea of distance. Timothy Morton, *Ecology without Nature*, p.26.

5) 'Subjective impression' is far more than a merely whimsical or self-centered interpretation of a thing, but an attunement to a thing's reality. Timothy Morton, *Hyperobjects*, p.198.

6) This study regards the realness of things as bound up with a certain mystery, in these multiple senses: unspeakability, enclosure, withdrawal, secrecy. Timothy Morton, *Realist Magic: Objects, Ontology, Causality,* Open Humanities Press, 2013, p.17. 이하, "Timothy Morton, *Realist Magic*"으로 약칭. [이 책의 한글 번역은 티모시 모턴, 실재론적 마술, 안호성 옮김, 갈무리, 2023.]

7) Whether we call it global warming or biosphere or any other term, what we are dealing with is a gigantic entity that cannot be localised or even directly perceived by three dimensional beings of limited capacity such as humans. They are beings that can be computed and thought, which means not that they are less real, but that they are profoundly withdrawn from human access. Timothy Morton, "The Oedipal Logic of

Ecological Awareness," p.19.

8) Now, many of the problems facing humanity are caused by material processes that are not directly observable, such as the slow pollution of the atmosphere, rivers, oceans, or the slow degradation of human skills due to the spread of routinized labor in mass production. ··· So it may be due to the urgency of the material problems that we face, many of which escape direct experience, that realism could make a come back. Manuel DeLanda, "Manuel DeLanda in conversation with Timur Si-Qin," January and April 2012. (http://timursiqin.com/manuel-de-landa-in-conversation-with-timur-si-qin/)

9) Manuel DeLanda, "Ontological Commitments," *Speculations : A Journal of Speculative Realism* IV, 2013.

10) The space of the battlefield, although it is decidedly a cultural space, is inhabited by metallic projectiles, shrapnel, shock waves, and fire. All those lethal objects affect human soldiers, leaving corpses and mutilated bodies behind, regardless of whether the soldiers believe the objects exist or not. And for similar reasons my book on the history of the millennium, focusing on matter and energy flows, famines and epidemics, was also unambiguously realist. To take just one example, bacteria and viruses were objectively affecting our bodies centuries before we formed any beliefs about them. Manuel DeLanda, Graham Harman, *The Rise of Realism*, Polity Press, 2017, p.3.

11) Some of these processes are material and energetic, some are not, but even the latter remain immanent to the world of matter and energy. Manuel DeLanda, *Intensive Science and Virtual Philosophy*, Continuum, 2002, p.3.

12) The 'deterritorialized' flows of energy are more real than the territorial and 'molar' forces. Timothy Morton, "The Oedipal Logic of Ecological Awareness," p.12.

13) There is no essence, but there is a flux that is more real than any instance of the flux, such as a milk bottle or a tiger. Timothy Morton, "Weird Embodiment," Timothy Morton, "Weird Embodiment," in *Sentient Performativities of Embodiment : Thinking Alongside the Human* edited by Lynette Hunter, Elisabeth Krimmer, and Peter Lichtenfels, Lanham : Lexington Books, 2016, p. 20. p.20.

14) A gap has opened in reality between these raindrops falling on my head and the invisible yet real actions of amassively distributed entity executing in a high dimensional phase space, which is just what climate change is. Timothy Morton, "The Oedipal Logic of Ecological Awareness," p.14.

15) there was a nonhuman real that was physically affected by human action. Timothy Morton, "The Oedipal Logic of Ecological Awareness," p.8.

16) How are we to grasp the meaning of scientific statements bearing explicitly upon a manifestation of the world that is posited as anterior to the emergence of thought and even of life – posited, that is, as anterior to every form of human relation to the world?

Quentin Meillassoux, *After Finitude*, pp. 9-10. メイヤス,『有限性の後で』, 24쪽. [사유의 출현에 선행하는 것으로, 심지어 생명에 선행하는 것으로 제시된 - 즉 인간이 세계와 관계하는 모든 형식에 선행하는 것으로 제시된 세계의 소여와 명백히 연관된 과학적 진술의 의미를 어떻게 이해해야 하는가? 퀭탱 메이야수,『유한성 이후』, 26쪽.]

17) it would be impossible without things, and things would be a heap of unrelated articles, a non-world, if they were not the conditioners of human existence. Hannah Arendt, *The Human Condition*, p.9.; アレント,『人間の條件』, 22쪽. [사물이 인간실존의 조건이 되지 못한다면 한낱 아무상관없는 품목 덩어리, 즉 비-세계일 뿐이다. 한나 아렌트,『인간의 조건』, 86쪽.]

18) In order to exist, objects must be fragile. This sounds obvious but when we think the deep ontological reasons why, it becomes quite mysterious. It turns out that objects are dying around us all the time, even as they give birth to other objects. An object's sensuality is an elegy to its disappearance. Timothy Morton, *Realist Magic*, p.188.

19) Objects don't sit in a spatiotemporal box. It's the other way around: space and time emanate from objects. Timothy Morton, *Realist Magic*, p.48.

20) it doesn't contain positive, really existing (independent, solid) things. Timothy Morton, *The Ecological Thought*, p.39.

21) Timothy Morton, *Realist Magic*, p.17.

22) Timothy Morton, *Realist Magic*, p.47.

제5장 사물의 세계와 시적 언어의 가능성

1) 藤田省三,「新品文化」,『精神史的考察』, 平凡社, 2003. [이 책은 한국어로도 번역되어 있다. 후지타 쇼조 지음, 조성은 옮김,『정신사적 고찰』, 돌베개, 2013.]

2) 瀬戸口明久,「姓名としての科学/機械としての科学 - 科学の意味をめぐる問い」, 金森修 編,『昭和後期の科学思想史』, 勁草書房, 2016, 303-304쪽.

3) 위의 책, 327-328쪽.

4) [오노 토자부로(小野十三郎, 1903~1996)는 본명은 오노 후지사부로우(小野藤三郎)이고, 시 동인지『적과 흑(赤と黒)』의 문인이다. 반세속, 반권력의 아나키즘 시인으로 출발하여, 오사카의 중공업 지대를 취재한 시집『오사카』(1939)를 발표하여, 독자적 시풍을 확립하였다. 전후에는 노동자를 위한 오사카 문학 학교 교장을 맡았고, 문학의 대중화와 시민 평화 운동에 지도적 역할을 하였다. 1975년에 시집『거절의 나무(拒絶の木)』로 요미우리 문학상을 수상하였다.]

5) 坂本賢三,『機械の現象學』, 岩波書店, 1975.

6) 小野十三郎,『大阪』, 創元社, 1953, 164~165쪽. 이하 "小野十三郎,『大阪』"로 약칭.

7) 柄谷行人,『内省と遡行』, 講談社, 1988, 315쪽.

8) 坂部恵,『かたり: 物語の文法』, 筑摩書房, 2008, 124쪽.

9) a materialist way of reading texts with a view to how they encode the literal space of their inscription-if there is such a thing-the spaces between the words, the margins of the page, the physical and social environment of the reader. Timothy Morton, *Ecology Without Nature*, p.3.

10) [〈갈대 지방〉의 본문은 다음과 같다: 멀리서/파도 소리가 난다./ 초목이 시들기 시작한 갈대밭 위에/고압선의 아치가 크게 늘어져 있다./ 지평선에는/중유 탱크/몹시도 추운 늦가을 햇살에/남극의 크릴새우 같은 마른 잠자리가 바람에 떠내려가고/황산암모늄이나 탄산음료에 의해/전기나 강철 밭에서/들국화 한 송이 오그라들고/절멸한다.]

11) 小野十三郎, 『大阪』, 203쪽.

12) 酒井隆史, 『通天閣 - 新日本資本主義発達史』, 青土社, 2011, 36쪽. 이하 "酒井隆史, 『通天閣』"으로 약칭.

13) [데라시마 타마오(寺島珠雄, 1925~1999)는 일본의 시인으로 본명은 오오키 카즈하루(大木一治)이다. 소년 시절부터 사상가 츠지 준(辻潤, 1884~1944)의 영향을 받아 방랑 생활을 하다가, 1965년경부터 오사카에서 생활하였다. 오노 토자부로에게 사사하였다.]

14) 寺島珠雄, 『斷崖のある風景 : 小野十三郎ノート』, プレイガイドジャーナル社, 1980, 231쪽.

15) 小野十三郎, 『大阪』, 166-167쪽.

16) [아유카와 노부오(鮎川信夫, 1920~1986)는 본명은 우에무라 류이치(上村隆一)로, 동경 출신으로 와세다대학을 중퇴하였다. 1947년에 『황무지(荒地)』를 창간하고, 전후시(戰後詩)를 이끌었다. 작품으로 『아유카와 노부오 시집(鮎川信夫詩集)』과 『전중일기(戰中日記)』 등이 있다.

17) 鮎川信夫, 『近代詩から現代詩へ : 明治・大正・昭和の詩人』, 詩の森文庫, 2004, 108~109쪽.

18) 小野十三郎, 『奇妙な本棚 : 詩についての自伝的考察』, 第一書店, 1964.

19) 酒井隆史, 『通天閣』, 22쪽.

20) [사노・나베야마 전향 선언: 1933년 6월 10일에 일본 공산당 간부 사노 마나부(佐野學)와 나베야마 사다치카(鍋山貞親)가 '좌익노동운동 방침에 관한 전향'을 선언한 사건이다. 만주사변 이후 대대적인 일왕 숭배를 통해 나타나는 국민적 일체감이 사노와 나베야마에게 격렬한 패배감을 안겨 주었기 때문이다. 전쟁 이전의 일본 공산당은 일본 사회에서 천황제를 부정하던 유일한 조직이었는데, 이후로 검거된 당원의 99%가 전향하였고, 더 나아가서 전쟁과 천황제를 적극 지지하는 모습을 보였다.]

21) [가키가와 사건(滝川事件): 1933년에 교토제국대학(京都帝國大學)에서 발생한 사상 탄압 사건으로, 하토야마 이치로(鳩山一郎) 문부상이 교토제국대학 법학부의 타키가와 유키토키(滝川幸辰) 교수의 저서 『형법독본(刑法読本)』과 그 강연 내용이 적화사상(赤化思想)이라며 파면한 사건이다.]

22) [2・26 사건: 1936년 2월 26일에 일본 육군의 황도파(皇道派) 청년 장교들이 일왕의 친정(親政)을 명분으로 삼아 1,483명의 병력을 이끌고 일으킨 반란 사건으로, 일본이 군국주

의로 가고 있음을 보여주는 대표적인 사건이다.]

23) [히로시게 데츠(廣重徹, 1928~1975)는 일본의 과학사가로 현대 물리학사 연구 및 메이지 유신 이후의 일본 자연과학의 사회적 연구에 많은 업적을 남겼다.]

24) 과학은 "특히 1930년대 이래 전쟁체제 강화를 계기로, 그리고 전후에는 경제성장 정책을 계기로 현저한 발전을 이루었다. 일본 산업의 중화학 공업화를 이룰 수 있던 기초가 전쟁 중에 마련되었다는 것과 같은 의미에서, 오늘날 일본 과학의 전개를 가능하게 한 기초도 전쟁 중에 닦여진 것이다. '과학의 체제화'라는 점에서는 일본이나 서양이나 아무런 차이가 없다. 일본의 과학 역시 전쟁에 가담해왔음을 면책받지 못한다." 廣重徹, 『科学の社会史 - 近代日本の科学体制』, 中央公論社, 1973, 15쪽.

25) 酒井隆史, 『通天閣』, 33쪽.

26) [〈부당하게 '사물'이 부정당했을 때〉의 본문은 다음과 같다: 부당하게/'사물'이 부정당했을 때/나는 '정신'에 대해 분노를 느꼈다./물질은 어떤 때에/그런 정신들에 둘러싸였다./사물은 쫓겨나서/여기저기 도망치며/혹은 하늘나라로 날아갔다./사물은 받아들여지지 않고/영원히 고립되었다./사물은 내면의 깊은 쓸쓸함을 찬양하라./이국(異國)의 황폐한 광산에서/구세대의 도시의 공장지대에서/저 멀리/고국 쪽을 바라보고 있었다./나는 이제 사물의 위치를 믿을 수 있다./잡박한/ 협박하는 듯한 정신들이 떠난 뒤부터/나는 물질을 소환하고 싶다./그 혹독(酷烈)한 형상으로/온 지평선을 메우고 싶다.]

27) 小野十三郎, 『大阪』, 200쪽.

28) [원문에는 '雜白'으로 되어 있는데 '雜駁'의 오타인 것 같다.]

29) 小野十三郎, 『大阪』, 202쪽.

30) 세토구치는 이 대목을 기계에 대한 사카모토의 감각을 바탕으로 다음과 같이 해석한다; "여기에서 그려지고 있는 것은 기계로 편입된 '유리관' - 이 또한 '기(器)'이다 - 화된 식물의 모습이다."(瀬戸口, 「生命としての科学/機械としての科学」, 334쪽). 즉 식물이 기계가 되는 것인데, 거기에는 인간도 기계에 둘러싸여 직립해 있는 모습이 투영되어 있다고 세토구치는 말한다. 인간이 기계와 더불어 자신의 생활권을 구축하고 있다는 세토구치의 생각을 참고한 해석이지만, 이에 대해서 이 책에서는 인간이 기계와 함께 구축한 생활권이 그것을 둘러싼 광대한 세계와 만나는 기분 나쁨에 대해 생각해 보고자 한다. 사실 세토구치도 이 기분 나쁨을 접한 곳에서 논의하고 있다.

31) Timothy Morton, *Dark Ecology*, Columbia University Press, 2016, p.9. 이하 "Timothy Morton, *Dark Ecology*"로 약칭.

32) 小野十三郎, 『詩論+続詩論+想像力』, 思潮社, 2008, 47쪽.

33) [올더스 헉슬리(Aldous Huxley, 1894~1963)는 영국 출신의 작가로, 1932년에 『멋진 신세계(Brave New World)』를 출간하여 세계적인 작가로 등극하였다. 예리한 지성과 우아한 문체에 냉소적인 유머 감각을 결합시켜, 당시 사회적 관행, 규범, 사상 등을 날카롭게 비판하였다.]

34) 小野十三郎, 『詩論+続詩論+想像力』, 50쪽.

35) 위의 책, 51쪽.

제6장 생태적 공존

1) 나와 나눈 대화에서 모튼은 2007년에 쓴 『자연 없는 생태학(ecology Without Nature)』은 메이야수나 하먼을 모르는 상태에서 썼다고 말하였다. 실제로 이 책에는 데리다나 라캉, 아감벤이나 낭시와 같이 하이데거의 영향 하에 있는 철학과 사상의 성과를 참고하고 있기 때문에, 모튼의 관심은 인간과는 무관한 것으로서의 세계를 생각하기보다는 공존의 문제에 있었다고 할 수 있을 것이다.

2) Ecology includes all the ways we imagine how we together. Ecology is profoundly about coexistence. Timothy Morton, *The Ecological Thought*, p.4.

3) We may need to think bigger than totality itself, if totality means something closed, something we can be sure of, something that remains the same. Timothy Morton, *The Ecological Thought*, p.5.

4) Two prominent recent theorists of 'coexistentialism' are Levinas and Luce Irigaray. See TI; Luce Irigaray, *The Way of Love*, trans. Heidi Bostic and Stephen Pluhácek, London: Continuum, 2002. Timothy Morton, *The Ecological Thought*, p.144. 96.

5) ティモシー・モートン著, 小川緑・篠原雅武 訳,「涙にくれ 異国の畠中に立ちつくした」,『現代思想』43권 13호, 2015, 146쪽.

6) 모튼은 『어두은 생태학(Dark Ecology)』에서는 교외형(郊外型)의 스프롤(sprawl)도 농지(農地)에서 시작되는 공간론(空間論)의 발전이라고 서술하고 있다. Timothy Morton, *Dark Ecology*, p.156. 모튼의 주장의 배경에는, 농촌과 도시의 대립 같은 도식이 아니라, 농촌을 성립시킨 논리가 그대로 도시에 관철되고 있다는 도식이 있다. 이 도식으로 말하면, 반도시(反都市)가 농촌 회귀로 전환된다는 사고는 동일한 논리의 내부에 있다는 말이 될 것이다. ['스프롤'은 도시가 교외(suburb) 지역으로 무계획적이고 무분별하게로 확장되는 현상을 의미한다.]

7) ジル・ドゥルーズ 著, 宇野邦一 訳, 『フーコー』, 河出書房新社, 2007, 163-164쪽. 이하 ジル・ドゥルーズ, 『フーコー』로 약칭. [In order for man to appear as a specific compound, the forces that create him enter into a relation with new forces which evade that of representation, even to the point of deposing it. These new forces are those of life, work and language, in so far as life discovers an 'organization', work a 'production', and language a 'filiation', qualities which put them outside representation. These dark forces of finitude are not initially human but enter into a relation with the forces of man in order to bring him down to his own finitude, and communicate to him a history which he then proceeds to make his own. Gilles Deleuze, *Foucault* translated by Seán Hand, Minneapolis: University of Minnesota Press, 1988. p.88; 인간이 특정한 구성물로 나타나기 위해서 그 구성하는 힘들은 표상의 힘들을 대체하는 새로운 힘들과 관계를 맺어야 했으며, 심지어 그 힘들을 빼앗기까지 해야 했다. 이 새로운 힘들은 생명, 노동, 언어의 힘이었다. 생명은 '기관'(organisation)을, 노동은 '생산'을, 언어는 '계통'을 발견하였고, 그것들을

표상의 외부에 놓이게 하였다. 이 유한성의 어두운 힘들은 처음에는 인간적이지 않지만, 인간을 그 유한성에 겹치도록 하기 위해, 또 재차 자신의 것이 되어야 할 역사와 소통하기 위해 인간인 힘들과 관계하게 되었나. 실 들뢰즈 지음, 권영숙 · 조형근 옮김, 『들뢰즈의 푸코』, 새길, 1996, 135쪽. 이하 "Gilles Deleuze, *Foucault* "와 "질 들뢰즈, 『들뢰즈의 푸코』" 로 약칭.]

8) ジル・ドゥルーズ, 『フーコー』, 164쪽. [Is it not commonplace nowadays to say that the forces of man have already entered into a relation with the forces of information technology and their third-generation machines which together create something other than man, indivisible 'man-machine' systems? Gilles Deleuze, *Foucault*. p.89.; 인간의 힘이 다른 힘, 예컨대 정보의 힘들과 관계를 맺고 있으며, 이 힘은 인간과 함께 인간이 아닌 다른 무엇인가를, 즉 분할불가능한 '인간-기계'(homme machine) 체계를 구성하며, 제3세대 기계와 이미 관계 맺기 시작했다는 것은 오늘날 상식이 아닌가? 질 들뢰즈, 『들뢰즈의 푸코』, 136쪽.]

9) ジル・ドゥルーズ, 『フーコー』, 163쪽. [such that the set of forces makes up God and not man, while man can emerge only between categories of infinity. Gilles Deleuze, *Foucault*, p.88. 따라서 힘들의 집합은 신을 구성하지만 인간을 구성하지는 않는다. 반면에 인간은 무한성의 질서들 사이에서만 출현할 수 있다. 질 들뢰즈, 『들뢰즈의 푸코』, 135쪽.]

10) [This is why Merleau-Ponty defined classical thought by the innocent way in which it conceived of infinity: not only did infinity predate finity, but the qualities of man, once raised to infinity, served to make up the unfathomable unity of God. Gilles Deleuze, *Foucault*, p.88.; 이것이 메를로 퐁티가 고전주의적 사유를, 사유가 무한성을 파악하는 순진한 방식을 통해 정의하는 이유다. 그 순진한 사고방식에서는 무한성이 유한성 (finitude)에 우선했을 뿐 아니라, 무한성으로 상승된 인간의 자질은 신이라는 헤아릴 수 없는 통일체를 구성하는 데 봉사하게 되었다. 질 들뢰즈, 『들뢰즈의 푸코』, 135쪽.]

11) 가령 클레에 콜브룩의 논의가 그런 예이다. Claire Colebrook, *Death of the PostHuman: Essays on Extinction*, Vol.1, Open Humanities Press, 2014.

12) アラン・ワイズマン 著, 鬼澤忍 訳, 『人類が消えた世界』, 2009, 24-27쪽. [한글번역서의 번역문은 다음과 같다: "최악의 사태, 즉 인간의 멸종을 기정사실로 받아들인다고 가정해 보자. (중략) 우주에 우리의 자취가 희미하게나마 남기나 할까? (중략) 우리 없는 세상이 거대한 안도의 한숨을 내쉬는 대신, 우리의 부재를 안타까워할 수도 있지 않을까?" 앨런 와이즈먼 지음, 이한중 옮김, 『인간 없는 세상』, 랜덤하우스코리아, 2007, 16-18쪽.]

13) Weisman's thought experiment illustrates the historicist paradox that inhabits contemporary moods of anxiety and concern about the finitude of humanity. Dipesh Chakrabarty, "The Climate of History," p.197. [디페시 차크라바르티, 「역사의 기후」, 350 쪽.]

14) Yet climate change poses for us a question of a human collectivity, an us, pointing to a figure of the universal that escapes our capacity to experience the world. Dipesh

Chakrabarty, "The Climate of History," p.222. [디페시, 차크라바르티, 「역사의 기후」, 386쪽.]

15) what the warming of the planet threatens is not the geological planet itself but the very conditions, both biological and geological, on which the survival of human life as developed in the Holocene period depends. Dipesh Chakrabarty, "The Climate of History," p.213. [디페시, 차크라바르티, 「역사의 기후」, 373쪽.]

16) It seems true that the crisis of climate change has been necessitated by the high-energy consuming models of society that capitalist industrialization has created and promoted, but the current crisis has brought into view certain other conditions for the existence of life in the human form that have no intrinsic connection to the logics of capitalist, nationalist, or socialist identities. They are connected rather to the history of life on this planet, the way different life-forms connect to one another, and the way the mass extinction of one species could spell danger for another. Dipesh Chakrabarty, "The Climate of History," p.217. [디페시 차크라바르티, 「역사의 기후」, 379쪽.]

17) 瀬戸口明久, 「境界と監視のテクノロジー」, 43-57쪽.

18) ジル・ドゥルーズ, フェリックス・ガタリ 著, 宇野邦一 他 訳, 『千のプラトー』, 河出書房新社, 1994. 이하 "ドゥルーズ・ガタリ, 『千のプラトー』"로 약칭. [한글 번역서의 번역문은 다음과 같다: "모든 지점은 중계점이며 중계점으로서밖에 존재하지 않는다. 경로는 항상 두 지점 사이에 존재하지만 유목민에게서는 이 둘-사이가 고름을 취해 자율성과 고유한 방향성을 갖게 된다." 질 들뢰즈, 펠릭스 가타리 저, 김재인 옮김, 『천개의 고원』, 새물결, 2001, 729쪽.]

19) ドゥルーズ・ガタリ, 『千のプラトー』, 436-437쪽. [한글 번역서의 번역문은 다음과 같다: "인간들에게 닫힌 공간을 배분하고 부분적인 공간을 각자의 몫으로 지정한 다음 이들 부분들 간의 교통을 규제하는 기능을 수행하지 않는다. (그것은 정반대의 기능을 한다.) 즉 인간들(또는 짐승들)을 열린 공간 속으로, 무규정적이며 교통하지 않는 공간 속으로 분배한다. 질 들뢰즈, 『천개의 고원』, 730쪽.]

20) they disabuse us of any lingering humanist illusions and insert human affairs squarely in nature, parts of a creative 'Earth.' John Protevi, "The Geophilosophies of Deleuze and Guattari", SEDAAG 2001 (http://www.protevi.com/john/SEDAAG.pdf)

21) Melancholy is the footprint of another entity of whatever kind whose proximity was experienced as a trauma. The Freudian logic of the death drive is that periodic processes within the organism strive to digest external stimuli and maintain equilibrium. As stated earlier, Freud argues that the ego itself is nothing but the record of 'abandoned object cathexes.' The ego is a sensual object. Melancholy by definition implies coexistence, which is why it's important for ecological thinking, since ecology is about coexistence thought as widely and as deeply as possible. Timothy Morton, *Realist Magic*, p.159.

22) 태주 콜의 『열린 도시(Open City)』에서는 프로이트의 「자아와 이드」 논의에서의 상례

(喪禮)의 작업에 대해서 다음과 같이 논하고 있다; "통상적인 상례에서 사람은 사자(死者)를 내면화한다. 사자가 생자에 동화되어 가는 것인데, 그것이 잘 되지 않을 때 사자는 살아남은 사람의 일부를 점하게 된다. 이 때문에 시지는 생자에게 빙의한다. 2001년 뉴욕 테러 때 일어난 것도 이와 같았다. 많은 영웅적 언어가 우세해지고, 대통령의 말도 용감해지고, 현상을 회복하려는 결정이 내려졌다. 하지만 거기에서는 상례 작업이 완수되지 못하고, 도시는 불안에 사로잡히게 되었다." Teju Cole, *Open City*, Random House, 2011, pp.208-209.

23) These earth-scale phenomena earthquakes, for instance—sometimes erupted into our narratives, no doubt, but they provided, for the most part, a background to our actions. In our own lifetime, however, we have become aware that the background is no longer just a background. We are part of it. Dipesh Chakrabarty, "The Human Condition in the Anthropocene," p.179.

24) Such a country exists as an intermediary between "the country of light" where all species of the visible live, and "the country of profound night" where the souls of the dead and of those to-be-born from the human, the animal and the vegetal worlds are to be found. Trinh Minh-ha, *Elsewhere, Within Here*, p.63.

25) 坂部恵, 『ペルソナの詩学』, 岩波書店, 1989, 40쪽. 사카베의 사고는 인간사회에서의 행동이 '효용과 겉보기'의 관점에서 평가되고, '행동거지'로서 보았을 때 공허하고 형태뿐인 것으로 추락해 간다고 하는 시대진단에 기초한다. 여기에서 공허하게 된 행동거지의 회복을 위해서라도 다시 한 번 자연에 뿌리내리는 것이 중요하다는 생각이 도출된다. 이 책에서의 나의 사고는 행동거지의 공허화(空虛化)는 여전히 계속되고 있지만, 인간세계의 존재 방식이 자연과의 관계 속에서 근본적으로 바뀌려고 하고 있는 가운데, 앞으로도 공허화를 지속해 나가는 것이 무리라는 자각도 높아진다는 감각에 기초한다.

26) ヴァルター・ベンヤミン, 「歴史の概念について」, 浅井健二郎 編, 久保哲司 訳, 『ベンヤミン・コレクション(1) 近代の意味』, 筑摩書房, 1995, 659쪽.

결론

1) Anthropocene ends the concept nature: a stable, nonhuman background to (human) history. Timothy Morton, "How I Learned to Stop Worrying and Love the Term Anthropocene," p.257.

2) マイケル・ハート, アントニオ・ネグリ 著, 水嶋一憲 他 訳, 『帝国』, 以文社, 2003, 243쪽.[한글번역서의 번역문은 다음과 같다: "확실히 우리는 우리의 세계에서 계속해서 숲과 귀뚜라미와 노위와 지니며, 우리의 정신을 자연적인 본능과 정념에 의해 추동되는 것으로 이해한다. 하지만 우리는 이런 힘과 현상을 더 이상 외부로 이해하지 않는다는, 즉 힘과 현상을 독창적이고 시민질서의 인공물과는 무관한 것으로 보지 않는다는 의미에서 자연을 갖지 않는다. 탈근대 세계에서 모든 현상과 힘은 인공적이거나 어떤 사람들이 말하듯

이 역사의 일부이다. 내부와 외부 사이의 근대 변증법은 정도와 강렬도의 놀이, 잡종성과 인공성의 놀이로 대체된다." 마이클 하트, 안토니오 네그리 지음, 윤수종 옮김, 『제국』, 이학사, 2001, 253쪽.]

3) It has often been noted that utopian political ideals were a materialized form of the Christian promise of salvation. Among utopians, it did not take long for the ideal of progress to harden into a law, a law of history. The law of progress allowed those who understood it to know the future; to be a political actor then meant to work to bring about more quickly that which is inevitable. When the ideal became law all champions of social transformation—democrats, Marxists and liberators of all kinds—could believe that history was on their side. That is what it meant to be 'progressive'. Clive Hamilton, "Utopias in the Anthropocene," Plenary session of the American Sociological Association, Denver, 17 August 2012, p.5.

4) "Can humans survive the Anthropocene?" The Dr dark Memorial Lecture delivered at the Carrington Hotel, Katoomba on 19th May 2014 and the Sydney Writers Festival on 22nd May 2014. 이 강의는 2017년에 간행된 저서 Clive Hamilton, *Defiant Earth: The Fate of Humans in the Anthropocene*, Polity Press, 2017에 수록되어 있다. [이 책은 한국어로도 번역되어 있다. 클라이브 해밀턴 저, 정서진 역, 『인류세』, 이상북스, 2018.]

5) 일본의 애니메이션 『기동 전사 간담(機動戰士ガンダム)』을 떠올리면 쉽다. 이 영화도 지구를 탈출해서 고립국가 '지온공국(ジオン公国)'을 건설하는 내용을 다루고 있다.

6) http://projectpersephone.org/pmwiki/pmwiki.php

7) 클라이브 해밀턴 지음, 정서진 옮김, 『인류세』, 231쪽.

8) ヴァルター・ベンヤミン 箸, 久保哲司 訳, 『図説 写真 小史』, 筑摩書房, 1998, 39쪽.["이 장소들은 쓸쓸한 것이 아니라 아무런 정취도 없다. 사진들에 보이는 도시는 아직 아무 세입자도 찾지 못한 집처럼 말끔히 치워져 잇다. 바로 그러한 성과물들 속에서 초현실주의적 사진이 세계와 인간의 유익한 소외를 준비하고 있다. 그러한 소외는 세부 내용을 밝혀내기 위해 모든 은밀한 것들이 제거되는 장(場)을 정치적으로 훈련된 시각에 열어 보여준다." 발터 벤자민 지음, 최성만 옮김, 『기술복제시대의 예술작품: 사진의 작은 역사 외』, 도서출판 길, 2014, 185쪽)]

9) Paul Tillich, *The Future of Religions*, Harper & Rowe, 1966, p.45.

찾아보기

[용어]

[ㄱ]

[인명]

지구인문학총서02

인류세의 철학(人新世の哲学: 思弁的実在論以後の'人間の条件')

등록 1994.7.1제1-1071
1쇄 발행 2022년 8월 31일
2쇄 발행 2024년 2월 10일

지은이 시노하라 마사타케
옮긴이 조성환 이우진 야규 마코토 허남진
펴낸이 박길수
편집장 소경희
편 집 조영준
관 리 위현정
디자인 이주향
펴낸곳 도서출판 모시는사람들
        03147 서울시 종로구 삼일대로 457(경운동 수운회관) 1207호
전 화 02-735-7173 / 팩스 02-730-7173
홈페이지 http://www.mosinsaram.com/

인 쇄 피오디북(031-955-8100)
배 본 문화유통북스(031-937-6100)

값은 뒤표지에 있습니다.
ISBN   979-11-6629-129-6   94100
세트   979-11-6629-094-7   94100

* 이 저서는 2019년 대한민국 교육부와 한국연구재단의 지원을 받아 발간되었음
  (NRF-2019S1A5B8099758)